Sybille-Christin Jacob
Detlef Drewes

Aus der Waldorfschule geplaudert

W0087453

Sybille-Christin Jacob
Detlef Drewes

Aus der Waldorfschule geplaudert

Warum die Steiner-Pädagogik keine Alternative ist

Alibri Verlag
Aschaffenburg

2001

Deutsche Bibliothek – CIP-Einheitsaufnahme

Ein Titeldatensatz für diese Publikation ist bei
Der Deutschen Bibliothek erhältlich.

Die Kapitel 1, 11 und 36 wurden von Sybille-Christin Jacob und Detlef
Drewes gemeinsam verfasst; für die Kapitel 2, 3, 5 bis 10, 13 bis 20, 22
und 27 bis 30 zeichnet Sybille-Christin Jacob verantwortlich, für die Kapitel 4, 12, 21, 23 bis 26 und 31 bis 35 Detlef Drewes.

Bildnachweis: Seiten 49, 125, 161, 200 und 210: Privatarchiv Jacob;
Seite 197: Rudolf Steiner, Der Erkenntnispfad und seine Stufen;
Seite 209: Info3, Dezember 1997, S. 13

Alibri Verlag
Aschaffenburg
Mitglied in der Assoziation Linker Verlage (*aLiVe*)

1. Auflage 2001

Copyright 2001 by Alibri Verlag, Postfach 100 361, 63703 Aschaffenburg

Umschlaggestaltung: KomistA, Sternstr. 35, 63450 Hanau
Druck und Verarbeitung: GuS Druck, Stuttgart

ISBN 3-932710-28-2

Inhaltsverzeichnis

Vorwort

Dieses Buch schafft Ärger. Wenn Sie dieses Buch zu Ende gelesen haben, werden Sie sich ärgern, mit uns streiten oder es werden ihnen die Augen aufgehen. Vieles wird man auf den ersten Blick kaum glauben können oder wollen, das Waldorfschulsystem genießt einen hehren Ruf. Angstfrei lernen, keine Noten, alternative Erziehung, Förderung der Talente, die jedes Kind mitbringt, das sind die gängigen Schlagworte, mit denen auch stets geworben wird. Aber hinter den Fassaden solcher Schlagworte tut sich manchmal eine ganz andere Wirklichkeit auf: latenter und offener Druck auf Schüler und Kinder, Repressalien, Beeinflussung und Manipulation der gesamten Familie, Lenkung des Kindes bis hin zur sukzessiven Infiltration mit Lehrinhalten und Mythen, die man dem ach so kritisierten staatlichen Schulsystem nie durchgehen lassen würde. Und schließlich ein Finanzgebaren, bei dem jedem, der auch nur kurz hineinleuchtet und ein paar Zahlen in Zusammenhang bringt, Fragen kommen.

In diesem Buch erzählt die Mutter dreier Waldorf-Kinder ihre Geschichte. Und ein Journalist ergänzt die Erlebnisse mit Hintergründen. Das wäre nichts Besonderes, wenn es nicht um Waldorf ginge. Die geschilderten Erfahrungen sind subjektiv, ein Einzelfall. Wir werden an keiner Stelle behaupten, dass dies an jeder Waldorfschule oder bei jedem Waldorf-Kind genauso sein muss. Im Gegenteil: Wie an den von Waldorf so pauschal kritisierten staatlichen Schulen gibt es auch bei Waldorf positive Erfahrungen, engagierte Lehrer, die einzelnen Schulen sind höchst unterschiedlich, werden unterschiedlich geführt. Vieles liegt an der Lehrer-Persönlichkeit. Wie viel, werden Sie lesen.

Wir greifen nicht die Eltern an, die ihr Kind in bestem Glauben in eine Waldorfschule schicken. Wir greifen nicht die Waldorfschulen pauschal an, wir werden nicht den Fehler machen, den wir bei Waldorf gegenüber den Gegnern immer wieder feststellen.

Aber wir haben bei unseren jahrelangen Recherchen festgestellt, dass die in diesem Buch geschilderten Erlebnisse nicht alleine stehen, dass es viele Einzelfälle gibt. Und wir sind der Meinung, dass jeder dieser Einzelfälle einer zuviel ist.

Wenn öffentliche Stellen nach wie vor das Hohe Loblied auf die Waldorfschulen singen, dann haben sie offensichtlich nicht begriffen, welche Saat sie da in einem demokratischen Staat unterstützen. Wenn Eltern aus vielen guten Gründen für ihre Kinder eine Alternative zum angeblich so diktatorischen staatlichen Schulsystem suchen und glauben, dies bei Waldorf gefunden zu haben, dann haben sie nicht begriffen, dass sie ihre Kinder möglicherweise anderen Einflüssen aussetzen, die sie wenigstens kennen sollten. Und ein Einzelfall mehr werden könnten. Und wenn man den Etiketten von der angeblichen Angstfreiheit und der Förderung des einzelnen Talentes erst einmal auf den Leim gegangen ist, dann wird man blind, für die Einordnung dessen, was man von diesem Tag an erleben wird. Weil die meisten nicht darüber reden (wollen). Denn sie fürchten, sich der Lächerlichkeit preiszugeben, diesen esoterischen Dschungel nicht durchschaut zu haben. So erhält sich das System selbst: Es zieht an und wer einmal drin ist, bleibt darin hängen. Kritik ist nicht erlaubt und dringt kaum nach außen.

Mit diesem Buch dringt sie nach außen. Sybille-Christin Jacob hat die dramatischen Erlebnisse einer Familie zusammengetragen, Detlef Drewes hat den Waldorfianern kritisch auf die Finger geschaut und Dinge hinterfragt, die von zu vielen ungefragt akzeptiert werden. Das darf nicht so bleiben. Deshalb dürfen Sie, wenn Sie dieses Buch gelesen haben, erstaunt oder sogar irritiert sein, vielleicht müssen Sie sich auch ärgern. Und Konsequenzen ziehen.

Im April 2001

1. Einführung

Scharfe Vorwürfe an die Waldorfschulen sind nicht neu, aber sie sind nach wie vor aktuell. Die Erlebnisse betroffener Eltern und Kinder (der nachfolgende Erfahrungsbericht steht ja stellvertretend für viele andere, die keineswegs auf eine Schule beschränkt sind, sondern von vielen Seiten laut werden) lassen sich schließlich nicht einfach vom Tisch wischen – weder mit Polemik noch mit Offenen Briefen oder gar mehr oder weniger wissenschaftlichen Untersuchungen. Tatsache ist, dass immer mehr Eltern und Kinder aus Enttäuschung über das staatliche Schulsystem nach Alternativen suchen und sich dabei von Waldorf angesprochen fühlen. Das ist deswegen nicht verwunderlich, weil das Image einer wenig zwanghaften, offenen und den einzelnen Schüler entsprechend seiner Begabung fördernden, nicht nur auf Wissensvermittlung orientierten Pädagogik attraktiv erscheint. Ein Eindruck, der nicht zuletzt durch den Bestseller *Waldorf- schulen: angstfrei lernen, selbstbewußt handeln* von Christoph Lindenberg (1975) genährt wurde. Hinzu kommt, dass nicht wenige der staatlichen Schulen in alten vermufften Gebäuden nach jener Pädagogik riechen, die schon vor Jahrhunderten praktiziert wurde. Und da erscheinen dann die Waldorfschulen – allein von ihrem Aussehen her – wie eine vielverspre- chende Symbiose aus pädagogisch durchdachter Architektur und musisch- affektiv ausgerichteter Lehre, die das Kind nicht als Objekt der Inhalts- vermittlung, sondern als Subjekt eines Reifungsprozesses versteht.

Abgesehen davon, dass ein solches Bild staatlicher Schulen völlig überholt ist, baut sich auch der Eindruck der Waldorfschulen häufig mehr aus Vorurteilen und nicht greifbarem Hören-Sagen auf. Wenn man sich die Mühe machen würde, im einen wie im anderen Fall hinter die Mauern zu sehen, müsste manches Vorurteil revidiert werden.

Das betrifft insbesondere die Lehrer. Denn vieles hängt nach wie vor von der Person ab. Längst gibt es in den staatlichen Schulen eine moderne Pädagogik und engagierte Lehrer, die Lehrinhalte und -vermittlung nicht mehr ausschließlich an Plänen und Vorgaben, sondern an den einzelnen Schülern und Schülerinnen orientieren. Genauso wie es in Waldorfschulen ehrlich bemühte Lehrerinnen und Lehrer gibt, die den ideologischen Hintergrund beiseite lassen und als Persönlichkeit den Kindern gegenübertreten, die es versteht, diese anzusprechen. Wir werden nicht darüber urteilen, ob es sich dabei um Einzelfälle handelt, die nicht lange durchhalten. Oder nicht.

Dennoch fällt es schwer anzunehmen, dass eine so deutlich anthroposophisch ausgerichtete Schulform, die ja ganz bewusst eine Alternative zum staatlichen Schulsystem sein will, dies nicht auch dadurch sicherzustellen versucht, dass sie das Lehrpersonal entsprechend ausbildet, schult und dann anleitet, prüft und führt. Das ist schließlich nicht nur das Recht jeder privaten Schule, es entspricht auch den Erwartungen der Eltern, die dieses Institut bewusst als Alternative zur „normalen Schule" gewählt haben. Wer sein Kind auf eine katholische Privatschule schickt, wird mit Recht davon ausgehen, dass dort katholische Sozial-, Gesellschafts- und Moralvorstellungen vermittelt oder diskutiert werden. Insofern ist der Versuch der Waldorfschulen, den eigenen anthroposophischen Hintergrund schmälern oder gar ganz abstreiten zu wollen, sogar so etwas wie ein offenes Täuschungsmanöver den Eltern gegenüber, die diese Schule für ihre Kinder gewählt haben. Abgesehen davon, dass dies – wie zu zeigen sein wird – auch nicht der Realität entspricht. Die „Waldorf-Lüge" besteht dann vielmehr darin, dass viele nicht-anthroposophische Eltern in guter Absicht, anstelle der staatlichen eine bessere, humanere Alternative für ihr Kind zu wählen, nicht wissen, worauf sie sich wirklich einlassen, weil öffentliche Selbstdarstellung und Praxis in einer Reihe von Waldorfschulen, aus denen uns Berichte vorliegen, zwei verschiedene Paar Stiefel sind.

Im Mittelpunkt des öffentlichen Streites steht dabei nicht nur die Frage, ob Anthroposophie offen oder verdeckt gelehrt wird, sondern schon, was man darunter versteht. Der Streit geht nicht nur um die Rolle Rudolf Steiners und seinen psychologisch-ideologisch-religiösen Hintergrund bis hin zur Frage, ob er Verteidiger oder – zumindest auf Deutschland bezogen – gar Apostel einer okkulten, ja sexualmagischen Lehre war, sondern auch darum, ob (und wenn ja, wie) sich dies heute noch niederschlägt. Der Streit zwischen Waldorf-Gegnern und -Anhängern hat einen großen Teil seines Ursprungs gerade in der Tatsache, dass jeder die Begriffe mit einem eigenen Inhalt füllt und die Steiner-Jünger sich darüber hinaus Kritikern mit dem Hinweis auf die höhere Erkenntnisstufe entziehen, was jede Diskussion – die ja eine gemeinsame Basis und Terminologie voraussetzt – unmöglich macht. Dieser Zirkel erinnert sehr stark an die Praxis von pseudoreligiösen Sekten und okkult-esoterischen Gruppierungen, die gängige Begriffe mit eigenen Inhalten füllen und sich dadurch jedem Gespräch entziehen. Spätestens, wenn es eng wird, ist alles eine Frage der Erkenntnis.

Insofern muss man, um die Diskussion um Waldorf auf wenigstens einigermaßen vertretbare, nachvollziehbare und vergleichbare Grundlagen zu stellen, noch tiefer nach jenen Faktoren fragen, die Steiner prägten und dessen Weitergabe er forderte. Man muss versuchen, den Anthroposophie-Begriff mit Inhalt zu füllen und man muss die Waldorf-Pädagogik an jenen modernen Erkenntnissen der Humanwissenschaften messen, die gerade jenen wichtig sind, die ihre Kinder einer besseren Schul-Alternative zuführen möchten.

Und doch wäre all das zuwenig. Denn für eine Praxis, die die Schülerinnen und Schüler dann wirklich vor Ort erleben, sind nicht die Theorien darüber wichtig, was Steiner nun wirklich gesagt oder geschrieben und gemeint hat, wie die Anthroposophische Gesellschaft sich selbst beschreibt bzw. von anderen beschrieben wird – entscheidend ist eben auch die Geschichte der Waldorfschulen, der Anthroposophie und außerdem jener Alltag, der heute in den Klassenzimmern herrscht. Der Versuch, sich einer kritischen Auseinandersetzung dadurch zu entziehen, dass man Einzelfälle als „die Regel bestätigende Ausnahmen" hinstellt, kann stets dann nicht gelten, wenn ein derart allumfassender Anspruch an sich selbst gestellt wird. Mit anderen Worten: Die Waldorf-Bewegung wird es nicht verhindern können, dass Anspruch und Realität kontrastiert werden. Denn wenn Waldorf glaubwürdig sein will, muss man Transparenz gewährleisten und Kritik hinnehmen. Das ist methodisch der Weg, den auch Steiner im Umgang mit der ihn umgebenden Gesellschaft, der Politik, den Kirchen ging. Und die den Kritikern oft vorgehaltene Ungenauigkeit bei der Widergabe von Steinerschen Zitaten oder Gedanken (Zitate kann man in der Tat trefflich aus dem Zusammenhang reißen und durch einen anderen Kontext in ihr Gegenteil verkehren), hat Steiner selbst bei der Auseinandersetzung mit Christentum und Gesellschaft nahezu durchgängig praktiziert. Da ist es zumindest unlauter, dem Gegner vorzuhalten, was das eigene Vorbild getan hat, um daraus eine neue Erkenntnis zu entwickeln.

Solche Auseinandersetzung hat grundsätzliche Bedeutung. Sie widerspricht nicht der Ernsthaftigkeit und dem guten Glauben, mit dem vor allem nicht-anthroposophische Eltern den alternativen Ansätzen glauben, mit denen auch Waldorf-Pädagogen voll Begeisterung und Engagement ihre erzieherische Aufgabe zu bewältigen versuchen. Aber nach 80 Jahren Waldorf-Praxis muss man eine Bilanz ziehen dürfen, ohne einen Krieg auszulösen. Wobei freilich nicht nur die Waldorf-Anhänger, sondern auch manche Kritiker jene Ebene verlassen haben, die eine konstruktive Auseinandersetzung möglich machen müsste.

Das ist also der Weg, dem dieses Buch folgt: Den Erlebnissen einer Mutter mit ihren Kindern in der Waldorfschule werden weitere, grundlegende Recherchen angefügt. Die Erlebnisse sind subjektiv, aber sie stehen für die Erfahrungen vieler Eltern, die uns vorliegen (wobei wir den Streit, ab wann der Begriff „viele" gerechtfertigt ist, übergehen). Das heißt nicht, dass sich solche Erfahrungen an jeder Waldorfschule, bei jedem Waldorf-Kind und bei jedem Waldorf-Lehrer wiederholen müssen. Aber die Tatsache, dass solche „Einzelfälle" offenbar immer wieder aus verschiedenen Schulen berichtet werden, berechtigt dazu, die schlimmen Einzelerlebnisse stellvertretend auszubreiten. Die Hintergründe ergänzen, vertiefen die Praxis, erklären sie. Sie öffnen den Blick für manches, was den Waldorf-Eltern vielleicht nie wirklich aufgegangen ist, was aber beständig auf ihr Kind einwirkt. Das Buch soll zur Meinungsbildung beitragen, nicht mehr. Ganz im Gegensatz zu Waldorf erheben die Autoren nicht den Anspruch, die allgemein gültige und für jeden Fall zutreffende Wahrheit zu besitzen.

2. Warum ausgerechnet Waldorf?

*„Man kann recht weit kommen, wenn man
nur einmal sich darauf besinnt, worauf es
ankommt: dass es darauf ankommt, dass
wir die öffentliche Meinung durch unseren
Willen dahin bringen, wo sie sein soll."*
Rudolf Steiner

Die nachfolgenden Aussagen und Zitate können vielleicht den Gedanken
aufkommen lassen, man brauche nur mit offenen Augen und Ohren durch
die Welt laufen, dann stoße man ja selbst auf viele kritische Stimmen von
ehemaligen Schülern, Eltern, Lehrern und auch Experten zu Waldorf. Das
mag einerseits richtig sein, aber implizit wird damit denjenigen Eltern, die
ihre Kinder einer Waldorfschule anvertrauen, der Vorwurf gemacht, sie
hätten es versäumt oder verschlafen, sich eingehend über diese Schulart zu
informieren. Haben aber wirklich nur die Eltern Schuld oder wird nicht
eher versucht, den Eltern den „Schwarzen Peter" unterzuschieben?

„Wie kann man sein Kind nur auf eine Waldorfschule schicken! So
etwas wäre mir nie in den Sinn gekommen. Hier werden die Kinder doch
weltfremd erzogen und nur mit Samthandschuhen angefasst", erklärt mir
verständnislos eine Mutter.

„Ihr habt mich auf eine Beklopptenschule gegeben!", wirft Christian
seinem Vater Helmut Biller vor. Der geht (im April 1995 in *Focus* 16/95)
an die Öffentlichkeit und berichtet von rüden Erziehungsmethoden. Von
schlimmen Diziplinarmaßnahmen in Waldorfschulen weiß auch der ehemalige Waldorflehrer Norbert Biermann zu berichten. Er spricht sogar von
„schwarzer Pädagogik".

In einem Leserbrief (*Magazin Weltbild* 8/97) zu einem Zeitungsartikel
„Waldorf – Die bessere Schule?" schreibt Wolfgang Hund, Seminarrektor
und Beauftragter des *Bayerischen Lehrer- und Lehrerinnenverbandes* für
den Bereich „Okkultismus bei Jugendlichen": „Jeder, der sich die Mühe

macht, sich durch die unsinnigen Texte von Rudolf Steiner zu kämpfen, der Steiners Lebensweg und seine geistigen Hintermänner/-frauen kennt, findet unschwer massive Belege für das okkulte und rassistische Denken dieses Gurus. Dass dies auch heute noch die Grundlage der Waldorfpädagogik ist, bekommen die meisten Eltern nicht mit, die mit dem Gedanken spielen, die 'Alternativschule' zu wählen. Was dort mit den Kindern passiert, ist kaum vorstellbar und wird meist unter der Decke gehalten. In der letzten Zeit (Zufall?) bekam ich Kontakt mit einigen Eltern, deren Kinder in Waldorfkindergärten und Schulen 'kaputtgemacht' wurden (so ihre Aussage) und die erst in den vielgescholtenen staatlichen Schulen wieder aufatmeten aufgrund der ungeheuren Freiheit, die dort herrscht!"

„Ich habe meine Kinder einer Sekte ausgeliefert!", ruft ein Vater entsetzt und bricht weinend zusammen, als in unserem Stadtkino im Frühjahr 1996 der Film *Ich lobe das Wort* gezeigt wird. Autor des Buches zu diesem kritischen Film über Waldorfschulen ist der ehemalige Waldorflehrer Paul-Albert Wagemann. Der Film zeigt Originalszenen aus dem Schulalltag der Steiner-Schulen und versucht die Hintergründe der Waldorfpädagogik aufzudecken.

„Ich habe schon in der ersten Klasse gemerkt, dass das eine Scheißschule ist und man dort eigentlich nichts lernt. Aber ihr habt mir ja nie geglaubt. Ich würde meine Kinder nie in eine Schule geben, die rosarot angestrichen ist und in der die Schüler in Nachthemden Eurythmie machen müssen", sagt heute mein Sohn, der bis zur elften Klasse eine Waldorfschule besuchte, und rückblickend fügt er hinzu: „Dort werden selbstbewussten und intelligenten jungen Menschen regelrecht Hemmschuhe angelegt."

„Ihr hättet doch merken müssen, dass Kinder dort eigentlich nichts wert sind und menschenunwürdig behandelt werden", resümiert meine Tochter, die sechs Jahre lang leidvolle Erfahrungen in einer Waldorfschule gemacht hat.

In der Nachbarschaft unterhalten sich Kinder: „Waldorfschule – das ist doch die Schule, wo man nix lernt." Im Gymnasium meiner Tochter wird die private Steinersche Erziehungsanstalt von Schülern als „Idiotenschule" bezeichnet und wenn jemand absolut nichts kapiert, wird ihm von den Mitschülern grinsend empfohlen: „Probier's doch mal in der Waldorfschule." Verständlich, dass meine Kinder ihre Waldorf-Vergangenheit verschweigen wollen.

In einem Artikel der TAZ vom 12. April 1997 berichtet ein ehemaliger Waldorfschüler: „Häufiger noch bekamen wir zu hören: Ist das nicht eine

Schule für die Kinder reicher Eltern? Oder auch: Ist das nicht eine Schule für Blöde? (Also eine Schule für die blöden Kinder reicher Eltern?)."

Bereits vor zwanzig Jahre war der Ruf der Waldorfschulen bei den Schülern staatlicher Regelschulen nicht der allerbeste, berichtet Charlotte Rudolph, ehemalige Waldorfschülerin, in ihrem Buch *Waldorferziehung – Wege zur Versteinerung.* Nach erfolgreichem Abitur, anschließender Töpferlehre und Kunststudium, gibt sie ein Inserat auf: „Wer hat Mut, Wut und Not, um die eigene Waldorfschulvergangenheit aufarbeiten zu wollen und zu können?" Sie sucht eine Möglichkeit, um sich mit ihrer eigenen Schulzeit auseinanderzusetzen, um zu begreifen, warum ihre eigene künstlerische Kreativität stark einseitig waldorfmäßig bzw. anthroposophisch geprägt ist.

„Es sind Seelenfänger", sagt mir nachdenklich aber bestimmt eine ehemalige Waldorfmutter, die fast dreißig Jahre ihres Lebens in anthroposophischen Kreisen verbracht hat und ihre Kinder erst von dieser Schule nahm, nachdem sie deutliche Wissensdefizite feststellte.

Das ist nur ein ganz kleiner Ausschnitt von Aussagen; sie stehen für eine endlose Liste ähnlicher Erlebnisse. Aussagen, die ich leider erst nach unserer Waldorfzeit gehört und gelesen habe, die sich mit unseren Erfahrungen, die wir gemacht haben, erstaunlich genau decken. Dennoch frage ich mich heute betroffen und fassunglos: Was waren wir nur für Eltern, die ihre Kinder auf eine solche Schule geben konnten? Waren nur wir taub und blind, dass wir auf kritische Stimmen nicht geachtet haben?

„Sie hätten sich ja schließlich vorher informieren können, in was für eine Schule Sie Ihre Kinder geben", schulmeistert mich eine junge Journalistin, die selbst keine Kinder hat. Und sie ist nicht die Einzige, die so reagiert, wenn ich über unsere negativen Erfahrungen mit dieser Schule berichte und über die Schattenseiten der Waldorfpädagogik aufklären will.

„Eltern tragen nun mal die alleinige Verantwortung, wenn sie ihre Kinder auf eine Privatschule geben", teilt mir eine staatliche Schulbehörde mit. Obwohl die Freien Waldorfschulen kräftig von Vater Staat unterstützt werden, scheint sich auch dort niemand eingehend für die Lehrinhalte und Hintergründe der Waldorfpädagogik zu interessieren und darüber zu informieren. „Bitte haben Sie [aber] Verständnis dafür, dass es unser Tagesgeschäft nicht erlaubt, uns eingehend mit den Argumenten für und gegen Anthroposophie und Waldorfpädagogik auseinanderzusetzten", stand in einem Antwortschreiben an die *Initiative zur Anthroposophie-Kritik* (IzAK), die im Januar 1997 eine Resolution an die einzelnen Ministerpräsidenten der deutschen Bundesländer schickte. Und weiter war zu lesen:

„Diese Diskussion sollte mit denen ausgetragen werden, die – auf beiden Seiten – in der Materie stecken. Unseres Wissen [!] versteht sich die Waldorfschule nicht als Bekenntnisschule oder Weltanschauungsschule sondern als reformpädagogisches Angebot."

Die Vorwürfe, die ehemalige Waldorfeltern nicht nur von außen, sondern auch im Familienkreis zu hören bekommen und von den eigenen Kindern erhalten, erzeugen Schuldgefühle. Und darum habe ich im Nachhinein und im Laufe meiner Recherchen zu diesem Buch einmal versucht, das Versäumte nachzuholen und herauszufinden, inwieweit sich Eltern überhaupt informieren können, bevor sie ihre Kinder in eine Waldorfschule geben.

Von den örtlichen Buchhandlungen erhielt ich erstaunt die Anwort: „Kritische Bücher zu Waldorf? So etwas gibt es nicht." Obwohl bereits kritische Bücher erschienen waren. Aufklärung und Information erhoffte ich mir von den zuständigen staatlichen Stellen. Im März 1998 schickte ich einen Brief an einige Kultusministerien und bat um Auskunft über Waldorfschulen. Von allen bekam ich eine Antwort, die im Großen und Ganzen ähnlich lautete:

Waldorfschulen sind Privatschulen in freier Trägerschaft mit „besonderer pädagogischer Prägung", die durch die Verordnung der Landesregierungen zu Ersatzschulen gemacht wurden, „weil es keine entsprechende Schule gibt". Wie jede Schule unterliegen Waldorfschulen der staatlichen Schulaufsicht. Es finden Überprüfungen statt. In einem dieser Schreiben wurde mir sogar versichert, dass die Schulaufsicht „besonders intensiv gehandhabt" würde in bezug „auf Einhaltung der Prüfungsordnungen bei der Durchführung der Ausschussprüfungen an Waldorfschulen". Auch „Überprüfungen des Unterrichts durch den jeweiligen Schulaufsichtsbeamten" würden durchgeführt. Beigefügt wurde ein Ausschnitt aus dem Privatschulgesetz. Um weitere Informationen zu erhalten, verwies man mich – an die zuständige Waldorfschule oder den *Bund der Freien Waldorfschulen.*

Abgesehen davon, dass wahrscheinlich kaum Eltern diesen Weg wählen, um sich zu informieren, wären mir nach dieser Auskunft von offizieller Stelle auch keine Zweifel gekommen, meine Kinder in einer Waldorfschule anzumelden und ich hätte wie viele Eltern weiterhin auf die übliche Meinung vertraut: „Waldorf – davon hört man doch immer nur Gutes."

3. Waldorfschulen – anthroposophische Kaderschmiede oder elitäre Alternative?

Anthroposophen, das heißt Steiner-Anhänger und -Jünger, die mit dem Steinerschen Weltbild vertraut sind, betreten in der Waldorfschule kein unbekanntes Neuland und wissen demzufolge genau, was ihre Kinder dort erwartet. Der Anteil der anthroposophischen Eltern an der Gesamtelternschaft variiere örtlich, beträge aber im Durchschnitt nur wenige Prozent, behauptet der *Bund der Freien Waldorfschulen*. In den „klassischen" Waldorfschulen, die über 25 Jahre bestehen, sei der anthroposophische Elternanteil sehr hoch, vermutet Charlotte Rudolph in ihrem Buch *Waldorfpädagogik*. In Stuttgart zum Beispiel liege er zwischen 55 und 60 Prozent.

Wie verhält es sich aber mit der restlichen Elternschaft, den so genannten sympathisierenden Nicht-Anthroposophen und Eltern, die Anthroposophie und Waldorfschule nicht einmal miteinander in Verbindung bringen? Was wissen sie über Ziele und Hintergründe dieses Schultyps und der Pädagogik von Rudolf Steiner?

Waren es bei der Gründung der ersten Waldorfschule 1919 noch die Kinder von Fabrikarbeitern und Angestellten, die in überwiegender Zahl in den Klassen saßen, scheint sich das im Laufe der Jahre deutlich geändert zu haben. Heute trifft man nur noch selten Eltern aus diesen Berufsgruppen an, die ihre Kinder in Waldorfeinrichtungen (Schulen, Kindergärten, Internate u. a.) anmelden. Die Waldorf eigenen Werbeschlagworte scheinen diese Familien nicht anzusprechen. Außerdem vermitteln die Pracht- und Prunkbauten der Anthroposophen diesen Menschen wohl eher das Gefühl, „wir gehören hier nicht hin". In Informationsbroschüren der Steiner-Schulen klingt es zwar anders: „Die Waldorfschule [der Waldorfkindergarten demzufolge auch, d. Verf.] macht keinen Unterschied zwischen Menschen verschiedener sozialer Herkunft." Schöne Worte – doch wie sieht es damit wirklich aus?

Als meine aus Rumänien stammende Zugehfrau vorsichtig in einem Waldorfkindergarten nach einem Platz für ihre Tochter fragte, wurde sie von der Gruppenleiterin sehr distanziert darauf hingewiesen: „Wir sind etwas Besonderes; wir sind kein normaler Kindergarten." Ein Antrags- oder Aufnahmeformular wurde ihr nicht überreicht. Sie hatte den Eindruck „hier fehl am Platze" zu sein. Ein Einzelfall? Nein, keineswegs. Nur all zu oft machen Eltern solche Erfahrungen. Obwohl Waldorfkindergärten vom Staat voll bezuschusst werden und für alle Kinder zugänglich sein müss- ten. Zumal diese interessierte Mutter im selben Stadtteil ansässig war wie der Waldorfkindergarten.

Mittlerweile hat sich die Elternschaft dahingehend geformt, dass es vor allem die Eltern aus der bildungs- und kulturbewussten Mittel- und Ober- schicht sind, die Wert auf eine musische und kreative Entwicklung ihrer Kinder legen. Eltern, die sich besonders intensiv über die Schul- und Aus- bildung ihrer Kinder Gedanken machen.

Negative eigene Schulerlebnisse spielen sicherlich auch eine Rolle. Welche Mutter, welcher Vater erinnert sich nicht an unangenehme Bege- benheiten, autoritäre Lehrer, Angst vor Prüfungen und dergleichen mehr? Man hört, der Schulstoff sei mit den Jahren umfangreicher, der Schulstress größer und die Prüfungen schwerer geworden. Das alles möchte man doch seinem Nachwuchs nach Möglichkeit ersparen und sucht nach der „menschlichen Schule", in der die Kinder unbeschadet und wohl behütet sogar bis zur Abiturprüfung bleiben können.

In den siebziger Jahren traten die Waldorfschulen verstärkt in Erschei- nung. Die antiautoritäre Erziehungswelle war im Abklingen und man wusste mittlerweile, dass die von Alexander Neill ins Leben gerufene „Schule von Summerhill" nicht unbedingt als Erziehungs- und Unter- richtsideal galt. Da stellten die Waldorfschulen in der Öffentlichkeit einen erstaunlichen Unterricht vor. Sie galten anfangs als eine Art „Geheimtipp" in Elternkreisen, die „das Besondere" für ihre Sprösslinge wollten. Es gab damals nur wenige Schulen dieser Art. Die Schulplätze waren rar und sind es heute noch.

Dass Schulgeld erhoben wird, schreckt nur wenige ab, bekommt man doch im Schulbüro die Auskunft, dass aus finanziellen Gründen kein Kind abgelehnt wird. Das so genannte „Finanzgespräch" zwischen Schule und Eltern findet erst nach erfolgreicher Aufnahme statt bzw. nach meiner Erfahrung und den Aussagen anderer Eltern sogar erst Wochen nach (!) der Einschulung der Kinder.

Nicht unbedingt als Elite fühlen sich Eltern, die bereit sind, sogar Schulgeld zu bezahlen, obwohl an staatlichen Schulen der Unterricht kostenfrei ist – sogar die Lehrmittel. Bei Waldorf wird nämlich kräftig und ständig zur Kasse gebeten, direkt und indirekt. Allerdings stellt sich das erst später heraus. Nein – elitäres Denken ist das sicher nicht, aber (so mag mancher denken) es beruhigt doch, nicht mit „jedermann" und „jedem Kind" von „überallher" zusammenzukommen. In diesem Sinne ist schon eine gewisse Auswahl gegeben.

Besonders die Eltern aus den Innenstädten, wo in Sprengelschulen häufig Kinder aus sozial schwachen Familien anzutreffen sind und ein hoher Ausländeranteil vorherrscht, bevorzugen als Alternative die Waldorfschule. In einer Radiosendung des *Hessischen Rundfunks* am 12. August 1998 berichtet eine ehemalige Waldorflehrerin davon, dass nach ihren Erfahrungen kaum Ausländer aufgenommen werden: „Hier und da pro 40 Schüler vielleicht mal ein Ausländer." Und das wären dann nur Schüler, die eine „deutsche Mutter oder einen deutschen Vater" hätten. Zudem würden „praktisch keine Arbeiterkinder" aufgenommen. Und auf einer Homepage im Internet berichtet eine angehende Junglehrerin, der – mit großem Zögern – ein sechswöchiges Praktikum in einer Waldorfschule gewährt wurde, dass sie „ihre" Schule als „komplett ausländerfreie Zone" erlebt habe.

Außerhalb und auch innerhalb von Waldorf hört man oft, „hier sei die Welt noch in Ordnung"! Es gebe keinen Konkurrenzkampf unter den Schülern, keine Gewalt und Prügeleien, keine Drogenprobleme usw. Es werden eben nicht nur in den Waldorfschulen Märchen erzählt, sondern auch über sie.

Und so findet man sich zusammen in einem bunt gemischten, aber ausgewählten Kreis einer mehr gehobenen als mittleren Elternschaft: z.B. Ärzte, Architekten, Rechtsanwälte, auch Richter; Journalisten und Redakteure aus Presse, Funk und Fernsehen, Soziologen, Psychologen, Theologen, sogar einige evangelische Pfarrer haben ihre Kinder auf Waldorfschulen, selbstständige kleine und große Unternehmer, Öko-Bauern und Besitzer von Naturkostläden und Lehrer – jede Menge Lehrer von öffentlichen staatlichen Schulen.

Lehrer von staatlichen Schulen, die ihre Kinder auf Waldorfschulen haben, sind gleichzeitig eine Rechtfertigung und Bestätigung für andere Eltern, die unter Umständen noch Zweifel hegen, ob sie die richtige Wahl getroffen haben. Man darf sich aber wohl fragen, ob es sich bei diesen Staatsschulpädagogen nicht gelegentlich wiederum um Anthroposophen oder zumindest um sehr anthroposophisch orientierte Leute handelt. Innerhalb der Waldorfschulgemeinde berichten diese „erfahrenen" Lehrkräfte der öffentlichen Schuleinrichtungen oft und gerne über die schlimmen Zustände an Grund- und Hauptschulen (an denen sie selbst arbeiten), von extremen Anforderungen und fürchterlichem Schulstress an den Gymnasien und den vielen, vielen Vorschriften, denen Lehrer und Schüler dort unterliegen.

Anthroposophie und Waldorfpädagogik auch in öffentlichen Schulen?

In der zweiten Klasse wechselte unser jüngster Sohn von der Waldorfschule in die staatliche Grundschule. Mit Befremden stellte ich Anfang der 5. Klasse fest, dass auch dort die neue Klassenlehrerin anthroposophisches Gedankengut in den Unterricht hineinbrachte. Nicht nur, dass sie jeden Morgen seit Wochen den gleichen Steiner-Spruch zitierte („Manche Mädchen sagen danach sogar andachtsvoll Amen", so die staatliche Pädagogin erklärend zu diesem Mantram), auch im Schulheft meines Sohnes waren eindeutig anthroposophische Spuren zu finden. Bilder von St. Michael, gemalt von Waldorfschülern, sollten in der Klasse aufgehängt werden. Auch der Elternabend erinnerte mich auffällig an Waldorf.

Denn ebenso wie bei Waldorf sprach diese Lehrerin an unserer Regelschule von Lebensjahrsiebten, verschiedenen Temperamenten der Schüler und davon, „dass sich die Kinder ihre Eltern selber ausgesucht haben". Mein Hinweis auf die umstrittene Steiner-Pädagogik und meine Forderung, Steiner-Sprüche im staatlichen Schulunterricht zu unterlassen bzw. unseren Sohnes in eine Parallelklasse zu versetzen, wurde abgelehnt. Begründung des Rektors und der Lehrerin, die zugab, der Anthroposophie nahe zu stehen und ihre eigenen Kinder seit Jahren auf einer Waldorfschule hatte: Steiner und Anthroposophie seien schließlich nicht verboten. Wir beantragten daher umgehend die Aufnahme in eine andere Sprengelschule.

Waren wir hier vom Regen in die Traufe geraten? Möglicherweise war das ein Zufall. Doch Zweifel erscheinen mir angebracht, denn in einem Waldorf-Pro-und-Contra-Diskurs im Internet schreibt ein Ausbilder des Hamburger Waldorf-Seminars folgendes: „Ich kenne eine große Zahl von Lehrern an staatlichen Schulen, die Waldorfelemente in den Unterricht einführen, ohne damit in Schwierigkeiten zu kommen, viele wurden in den letzten Jahren an unserem Seminar ausgebildet. Es kommt natürlich immer darauf an, was eingeführt wird (Eurythmie gehört allerdings wirklich zum

Letzten, was möglich ist) und was die Schulleitung davon hält bzw. wieviel Gestaltungsfreiheit die Schulleitung generell lässt."

Die Aussage, dass offenbar eine größere Anzahl an Lehrkräften mit Waldorfausbildung sich an öffentlichen Schulen haben anstellen lassen, überraschte mich, denn auf „unserer" Waldorfschule herrschte akuter Mangel an „richtig ausgebildeten" Waldorfpädagogen im Klassenlehrerbereich und ganz besonders bei den Fachlehrern in der Oberstufe, wie uns bedauernd gesagt wurde.

Waldorflehrer

„Die Waldorfschule braucht Lehrer, die bereit sind, mit ihrer weltanschaulichen Vorstellung zu brechen, um dafür in die Anthroposophie einzuschwenken, wobei es konkret darum geht, dass offene, tolerante Menschen ein enges Weltbild übernehmen sollen, das ihren Gedanken wenig Spielraum lässt und ihr zukünftiges Leben festlegt."

Christine Treiber, Bericht aus einem Waldorf-Seminar

In einem Beitrag der Fachzeitschrift *PÄD Forum* (6/1997) gibt uns Christine Treiber, Teilnehmerin eines einjährigen Vorbereitungsseminars, einen Einblick in Ablauf und Unterrichtsinhalt eines dieser Waldorf-Seminare, wobei es sich hier keineswegs um „einen besonders um Linientreue bemühten Außenposten innerhalb der deutschen Waldorf-Seminare" handelte, betont Frau Treiber. „Der Stundenplan sah in der ersten Doppelstunde am Morgen die Lektüre einiger grundlegender Werke von Rudolf Steiner vor." Diese „grundlegenden Werke" waren die „*Geheimwissenschaft im Umriss*" sowie die „*Allgemeine Menschenkunde*", ein Buch, so Treiber, das „den Schulungsweg eines jeden Waldorfslehrers" bilde. „Weitere vier Stunden täglich sollten in anthroposophischer Didaktik und Methodik, sowie in spezielle Fächer der Steiner-Schule wie Formenzeichnen, Eurythmie, Sprachgestaltung und Bothmer-Gymnastik einführen." Reinkarnation und Karma gehörten ebenfalls zum Unterrichtsinhalt, erinnert sich die Autorin.

Das also ist die „hochgepriesene" Ausbildung zum Waldorfpädagogen! Wer nun vermutet hat, dass es sich hierbei um eine aufbauende und ergänzende Ausbildung nach dem Pädagogikstudium handelt, um mit den Schülern anschließend besser und praxisnah arbeiten zu können, liegt offensichtlich falsch. Das ist, so meine ich, nichts anderes als Einführung in die Anthroposophie. Nicht unerwähnt bleiben darf, dass diese Seminare

„als alternative Ausbildungsstätte für den Lehrerberuf Förderung aus öffentlichen Mitteln" erhalten. Ein staatlich subventioniertes anthroposophisches Ausbildungsseminar für zukünftige Waldorflehrer ist schon bedenklich genug. Dass viele dieser anthroposophisch geschulten Teilnehmer dann in den öffentlichen Schuldienst gehen und „mit locker eingestreuten Anleihen aus der Waldorfpädagogik" unterrichten, das heißt, anthroposophische Inhalte in den Unterricht öffentlicher Schulen einfließen lassen, halte ich für einen Skandal.

In einer Düsseldorfer Grundschule teilte der Rektor den Eltern beiläufig mit, dass nun in Zukunft „nach dem Waldorfprinzip" unterrichtet würde. Das erfuhr ich von einer nahen Verwandten, die ihren Sohn auf dieser Schule hatte und befremdet auf die neue Richtung dieser Schule reagierte. War das auch nur Zufall oder ein Einzelfall?

So berichtet der bereits erwähnte Ausbilder des Hamburger Waldorf-Seminars in der Pro- und Contra-Waldorf-Liste weiter: „Es gibt in Hamburg die Albert-Schweitzer-Schule. Als einzige Hamburger Schule in staatlicher Trägerschaft ist sie nicht vom Land Hamburg, sondern direkt vom Kultusministerium finanziert. Und was wird unterrichtet? Seit 30 Jahren Waldorfpädagogik! Mit Klassenlehrern über 5-6 Jahre und Kollegen von Waldorf-Seminaren." Ich habe mir die Homepage der Albert-Schweitzer-Schule im Internet angesehen, konnte jedoch keinen Hinweis auf Waldorfpädagogik oder gar Anthroposophie finden. Das berechtigt wohl zur Frage, warum hier offenbar der pädagogische Hintergrund verschwiegen wird und den Eltern dadurch wichtige Informationen vorenthalten werden.

Es fällt mir mittlerweile schwer zu glauben, dass der oben beschriebene Vorfall an unserer öffentlichen Gundschule nur ein Zufall oder „Ausrutscher" einer anthroposophisch orientierten Staatsschullehrerin gewesen sein soll. Schleicht sich hier Anthroposophie und Waldorfpädagogik ins öffentliche Schulsystem durch die Hintertür herein?

4. Anthroposophische Nabelschau

Wer Waldorf verstehen will, muss sich mit der Anthroposophie auseinandersetzen, Auch wenn von Seiten der Waldorfszene betont wird, eine Gleichsetzung „Waldorf = Anthroposophie" sei falsch. Anthroposophie – was ist das? Wer steckt dahinter? Umso wichtiger wird es vor diesem Hintergrund für alle Eltern, die ihre Kinder in eine Waldorf-Erziehung gegeben haben oder geben wollen, über die Hintergründe der Anthroposophie Bescheid zu wissen. Vereinfacht gesagt ist die Anthroposophische Gesellschaft, die ihren Sitz in Dornach hat, so etwas wie der Kreml der Anthroposophen. Sie beschreibt sich selbst als eine „Vereinigung von Menschen, die das seelische Leben im einzelnen Menschen und in der menschlichen Gesellschaft auf der Grundlage einer wahren Erkenntnis der geistigen Welt pflegen wollen". 1923 kamen in Dornach „Persönlichkeiten zusammen, die von der Anschauung durchdrungen waren, dass es eine wirkliche, seit vielen Jahren erarbeitete und in wichtigen Teilen schon veröffentlichte Wissenschaft von der geistigen Welt gibt, und dass der heutigen Zivilisation die Pflege einer solchen Wissenschaft fehlt". Diese Pflege stellte sich die Runde zur Aufgabe. Die heutige Anthroposophische Gesellschaft, so heißt es weiter in der Selbstdarstellung, „knüpft an die damals gegründete Anthroposophie-Gesellschaft an, möchte aber für die damals festgestellten Ziele einen selbstständigen, dem wahren Geiste der Gegenwart entsprechenden Ausgangspunkt schaffen".

Das ist eine Aussage verbindlicher Unverbindlichkeit, die einerseits so etwas wie die Kontinuität beschreibt, andererseits aber auch eine eigenständige Fortentwicklung andeuten soll. Konkreter wird man genau genommen nicht. Die Beschreibung, die die Gründer-Runde damals wählte, liest sich aber nur auf den ersten Blick wie eine Aneinanderreihung von Allgemeinplätzen: „Die im Goetheanum gepflegte Anthroposophie führt zu Ergebnissen, die jedem Menschen ohne Unterschied der Nation, des Standes, der Religion als Anregung für das geistige Leben dienen können.

Sie können zu einem wirklich auf brüderlicher Liebe aufgebauten sozialen Leben führen. Ihre Aneignung als Lebensgrundlage ist nicht an einen wissenschaftlichen Bildungsgrad gebunden, sondern nur an das unbefangene Menschenwesen. Ihre Forschung und die sachgemäße Beurteilung ihrer Forschungsergebnisse unterliegt aber der geisteswissenschaftlichen Schulung, die stufenweise zu erlangen ist. Diese Ergebnisse sind auf ihre Art so exakt wie die Ergebnisse der Naturwissenschaft. Wenn sie in derselben Art wie diese zur allgemeinen Anerkennung gelangen, werden sie auf allen Lebensgebieten einen gleichen Fortschritt wie diese bringen, nicht nur auf geistigem, sondern auch auf praktischem Gebiete."

Der Dogmatismus, der in diesen Worten steckt, fällt in der Tat erst beim genauen Lesen auf. Hier wird nämlich das, was die Anthroposophen als „Geisteswissenschaft" definieren, nicht nur auf die gleiche Ebene mit den durch empirische, allgemein nachvollziehbare Beweise gestützten Naturwissenschaften gestellt. Gleichzeitig wird die Verbindlichkeit dieser Erkenntnisse von der Erlangung bestimmter Erkenntnisstufen abhängig gemacht. Mit anderen Worten: Anthroposophie wird zu einer „Ex-cathedra-Wissenschaft", deren Ergebnisse man nicht diskutieren, sondern nur annehmen kann. Denn wer sie nicht versteht oder glaubt, hat eben die Erkenntnisstufe noch nicht erreicht.

Das wird übrigens nur wenige Zeilen später besonders deutlich. Zunächst heißt es, dass die Einrichtung einer Freien Hochschule für Geisteswissenschaften „zunächst Rudolf Steiner obliegt". Alle Publikationen der Gesellschaft sollen öffentlich sein. Davon sollten auch die Publikationen der Freien Hochschule für Geisteswissenschaft keine Ausnahme machen. Und dann: „Doch nimmt die Leitung der Schule [also Steiner, d. Verf.] für sich in Anspruch, dass sie von vorneherein jedem Urteile über diese Schriften die Berechtigung bestreitet, das nicht auf die Schulung gestützt ist, aus der sie hervorgegangen sind. Sie wird in diesem Sinne keinem Urteil Berechtigung zuerkennen, das nicht auf entsprechende Vorstudien gestützt ist, was ja auch sonst in der anerkannten wissenschaftlichen Welt üblich ist."

Der letzte Teilsatz ist zwar richtig, aber nirgendwo sonst wird der öffentliche Diskurs über Schriften einer Hochschule derart dogmatisch an die Erkenntnisstufen des Hochschulleiters gebunden. Rudolf Steiner hatte die Erkenntnisstufen erreicht, so schreibt er selbst über sich. Er kam sich vor als der reinkarnierte Plato, Aristoteles und Thomas von Aquin. Nun wird er – fast Gott-gleich – auf den obersten Erkenntnisthron gesetzt und darf bestimmen, welche Kritik an der Anthroposophie angenommen wird und welche nicht.

Um sich diesen Absolutheitsanspruch klarzumachen: Würde man in einem demokratischen Staatswesen wirklich einem Menschen die alleinige Kompetenz zusprechen wollen und können, alle Erkenntnis zu haben, die zur Entscheidung für alle Dinge, die die Gemeinschaft betreffen, nötig ist? Genauso aber funktioniert die Anthroposophie. Und genau deshalb rücken viele Kritiker die Anthroposophie, die zumindest den geistigen Untergrund des Waldorf-Systems bildet, in eine Reihe mit anderen Sekten und totalitären Gemeinschaften, die ebenfalls auf autoritären Strukturen und einem allmächtigen (geistigen) Führer fußen. Dass angesichts einer solchen inneren Struktur dieser Erkenntnis-Gemeinschaft der Satz der Gründungsversammlung von 1923 „Die Politik betrachtet sie nicht als in ihrer Aufgabe liegend" glaubhaft erscheint, darf angezweifelt werden. Wer in einem derart autokratisch-monolithischen System groß wird, muss entweder an einem Punkt seiner Entwicklung einen gewaltigen Haken schlagen, um Demokrat zu werden. Oder aber er hat entweder die Anthroposophie nicht ernst genommen oder die Demokratie nicht. Beides erscheint zumindest schwer vereinbar.

Nun steht diese Beschreibung der Anthroposophie freilich noch ohne Inhalte dar. Dass es um den Menschen (griech.: anthropos) und um die Weisheit (griech.: sophia) geht, ergibt sich aus dem Namen. Nähere Eingrenzungen sind kaum möglich. Gerade Rudolf Steiner selbst liefert mit seinem gewaltigen Werk (über 350 Bücher, über 6000 Vorträge und Artikel) ein Beispiel dafür, dass von der Entwicklungspsychologie über die Naturwissenschaften und die Medizin bis hin zu Ernährung und Kleidung eben alles dazu gehört und neu geordnet werden muss und soll. Die Fülle seiner Darstellungen mag imponierend sein, sie darf wohl auch als abschreckend empfunden werden, was die – aus Sicht der Anthroposophen sicherlich nicht unangenehme – Situation zur Folge hat, dass sich kaum ein Normalbürger (= Schul-Eltern?) mit dem Werk wird auseinandersetzen können. Außerdem wird es so durchaus leicht, Kritikern ihre zusammenfassenden Darstellungen um die Ohren zu hauen, weil verständlicherweise immer ein Zitat fehlt oder ein Gedanke Steiners unberücksichtigt blieb. So lassen sich Kritik und Gegenargumente leicht aus dem Feld schlagen, wenn man den Absender als absoluten Laien hinstellt, der Steiner nicht einmal richtig gelesen habe (was freilich bei manchem Kritiker auch mehr als zutreffend sein dürfte).

Wer dennoch nach einer prägnanten, präzisen Eigendefiniton der Anthroposophen für das sucht, was sie denn betreiben, muss deshalb zur
Sekundär-Literatur greifen. Und wird auch dort nur bruchstückhaft fündig.
Bernard Lievegoed, den man wohl zurecht als Steiner-Jünger bezeichnen
darf, sagt in seinem Buch *Durch das Nadelöhr*: „Die Anthroposophie will
im individuellen Menschen die Fähigkeit wecken, von der Basis der eigenen geistigen Erkenntnis in Freiheit zu handeln." Und weiter: „Der in der
Materie gebundene Geist seufzt nach Erlösung durch Erkenntnis des Menschen. Also handelt es sich in der Anthroposophie um die 'Erkenntnis' im
Hinblick auf das Wesen der Materie, der Natur, des Kosmos, des Menschen. Das ist die Mission Rudolf Steiners gewesen."

Im *Esoterik-Almanach* heißt es dazu: „Anthroposophie ist von ihrer
Anlage her keine Lehre, sondern ein Erkenntnisweg. Der einzelne Mensch
kann den Ergebnissen der Geistesforschung völlig frei gegenübertreten,
weil ihm die Möglichkeit gegeben ist, sie mit seinem Erkenntnisvermögen
zu durchdringen." Dieser Erkenntnisweg, der durch christliche und indi-
sche religiöse Lehren, durch gnostische Tradition und spät-hellenistische
Mysterienreligion führt, in dem germanische Einflüsse ebenso verarbeitet
wurden wie esoterisch verklausulierte Phrasen, hat Steiner den Vorwurf
des Okkultismus eingebracht, weil sich ein Großteil eben wie eine Geheimwissenschaft vor dem Betrachter aufbaut bzw. ihm verschlossen
bleibt, weil er ja nicht über den Erkenntnisstand verfügt. Das führt bis-
weilen zu einem fast lustigen Spielchen zwischen Anhängern und Gegnern
Steiners, weil seine Kritiker ihm das Vertreten einer okkulten Religion
vorhalten, was die Anhänger wiederum mit dem Hinweis verteidigen,
daran sei nichts Okkultes, man müsse eben nur alles erkennen können,
was aber nur gelinge, wenn man alle Kritik aufgebe und sich auf Steiner
„einlasse". Anderenfalls entziehe sich die innere Struktur der Steinerschen
Weltanschauung eben dem Außenstehenden, was bei diesem wiederum
den Eindruck verstärkt, mit seinem Vorwurf vom Okkultismus eben doch
richtig zu liegen. Am Ende ist dann nichts geklärt oder erreicht und man
geht wieder auseinander.

5. Grenzenlose Freiheit à la Rudolf Steiner

Alle reden von Druck, Stress und Forderungen in der Gesellschaft, in der Wirtschaft und deshalb natürlich auch in der Schule. Wie ganz anders hört sich da doch das Angebot der Freien Waldorfschulen an: Erziehung in und zur Freiheit ... und andere verlockende Angebote.

Erziehung zur Freiheit in einer freien Schule, in der die Schüler angstfrei lernen können. Von so viel Freiheit überwältigt, kommt man leicht auf den Gedanken: bei Waldorf – da muss die Freiheit wirklich grenzenlos sein! Aber nicht nur die Worte „frei" und „Freiheit" beeindrucken, sondern auch die anderen attraktiven Selbstdarstellungen lassen aufhorchen. Die wohl zugkräftigste und bekannteste Werbeparole der Waldorfschulen, die auch uns angesprochen hat, lässt sich in den Worten zusammenfassen: keine Noten, kein Sitzenbleiben. Nicht, dass man annimmt, das eigene Kind wäre nicht intelligent genug, aber vielleicht könnte man ihm – und uns Eltern natürlich auch – eine herbe Enttäuschung in der Schule ersparen.

Diese Zauberworte „keine Noten, keine Prüfungen, keine Notenzeugnisse und kein Sitzenbleiben" werden in Waldorf-Informationsvorträgen besonders hervorgehoben, gleichzeitig wird auf die Unzulänglichkeiten und starren Formen der staatlichen Schulen hingewiesen, die ja zweifelsohne bestehen und aus der eigenen Schulzeit unter Umständen noch in bester Erinnerung sind. Und da präsentiert man uns Eltern eine Pädagogik à la carte – die menschen- und kinderfreundliche Schule! Auf einem Werbeblatt eines Waldorf-Initiativ-Kreises, das ich damals erhielt, liest sich das so:

Einige Besonderheiten der Waldorfpädagogik:
Die natürlichen Entwicklungsstufen des Kindes bestimmen Auswahl und Vermittlung des Lehrstoffes. Statt einseitig intellektueller Schulung wird der ganze Mensch mit seinen Verstandes-, Gefühls- und Willenskräften erzogen. Es gibt daher weder Sitzenbleiben noch Auslese; die Klassen-

*gemeinschaft bleibt 12 Jahre erhalten. Trotzdem haben die Waldorfschu-
len den höchsten Anteil an Abiturienten.* [!] *Statt Noten werden ausführli-
che Beurteilungen gegeben. Die Hauptfächer, in mehrwöchigen Epochen
gelehrt, ermöglichen ein tieferes Erfassen des Stoffes. Schon ab der ersten
Klasse lernen die Kinder Englisch und Französisch. Zusätzliche Fächer
für alle Buben und Mädchen sind: Flöten, Handwerken, Technologie,
Gartenbau, Eurythmie u.a.m. Die Schüler bekommen den von den Eltern
gewünschten Religionsunterricht. Der Klassenlehrer führt seine Kinder
durch die ersten acht Schuljahre. Dadurch wächst ein natürliches,
menschliches Verhältnis, das die Entwicklung mehr fördert als program-
mierter Unterricht und Sprachlabor.*

Was die Zusammenarbeit zwischen Schule und Elternhaus betrifft, über-
trifft sich Christoph Lindenberg geradezu, wenn er darauf verweist, dass
die Waldorfschulen unter der Voraussetzung arbeiten, „dass die am Erzie-
hungsprozess Beteiligten, Eltern, Lehrer und, soweit das möglich ist [hier
schränkt er ein, d. Verf.] Schüler selber bestimmen sollen, wie erzogen
und was unterrichtet werden soll". Das hört sich ja schon mal gut an. „In
engem, vertrauensvollem Kontakt werden die Eltern in das Schaffen der
Schule einbezogen." Aber wie und durch was? „Durch Hausbesuche der
Lehrer, regelmäßige Elternabende, Aufführungen der Schüler usw." Hätte
ich da schon hellhörig werden müssen? Nein, denn in meinem Waldorf-
Werbeblatt wird versichert, dass Kinder aus allen Gesellschaftskreisen
gern und ohne Angst zur Schule gehen, dort ihre Fähigkeiten frei entfalten
können und zu verantwortungsbewussten und selbstständigen Menschen
erzogen werden. Also eine echte Wunsch-Schule der Superlative! Welche
Mutter, welcher Vater würde hier nicht aufhorchen. Ein Traum von einer
Schule wird da angeboten! Und man bucht für seine Kinder – und für sich
selbst – eine Reise ins anthroposophische Abenteuerland. (Ein Klassenlehrer bei uns sprach tatsächlich einmal vom „Abenteuer Waldorf". Er
hatte Recht, aber anders, als wir zunächst annahmen.) Doch diese Offerte
erinnert mich an einen gut aufgemachten und ausgeklügelten Reise-
katalog, in dem die Dinge zwischen den Zeilen erst verständlich sind,
wenn man von der Reise zurückkommt. Wir sind zurückgekehrt von
dieser Traumreise aus den „Höheren Welten" und ziemlich unsanft auf-
gewacht.

6. Lehrplan ohne Plan

Rudolf Steiner war aber nicht nur im pädagogischen Bereich aktiv und einfallsreich. Auch in Medizin, Kunst, sozialem Leben und Naturwissenschaften schien dieser Universalgelehrte ein unerschöpfliches Wissen zu haben. Aus diesen Gebieten ergibt sich demzufolge auch eine große Anhängerschaft. So sehen Heilpraktiker, Naturheilkundler, Heilpädagogen, Anhänger der biologisch-dynamischen Landwirtschaft, Berufsgruppen der sozialpädagogischen Richtung in der Waldorfschule einen Schultyp, der mit ihren Interessen und Ansichten übereinzustimmen scheint. Der Autor und ehemalige Waldorflehrer Paul-Albert Wagemann schreibt dazu: „Darüber hinaus stellen Waldorfschulen auch Alternativen dar für Elternhäuser all jener, die auf irgendeine Weise an nicht herkömmlicher, spirituellorientierter Konfessionalität interessiert sind und ihre Kinder in dieser Richtung erzogen sehen möchten. Die Waldorfschule scheint in solchen Fällen eine Bedarfslücke zu schließen. Darum finden sich hier unter anderem auch die Kinder von Baghwan-, Bahai-, und Gurdjeff-Anhängern, von Rosenkreuzern, Neu-Apostolischen und Adventisten. Die Waldorfschule wird in solchen Fällen aufgrund ihrer religiös-spirituellen Grundausrichtung als die einzige Alternative zur Staatsschule angesehen. Sie ist in dieser Hinsicht konkurrenzlos."

Da strömen aus allen Richtungen und von allen Richtungen Eltern mit den unterschiedlichsten Motiven herbei, um für ihre Kinder auf dieser Schule das zu finden, was sie selber suchen. Und keiner weiß vom anderen so recht warum, wieso, weshalb. Eine geistiger Turmbau zu Babel sozusagen.

Wie banal erscheint da plötzlich die staatliche Schule. Dort wollen alle Eltern nur das Eine: Dass ihre Kinder etwas lernen! Der umfangreiche Lehrplan sieht im Wesentlichen Wissensvermittlung und soziale Integration vor. Penibel umschreibt er für alle öffentlichen Schularten die Informationen, die gelehrt werden sollen. Das ist nach Steiner genau die Unfreiheit der staatlichen Lehrerschaft. Dass auch die Pädagogen an öffentlichen Schulen einen großen Freiraum an Unterrichtsgestaltung und Wissensvermittlung haben, übergeht er geflissentlich.

Steiner wollte bei der Gründung der ersten Waldorfschule eine Anpassung an den staatlichen Lehrplan völlig ausschließen, um dem Wirken seiner Lehrer absoluten Freiraum zu schaffen. Um eine behördliche Genehmigung für seine Schule zu erhalten, musste er allerdings Kompromisse eingehen. Danach sollten die Schüler der Waldorfschule jeweils am Ende des 3., 6. und 8. Schuljahres das Lernziel der öffentlichen Schulen erreicht haben. Diese Regelung mag vielleicht im Jahre 1919 noch angepasst und ausreichend gewesen sein, ist aber von dem heutigen Wissensstand und Ausbildungsniveau weit entfernt. So können nach meinen Erfahrungen Waldorfschüler, die nach den Klassen 3, 6 und 8 in eine Grund- und Hauptschule wechseln, nur schwer an den Wissensstand der gleichaltrigen Mitschüler anschließen (auch wenn das von Waldorfschulen kräftig dementiert wird). Auf Realschulen muss in der Regel um ein Jahr, auf Gymnasien unter Umständen sogar um zwei Jahre zurückgestuft werden. Und selbst dann fehlt es an Grundwissen. Je später ein Wechsel erfolgt, um so aussichtsloser scheint ein problemloses Übertreten in das öffentliche Schulsystem zu sein!

Bescheiden und überschaubar ist dagegen der Lehrplan der Freien Waldorfschulen. Spartanisch einfach nimmt er sich aus gegenüber dem staatlichen (stattlichen?) Curriculum. Doch genau das scheint wohl den Reiz der Waldorfschulen auszumachen, dass es dort eigentlich keinen Lehrplan im üblichen Sinne gibt. (Ob das auch alle Eltern wirklich wissen? Wir wussten es nicht!) Es gibt nur „Lehrplanrichtlinien", die Rudolf Steiner vor über 80 (!) Jahren für die Stuttgarter Waldorfschule aufgestellt hat und die heute noch für alle nachfolgenden Waldorfschulen in fast unveränderter Form maßgebend sind. Diese Richtlinien sind die Grundlage der Waldorfschul-Pädagogik. Und diese Pädagogik beruht einzig und allein auf den menschenkundlichen Erkenntnissen von Rudolf Steiner, die er durch meditatives Schauen erworben haben will.

Alles was über diese Richtlinien (zur Darstellung reichte der Autorin Caroline von Heydebrand ein schmales Büchlein, das seit 1919 mit nur geringfügigen Korrekturen gilt) hinausgeht, dürfen die Waldorflehrer angeblich selbst bestimmen und müssen dies auch verantworten. Der Waldorflehrer ist unternehmerisch tätig, sagt Steiner. Das heißt auch, er haftet für das, was er sagt und tut – die Schule selbst trifft nie die Schuld! Hier kann der Lehrer frei und Künstler sein. Mancher Lehrer greift das sich selbst verkünstelnd auf: So ließ ein Klassenlehrer seine sechste Klasse wochenlang ausschließlich malen. Er hatte den Eindruck, die Schüler hätten gerade ihre künstlerische Phase, erklärte er den beunruhigten Eltern. Doch nach heftigen Diskussionen und Für und Wider verschiedener Elterngruppen wurde der Lehrer schließlich ausgetauscht. Eine neue Klassenlehrerin versuchte, den versäumten Stoff wieder aufzubauen. Hier blieb der Lehrer durchaus auf der Waldorflinie. „Die Waldorfschulen arbeiten unter der Voraussetzung, dass ... Schüler selber bestimmen sollen, ... was unterrichtet werden soll", schreibt Christoph Lindenberg in *Waldorfschulen: angstfrei lernen, selbstbewusst handeln.*

Da liegt die Frage nahe, ob dort auch etwas gelernt werden soll (und kann) oder ob das Leben einzig aus der Verwirklichung individueller Wunschvorstellungen bestehen kann? Und dann fragt man sich, was ist denn das nur für eine Schule? Das ist die Freie Waldorfschule mit ihrem freien Lehrplan!

Dass das staatliche Schulsystem hinreichend Unzulänglichkeiten aufweist, ist bekannt und darum wird dort auch seit Jahrzehnten herumexperimentiert. Verunsichert greifen viele Eltern zurück auf Altbewährtes, auch wenn das aus der Mottenkiste der Pädagogik stammt. Nostalgie ist bei Waldorf modern. Man lässt die Kinder lieber lernen – wie zu Urgroßvaters Zeiten der Bauer den Acker mit dem Handpflug bestellte (3. Klasse) und setzt Zehntklässler (Mädchen und Jungen) ans Spinnrad, um ihnen beizubringen, wie die Urahne Wolle spann. Moderne Technologie ist für Waldorf ein Fremdwort.

Und so pflügt und spinnt man, lernt rechnen, lesen und schreiben wie vor 80 Jahren. Nichts wurde geändert und niemand wird daran etwas ändern können. Sie wollen sich als Eltern beschweren, dass Ihnen verschiedene „Zutaten" zum Unterricht nicht passen? Das ist leider nicht möglich. Diese anthroposophische Kost wird als Einheitsmenü serviert – und noch dazu nach Art des Hauses. Und verstehen würden Sie es ohnehin nur schwer, sagt Caroline Heydebrand in ihrem Buch *Vom Lehrplan der Freien Waldorfschulen.* „Die Darstellung, die hier vom Lehrplan der Freien Waldorfschulen versucht wird, kann nur dann voll verstanden werden, wenn man die ihm zugrunde liegende Menschenkunde berücksichtigt, wie sie in den Schriften Dr. Rudolf Steiners gegeben ist." Und es gibt viele Steiner-Schriften!

Und sollte man sie doch einmal alle gelesen haben (im Grunde genommen wiederholt er sich ständig), dann darf man sich trotzdem keine Kritik erlauben. Steiner weist ausdrücklich darauf hin, dass nur demjenigen ein Urteil zugestanden werden kann, der kennt, „was als Urteils-Voraussetzung angenommen werden wird. Und das ist für die allermeisten dieser Drucke *mindestens* die anthroposophische Erkenntnis des Menschen, des Kosmos, insofern sein Wesen in der Anthroposophie dargestellt wird, und dessen, was als 'anthroposophische Geschichte' in den Mitteilungen aus der Geist-Welt sich findet."

Hat da sonst noch jemand Fragen?

7. Alles noch wie anno 1919

*Was so lange existiert, sollte man ab und
hin auf seine Frische überprüfen, (...), sonst
fängt es noch an zu stinken.*

Marcus Hammerschmitt, *Instant Nirwana*

Die erste Waldorfschule entstand im Jahr 1919. Rudolf Steiner, Leiter der anthroposophischen Gesellschaft, hatte mit einigen seiner engsten Freunde einen Verein gegründet, der sich *Bund für Dreigliederung des sozialen Organismus* nannte. Denn aus seiner meditativ erarbeiteten Menschenerkenntnis heraus glaubte er, einen Weg gefunden zu haben, der aus den Wirren des Ersten Weltkrieges herausführen und alle Probleme des deutschen Volkes für alle Zeiten lösen sollte. Es schien ganz einfach – denn laut Steiner wurde schon seit Jahrhunderten die falsche Politik betrieben. Würde man nun das Wirtschaftsleben, das Rechtsleben und insbesondere das kulturelle Leben (er meint damit das Geistesleben) voneinander trennen, ergebe das die ideale Lösung. Voraussetzung dafür wäre allerdings die absolute Freiheit des Geisteslebens.

„Es war für das Heraufkommen der neuzeitlichen Menschenverhältnisse notwendig, dass das Erziehungswesen und damit das öffentliche Geisteswesen den Kreisen, die es im Mittelalter inne hatten [gemeint ist die Kirche, d. Verf.], abgenommen und dem Staat überantwortet wurde. Die weitere Behandlung dieses Zustandes ist aber ein schwerer Irrtum", schreibt Steiner in *Kernpunkt der sozialen Frage*. Seine Zukunftsvorstellung lautet: „Juristenschulen, Handelsschulen, landwirtschaftliche und industrielle Unterrichtsanstalten werden ihre Gestaltung aus dem freien Geistesleben heraus erhalten." Gemeint ist damit: Die Anthroposophie herrscht über das Erziehungswesen. Und damit soll der Staat keinerlei Einfluss mehr auf Schulen, Universitäten usw. haben. Die Kultusministerien wären demzufolge überflüssig.

Einer von Steiners begeisterten Anhängern, Vollblut-Anthroposoph und Mitglied beim *Bund für Dreigliederung*, war Emil Molt, der Direktor der Waldorf-Astoria Zigarettenfabrik. Von Steiners Idee fasziniert, beschloss er, eine Schule für seine Fabrikarbeiter einzurichten. Er schlug damit gleich mehrere Fliegen mit einer Klappe: Durch die Gründung einer Schule für seine Arbeiterkinder konnte er sozialpolitisches Engagement in der Öffentlichkeit (exoterisch) demonstrieren und damit auch anthroposophisches Gedankengut implizieren (esoterisch). Durch die achtstufige Gesamtschule wollte Molt nicht nur seine Fabrikarbeiter an das Unternehmen binden, sondern gleichzeitig für gute Nachwuchskräfte sorgen.

Am 23. April 1919 bat Direktor Molt den Leiter der anthroposophischen Gesellschaft, Rudolf Steiner, die Einrichtung und Leitung dieser neuen Schule zu übernehmen. Steiner, der selbst keinerlei pädagogische Ausbildung besaß und in den Jahren 1906/07 eine wenig erfolgreiche Vortragsreihe über die „Erziehung vom Gesichtspunkt der Geisteswissenschaft" gehalten hatte, sagte zu und legte in einem erstaunlichen Tempo bereits zwei Tage später die erste Lehrplanskizze vor. Darin empfahl er, „die Schule im Sinne der ehemaligen österreichischen Unterrealschulen zu begründen, die bis zum vollendeten sechzehnten Lebensjahr führte". Als Österreicher kannte er ja diese Schulart. Später wurde sie in eine zwölfklassige Volks- und Höhere Schule erweitert. Bei diesem Gespräch waren neben Steiner und Molt auch Herbert Hahn und der Fabrikant Stockmeyer anwesend.

Vier Monate später schon konnte Steiner die zukünftigen Lehrer begrüßen, die in einem nur 14-tägigen Kurs für ihre Aufgabe als Waldorflehrer ausgebildet wurden. In seiner Ansprache bezeichnete er diese Schulgründung als „Kulturtat, um die Erneuerung unseres Geisteslebens der Gegenwart zu erreichen". Um welche Art von Kultur es sich handelte, wusste nur ein eingeweihter Kreis. Enthusiastisch fügte er noch hinzu: „Die Waldorfschule wird ein praktischer Beweis für die Durchschlagskraft der anthroposophischen Weltorientierung." Und begeistert fuhr er mit den Worten fort: „Wir dürfen nicht bloß Pädagogen sein, sondern wir werden Kulturmenschen im höchsten Grade." Doch damit nicht genug. „Die so zu gestaltende Schule wird als Einheitsschule der Zukunft [sic!] bezeichnet", erklärt dazu der Waldorf-Autor Hans Rudolf Niederhäuser.

Am 7. September 1919 öffnete dann die erste Waldorfschule ihre Tore und lächelnd begrüßte man die ersten Schüler, denn für offizielle Anlässe wählte Rudolf Steiner immer ein „Lächel-Komitee" aus.

8. Wie wir ins Waldorfnetz gerieten und so lange kleben blieben

Was machen junge Mütter, die ihren Beruf aufgeben, weil ein Baby da ist? Verantwortungsbewusste und nun hauptberufliche Mütter interessieren sich besonders für das Wohlergehen ihres Sprösslings. Genügend Ratschläge haben sie ja von allen Seiten schon während der Schwangerschaft erhalten. Und daraus schließt frau: Kinder auf- und erziehen scheint gar nicht so einfach zu sein.

Durch einen Berufswechsel meines Mannes mussten wir umziehen. An unserem neuen Wohnort hatten wir weder Verwandte noch Freunde oder Bekannte und als kurz darauf unser erstes Kind geboren wurde, blieb ich erst einmal zuhause, denn irgendeiner fremden Tagesmutter wollte ich meinen Prachtburschen nicht anvertrauen. Er war sehr frühreif, krabbelte mit sechs Monaten, lief bereits mit neun Monaten und tat überhaupt alles, was andere Kinder erst viel später fertigbringen. Ich war einfach stolz auf ihn. Natürlich wollte ich nichts falsch machen, was seine Entwicklung beeinträchtigen könnte. Ich las viel über Erziehung, angefangen bei Alexander Neill (der war in den Jahren 1977/78 sehr aktuell) bis hin zu Thomas Gordons Standardwerk *Familienkonferenz* und vieles mehr. Und dann stieß ich irgendwann auf die Waldorfpädagogik.

Mit meinem Sohn zusammen hatte ich mich einer Müttergruppe angeschlossen, wo die Kinder miteinander spielen und die Mütter Erfahrungen austauschen konnten. Natürlich kam eines Tages das Thema Kindergarten zur Sprache. Einige junge Mütter mit älteren Kindern erzählten von ihren Erfahrungen aus verschiedenen Kindergarteneinrichtungen: „Also, ich habe da von einem Kindergarten gehört, der soll ganz toll sein! Ganz anders als die anderen Kindergärten", berichtete eine junge Mutter. Wir wurden alle hellhörig. Als der Name „Waldorfkindergarten" fiel, erinnerte ich mich an einen Artikel aus einer Elternzeitschrift, in dem die Waldorfschulen in den höchsten Tönen gelobt wurden. In unserer Stadt gab es bis

dahin keine Waldorfschule. Ich war aber erfreut, dass ein Waldorfkindergarten vorhanden war. Und der, so hörte ich hier und da, wäre auch noch
viel besser als die städtischen Kindergärten, von denen ich allerdings auch
nicht viel wusste. Aber niemand konnte mir Genaueres über diesen neuen
Waldorfkindergarten sagen – außer, dass er sehr überlaufen und es sehr
schwer sei, dort einen Platz zu bekommen. Das musste also etwas ganz
Besonderes sein, vielleicht war es auch das, was mich sofort reizte.

Wir ließen uns Informationsmaterial zuschicken und wurden freund-
lichst zu einem der nächsten Vereinsabende eingeladen. So besuchte ich
einige Vorträge, man erklärte die Vorzüge der Waldorfpädagogik in Kindergarten und Schule, ich hörte, welch großen Nutzen sie auch im häuslichen Bereich bringe. Als mein Mann und ich erfuhren, dass bald auch eine
Waldorfschule gebaut werden sollte, war unser Interesse groß. Erziehung
zur Freiheit, angstfrei lernen, selbstbewusst handeln, individuelle Förderung des einzelnen Schülers, das Musische und Künstlerische wird nicht
vernachlässigt; es wird bereits ab der 1. Klasse Englisch und Französisch
(das deutet schon auf eine Eliteschule hin) unterrichtet. Und das alles ohne
Schulstress, ohne Noten, ohne Sitzenbleiben bis hinauf zum Abitur. Das
bedeutet auch keinen Stress für die Eltern! Wir waren begeistert, denn
genau das hatten wir uns immer für unseren Sohn vorgestellt.

Dazu würde der Unterricht von Lehrern gestaltet, die Verständnis für
jeden Schüler haben; Klassenlehrer, die persönlichen Kontakt zu den Eltern pflegen; die Eltern hätten sogar Mitspracherecht, wurde uns erzählt.
Mit großem Vertrauen – heute würde ich es Naivität nennen – glaubten
wir alles. Bis wir erkannten, dass vieles nur Halbwahrheiten waren. Aber
sicherlich sucht man sich das heraus, was man gerne glauben will.

Die Waldorfschule stellte sich uns als außergewöhnliche Schule dar –
genau das Richtige für unsere Kinder (zunächst für unseren Sohn),
dachten wir. Mein Mann trat sogar in den Bauförderkreis für die zukünftige Waldorfschule ein. („Man braucht mich dort dringendst, haben sie
gesagt", berichtete er freudig, als er vom ersten Vereinsabend zurückkam.)
Wir hofften, mit unserem besonderen Engagement eine gute Chance für
einen der begehrten Kindergartenplätze (und später für die Schule) zu
bekommen. Und das klappte dann ja auch! Von den anderen Müttern
wurde ich beneidet.

Obwohl unser Sohn noch nicht sofort in den Kindergarten gehen
konnte (bei Waldorf werden Kinder im allgemeinen erst mit vier Jahren
genommen), beteiligten wir uns aktiv in der „Waldorfbewegung". Wir
wuchsen regelrecht hinein. Der Bau der neuen Schule stand unmittelbar

bevor, mit einem zusätzlichen Kindergarten. Mein Mann wurde immer mehr in Beschlag genommen. Mit seinem Hochschulstudium und seiner kaufmännische Ausbildung schien er geradezu prädestiniert zu sein für die Aufgaben im Schulbauverein. (Man schien ihn dort wirklich zu brauchen!) Oftmals wurden an vier bis fünf Abenden in der Woche Arbeitskreise einberufen, damit so bald wie möglich mit dem Schulbau begonnen werden konnte.

Als unser Sohn dann endlich in den Kindergarten ging (in der Zwischenzeit hatten wir auch eine kleine Tochter bekommen), änderte sich unser Leben gravierend. Durch die Vorträge und Veranstaltungen waren wir ausreichend unterrichtet, was von zukünftigen Waldorf-Eltern erwartet wird. Und bald drehte sich alles nur noch um Waldorf! Als die Kindergärtnerin uns besuchte, war das Haus bereits „Waldorf-gerecht" hergerichtet. Kein Plastikspielzeug mehr in den Kinderzimmern; gutes und teures Holzspielzeug zierte die Regale. Wurzeln, Kiefernzapfen und anderes Naturmaterial lagen in Holzschalen, farblich harmonisch abgestimmte Tücher (in rosa) hingen über dem Kinderbettchen. Micky-Maus-T-Shirts, die Oma und Opa stolz geschenkt hatten, lagen unten in der Kommode; die Lego-Bausteine wurden zur Seite geschoben. Die einst so begehrten Fisher-Price-Bagger kamen in den Keller – vorübergehend.

Natürlich begann jetzt auch in meiner Küche die Vollkornzeit: Dinkelauflauf, Roggenschrot und Hafersuppe; Kuchen aus Weizenvollkornmehl, braune Nudeln und dergleichen mehr kamen auf den Tisch. Auch bei meiner Kleidung trat eine Veränderung ein. Ging ich früher eher sportlich und gerne sehr modern angezogen, griff ich nun zu den schlichten (haus)-fraulichen Modellen. Benutzte ich früher gerne ein kräftigeres Make-up, reduzierte ich es nun auf einen Hauch von Rosa auf den Lippen. Nagellack vermied ich. Zunehmend passte ich auch im Aussehen in das Waldorf-Ambiente.

Schlimm daran war, dass man selbst anfing, andere Dinge total abzulehnen. So mieden wir, um nur einige Beispiele zu nennen, fortan die üblichen Spielzeuggeschäfte. Geburtstags-, Weihnachts-, und Ostergeschenke für unsere Kinder wurden auf dem bei Waldorf jährlich stattfindenden Weihnachts- oder Osterbazar besorgt oder in einem anthroposophischen „Buchladen", der neben Büchern auch „kindgemäßes" Spielzeug führte und vermutlich in der Nähe einer jeden Waldorfschule zu finden ist. Auf Empfehlung des Kindergartens und der Schule kauften wir ausschließlich Kinderbücher aus anthroposophischen Verlagen. Wir legten fortan Wert auf „besondere Qualität", vom Spielzeug über die Ernährung

(Vollkornkost und wenig Süßes, Obst und Gemüse aus dem Bio-Laden)
bis zur Kleidung (Naturmaterialen wie Wolle, Baumwolle oder Leinen).
Das führte eines Tages dann sogar bis zur Auswahl bzw. Ablehnung der
Spielkameraden aus der Nachbarschaft, die fernsahen und Kassetten an-
hörten, ungehindert Süßigkeiten knabbern durften und kein „alternatives"
Spielzeug hatten, denn im Kindergarten wurden wir darauf hingewiesen,
wie überaus negativ Waldorfkinder durch diesen „falschen Umgang" beeinflusst werden könnten.

Als wir ein Haus mit Garten in der Nähe der Waldorfschule, zu der
auch ein Kindergarten gehörte, fanden, gaben wir unsere große und schöne
Stadtwohnung auf. Ich wollte meinen Kindern und mir die täglichen Auto-
fahrten zum Kindergarten und später zur Schule ersparen. Viele Eltern
dachten ebenso und auf diese Weise sind rund um die Schule regelrechte
Waldorf-Siedlungen entstanden. Das ist daher möglich, weil neue Waldorfschulen ihren Standort bevorzugt in geplanten Neubaugebieten haben.
Andere Eltern wiederum, z.b. aus Randgemeinden, scheuten die weiten
Anfahrtswege, die mitunter länger als eine Autostunde betrugen, nicht.
Und so bildeten sich Fahrgemeinschaften, wie es das außerhalb Waldorfs
natürlich auch gibt. Besonders daran war nur, dass diese Waldorfmütter
dann häufig den ganzen Vormittag auf dem Waldorfgelände blieben, denn
dort gab es unerschöpfliche Betätigungsfelder. „Wir brauchen viele, viele
fleißige Hände", hörte man ständig. Bastelarbeiten für Weihnachts- und
Osterbazare u.ä. wurden das ganze Jahr durchgeführt. Im Schul- und Kin-
dergartenbereich wurden Eltern für Garten- und Malerarbeiten und vieles
mehr gesucht. Auch in der Schulküche waren stets unentgeltliche Hilfs-
dienste erwünscht.

In unserer Straße waren wir zunächst die einzige Familie, die ihre Kinder in der nahe gelegenen Waldorfeinrichtung hatten. Anfangs bestand ein
recht netter Kontakt zu unseren Nachbarn mit Kindern im gleichen Alter.
Mütter und Kinder waren oft, besonders in den Sommermonaten, beisam-
men. Doch mit dem Eintritt unseres Ältesten in den Kindergarten nahmen
diese gemeinsamen Begegnungen immer mehr ab. Als unsere beiden ältesten Kinder in die Waldorfschule gingen, reduzierten sie sich schließlich
auf eher zufällige Treffen. Sicherlich lag das auch an den Freundschaften,
die meine Kinder dort schlossen. Oft wurden sie von Mitschülern gleich
mittags mitgenommen, um nachmittags gemeinsam miteinander zu spielen. Oder der Freundeskreis kam geschlossen zu uns. Der Kontakt zu den
Nachbarskindern war allmählich abgebrochen und der zu den Erwachsenen auch. Mitschuld daran trug ich wohl selbst, denn meine Interessen und

auch meine Ausdrucksweise hatten mittlerweile waldorfhafte Züge angenommen. Ich erinnere mich noch an sehr skeptische und zurückhaltende
Blicke, wenn ich vom Schulalltag erzählte und manche Ratschläge bzw.
Richtlinien, die wir auf den Elternabenden und in Vorträgen erhielten,
weiterempfahl. Entweder wollte oder konnte niemand von den Außenstehenden mir seine Bedenken, die offensichtlich gegen diese Schule bestanden, erklären. Oder aber ich war zum damaligen Zeitpunkt für eine
kritische Auseinandersetzung mit der Waldorfschule und ihrer Pädagogik
nicht bereit gewesen. Denn schließlich hatten wir ja selbst diese besondere
Schule für unsere Kinder gewählt. Und wer würde schon gerne zugeben,
dass er sich hier geirrt habe, jedenfalls nicht, solange in dieser „heilen"
Schulwelt keine Probleme und Schwierigkeiten auftreten. Im übrigen
wurden wir in Elternabenden bereits auf diese „Miesmacher" und Kritiker
der Waldorfpädagogik vorbereitet.

Waldorf-Deutsch

„Auch in die alltägliche waldörfliche Sprachkultur muss man sich erst
einhören. Bereits nach ganz kurzer Zeit merkt man als Waldorfeltern,
dass es zwei Sprachbereiche gibt: Waldorf-Deutsch und Umgangs-
sprache. So gibt es im Waldorf-Deutsch keine Leute, sondern ausschließlich Menschen (wir suchen Menschen, die beim Herbstmarkt
helfen...). Und wir fangen nicht mit der Arbeit an, sondern wir kommen
ins Tun. Wir finden das nicht ganz toll, sondern wir sind davon durchdrungen. Auch das muss man erst einmal lernen, so man will. Die un-
bekannte Terminologie wirkt anfangs einschüchternd."

Leserbrief aus *Info 3* (11/97)

Je mehr mein Kontakt zu den Nachbarn abbrach, um so mehr suchte ich
das gesellige Beisammensein mit Gleichgesinnten. Besonders junge Mütter, deren Ehemänner beruflich eingespannt und womöglich viel verreist
waren, schienen sich dort wohl zu fühlen. Bei Waldorf ist man nie allein.
Da fühlen sich viele wie in einer großen Familie aufgehoben. Viele
Freundschaften werden geschlossen. Jeder kennt bald jeden.

So bildet sich in und um jede Schule herum ein großen Netz- und
Flechtwerk (erst dachte ich an Zufall; heute unterstelle ich System), wel-
ches die Schule sicher trägt und schützt. Ich gehe davon aus, dass dieser
„Schutz" gegen unerwünschte Einflüsse von außen die wirkliche Aufgabe

der Eltern ist. Wer sich einflechten lässt und überall mitmacht, der vermisst nichts und fühlt sich gut aufgehoben.

Stallwärme

Begeisterte Waldorfeltern: Es gibt eine Stallwärme, die mir guttut. Dieses Stallgefühl finden wir ganz toll. Allein das Ambiente, wie die Schule gebaut ist. Wir schleichen uns manchmal durch die Schule, wenn Unterricht ist und lauschen an den Türen, wie laut es ist oder wie leise, und was sie gerade machen. Das macht wirklich Spaß. Und wenn man über den Hof geht – man hat so ein Gemeinschaftsgefühl, man kennt einander – es ist richtig schön, ich gehe gerne dahin.

Hildegard und Jochen Bußmann, *Mein Kind geht auf die Waldorfschule*

Aber wehe dem, der nicht mitmacht. Der passt nicht ins Konzept und wird zum Außenseiter; entweder man geht von selbst oder es wird nachgeholfen. „Sie werden [das gilt für Lehrer, Eltern und Schüler, d. Verf.] 'herausgeeitert', so bezeichnet das Stefan Leber, einer der tonangebenden Anthroposophen", schreibt Peter Brügge. „Eine, er gibt es zu, qualvolle Prozedur. Noch schlimmer wird es, wenn im unregulierten Hin und Her zwischen Lehrerkollegium und den Eltern vom Schulvorstand ein unerziehbarer Schüler herausbefördert werden muss." Und deshalb passt man sich eben an – oder versucht es zumindest.

Dieser Anpassungsmechanismus funktioniert bei den Eltern ebenso wie bei den neuen Lehrern (Nicht-Anthroposophen) und wird vom ehemaligen Waldorflehrer Paul-Albert Wagemann, treffend beschrieben: „Zuerst sagt man nicht, was man denkt. Dann denkt man, was man nicht sagt. Schließlich sagt man, was man nicht denkt und zuletzt denkt man das, was man sagt."

Aber so weit waren mein Mann und ich noch nicht. Wir sind zwar weder Herdentier noch Herdenmensch; dennoch waren wir anfangs begeistert von der Waldorf-Idee und nahmen aktiv an vielen Veranstaltungen wie Vorträgen, Festlichkeiten, Bastelnachmittagen und -abenden teil, nicht zu vergessen die nicht enden wollenden Vorbereitungen. Dazu kamen noch die häufigen Elternabende. Wir waren voll eingebunden in das große Waldorfnetz. Der Bekanntenkreis bestand eines Tages hauptsächlich aus Waldorfianern. Man blieb also immer unter sich und bekam dadurch so eine Art „Vorgartenhorizont". Selbstverständlich versuchten wir auch nach den „Richtlinien und Vorgaben" der Waldorfpädagogik zu leben. Schließlich wurden wir ja ständig darauf hingewiesen, wie schädlich sich falsche Erziehung und Lebensweise auf die physische und psychische Gesundheit des Kindes auswirken würde. Lässt man Kinder zu früh etwas malen, „dann verliert sich der Sinn für das Lebendige, dann kommt der Sinn für das Tote herauf". Wird das Kind zu früh intellektuell gefordert, können schlimme Krankheiten ab dem 30. Lebensjahr entstehen – wurde uns erzählt. Und wer möchte das schon verantworten? Auch Weißmehlprodukte und Zuckerkonsum können verheerende Folgen haben – wurde uns gesagt. „Zuckersüchtige Kinder zeichnen sich durch Umtriebigkeit, Mangel an Ausdauer und Konzentration aus. Da wir seit der Einführung des Zuckers in der nach-napoleonischen Ära alle an zunehmender Überzuckerung leiden, haben sich im Zuge dieser Entwicklung auch entsprechende Zivilisationskrankheiten ausgebreitet. Es sind dies insbesondere kariöser Zahnzerfall [das war mir bekannt, d. Verf.] und die Zunahme der Zuckerkrankheit [das war mir neu, d. Verf.]." Und ich erfahre: „Man kann auch bemerken, dass anhaltende seelische oder intellektuelle Überforderung [man höre! d. Verf.] in Kindheit und Jugend sich in der Vorgeschichte älterer Diabetiker häufig finden." Diese Weisheit basiert sicherlich auf der Menschenerkenntnis Steiners, ist aber heute noch nachzulesen in einem anthroposophischen medizinisch-pädagogischen Ratgeber von 1998.

Einfach war es nicht, den Vorgaben und Richtlinien der Waldorf-Pädagogik zu folgen. Es soll zwar kein Muss sein, wird freundlich hingewiesen; doch genau genommen bedeuten diese Richtlinien schon, dass man sich danach zu richten hat. Und das hieß: kein Fernsehen, keine Musik-Kassetten, schon gar keine Video-Spiele oder Spielzeugpistolen – Holzschwerter und Lanzen sind erlaubt –, keine T-Shirts mit wilden Aufdrucken, kein Plastikspielzeug, keine Cola, (nicht einmal Kakao), keine Pommes, keine ungesunden Süßigkeiten, keine Weißmehlprodukte, kein Fußball. Ballett wird ebenfalls nicht gern gesehen, dafür gibts dann Eurythmie. Partys und Discos für jugendliche Waldorfianer wurden als ahrimanische Einrichtungen argwöhnisch beäugt.

Als unser damals vierzehnjähriger Sohn diese Richtlinien missachtete und auf dem Pausenhof seinem Freund den neuen Walkman (ein Geburtstagsgeschenk vom Onkel) verstohlen zeigte, wurde ihm dieser von der Pausenaufsicht abgenommen. Am nächsten Tag erschien die Klassenlehrerin in Begleitung einer anderen Lehrkraft bei uns im Haus und hielt einen langen Vortrag über die Gefährlichkeit dieses technischen Geräts. Als Ausgleich bzw. als Strafe für dieses Vergehen sollte der Junge, so die

Lehrerin, ein Musikinstrument erlernen. Zwei Schulflöten, eine Leier und einen Psalter besaßen wir bereits. Nein, dafür würden sich besser Klavier, Geige oder Cello eignen, wurden wir belehrt. Schließlich einigten wir uns auf Konzertgitarre. Mit welcher Begeisterung mein Sohn in den Gitarrenunterricht ging und zuhause übte, brauche ich sicher nicht erwähnen.

Wir wurden allen Ernstes aufgefordert, Onkeln, Tanten und anderen Verwandten freundlich, aber bestimmt zu sagen, sie sollten nur gutes Holzspielzeug schenken. Mein Bruder zeigte mir einen Vogel und schenkte – ein ferngesteuertes Auto, was von meinen Kindern übrigens begeistert angenommen wurde. Nicht selten können dann diese „wohlgemeinten" Anweisungen der Waldorfschule oder des Kindergartens zu einer Entfremdung sogar im eigenen Familienverband führen, wenn die Eltern bemüht sind, diese Richtlinien einzuhalten und beginnen, die Besuche bei Großeltern und anderen Verwandten drastisch einzuschränken, um ihre Kinder vor den „schädlichen Einflüssen" wie Fernsehen, Kassetten, Süßigkeiten, nicht waldorfgemäßem Essen und Spielzeug usw. zu schützen.

Ahriman – ahrimanisch
Ahriman: ist der Geist der Materie
ahrimanisch: ist Materialismus jeder Färbung
ist demnach alles Denken, das das Lebendige nach den Gesetzen
des Physischen beurteilt.
                              Adolf Baumann, *ABC der Anthroposophie*

Neidvoll beobachtete ich die Nachbarin (sie hat auch drei Kinder), wie sie in kürzester Zeit die Urlaubskoffer gepackt hatte. Ich brauchte dafür Stunden, bis ich völlig entnervt erst fertig wurde, wenn die Kinder endlich schliefen. Der Geheimtip meiner Nachbarin: ein nettes Kindervideo.

Als ich langsam merkte, dass die krampfhaften Versuche, auf der „richtigen Linie" (Waldorf-Linie) zu bleiben, nur zu Schwierigkeiten in unserer Familie führten, lockerte ich diesen zwanghaften Lebensstil auf und wir fanden Kompromisse. Zuhause und außerhalb des Waldorfbereiches lebten wir nach unseren Familienrichtlinien. Und die unterschieden sich inzwischen doch wieder erheblich von den Vorschriften der Schule. Wir lebten Waldorfpädagogik, wie wir uns das vorgestellt hatten. Auf der einen Seite die alternative Schule: ohne Noten, ohne Schulstress; auf der anderen Seite alternative Erziehung: ein bisschen Vollkorn, ein wenig

Fernsehen und Kassetten, ab und zu Cola, Limo und Pommes. Die flotten T-Shirts und Sweat-Shirts wurden nur im Privatbereich getragen, für die Schule gabs „Eintöner". Es ist unglaublich, aber auch ich vertauschte allen Ernstes mein modisches Out-fit, wenn ich zuvor in der Stadt war, mit Jeans und Schlabberpulli, bevor ich unseren Kleinen vom Kindergarten abholte.

Der Versuch, eine reale Lebensweise neben der Waldorfschule aufzubauen, führte jedoch in eine Sackgasse, die gepflastert war mit Unehrlichkeit und ständig schlechtem Gewissen (vor allem für die Kinder). Aber wir waren kein Einzelfall! Heute weiß ich, dass es in vielen nicht-anthroposophischen Familien ähnlich ist. War das die Freiheit im Denken und Handeln, die wir für unsere Kinder in einer freien Schule wollten?

9. Angst und schlechtes Gewissen

Wie akut das Thema schlechtes Gewissen und sogar Angst bei Waldorf-
eltern sein kann, zeigen Leserbriefe in einer anthroposophischen Monats-
zeitschrift. Von Angst, sich zu äußern, Angst, aus der Reihe zu fallen,
Angst vor Ablehnung, ergänzt durch „Harmoniezwang" und „Sprach-
losigkeit" ist da die Rede. Manch eine Mutter nimmt das vielleicht nicht
so ernst und erklärt das so: „Eine echte Waldorfmutter hat immer ein
schlechtes Gewissen, wenn sie fernsehen schaut. Und erst recht, wenn sie
raucht oder gar Schnaps trinkt – das gibt nämlich Löcher in der Aura!"

Ein Waldorfvater schreibt jedoch dazu: „Mir erscheint es in Gesprä-
chen und Diskussionen oft unmoralisch, Kritik anzubringen oder nach
Hintergründen zu fragen. Und wenn ich es tue, dann kann ich oft mit der
sehr schwammigen, allgemein gehaltenen Antwort nichts anfangen. Besonders fällt das bei kritischen Punkten auf, die zur Diskussion stehen.
Dann kommen mir meine Fragen, die ich gerne stellen würde, direkt an-
stößig vor, so, als würde ich ungeschriebene Regeln verletzen. Und wer
will das schon? Also schweige ich lieber. Ganz schwierig wird es für
mich, wenn ein Lehrer mit Steiner antwortet. Da kann ich einfach nicht
mithalten."

Besonders auffällig war, wie unausgeglichen, mürrisch und aggressiv
unsere Kinder häufig aus der Schule – später unser Jüngster sogar aus dem
Kindergarten – nach Hause kamen. Es herrschte absolutes Reizklima! Sie
stritten sich miteinander um alles und gar nichts, und reagierten hoch-
explosiv, wenn sie sich ungerechtfertigt „gemaßregelt" oder „bestraft"
fühlten. Ratlos wandte ich mich an den Klassenlehrer, denn der Waldorflehrer ist ja angeblich dein Freund und Ratgeber in allen Lebenslagen.
An der Schule oder dem Kindergarten konnte es doch wohl nicht liegen
(ohne Notendruck und Stress, mit kindgerechter Behandlung und ver-
ständnisvollem Lehrer)?

Nein, lag es auch nicht – wurde mir in der Schule versichert. „Das ist das Ergebnis Ihrer antiautoritären Erziehung!", urteilte knallhart eine „alte erfahrene Waldorfpädagogin". Kinder brauchen enge Grenzen, die sie bei mir offensichtlich nicht bekämen, sagte sie. Kinder sind wie junge Bäume, die man festbinden muss, damit sie nicht krumm wachsen, wurde uns auf einem Elternabend erklärt. Ich hatte da eher das Gefühl, Waldorf versuchte, „Spalierobst" aus unseren Kindern zu machen.

Also ich war schuld, natürlich die Mutter. Dabei war ich keinesfalls eine Verfechterin der „antiautoritären Erziehung" und in unserem familiären Bereich gab es für die Kinder strengere Vorschriften als ich vergleichsweise bei anderen Waldorffamilien angetroffen habe. Bei Steiner (und nicht nur bei ihm) scheint immer die Mutter schuld zu sein. Ein Tatbestand, der bei Steiner-Vorträgen gerne auftaucht. Unter Schulpsychologen hingegen ist bekannt, dass solche Frustrationszeichen bei Schülern auftreten, wenn sie unterfordert sind. „Ich habe mich dort seit der ersten Klasse gelangweilt", sagt mein Sohn heute. „Ich war in dieser Schule sehr oft krank – einmal mehr als acht Wochen. Und trotzdem habe ich nie etwas versäumt", erinnert sich meine Tochter. Aufschlussreich ist doch, dass diese gespannte häusliche Atmosphäre, die während der Schulzeit auftrat, immer mehr nachließ, je länger die Schulferien dauerten und dann ein ausgeglichenes harmonisches Familienleben stattfand. So dass ich es immer sehr bedauerte, wenn die Schule wieder begann.

An frühen Alarmzeichen und allerhand Irritationen hat es also nicht gefehlt. Doch warum löst man sich nicht einfach von so einer Institution, Verein oder wie immer man es nennen mag?

„Man fühlt sich der Sache, der eigenen Schule ganz tief verbunden", beschreiben es Hildegard und Jochen Bußmann. Bei uns kam noch hinzu, dass wir die Planung und den Bau von Anfang an miterlebt haben; da gibt man nicht so leicht auf. Man schiebt es nie auf das System selbst, sondern auf die Zusammensetzung des Lehrerkollegiums und der Elternschaft. Es wird gesagt, die Schule in A sei besser als die in B, am schlimmsten sei die in C usw. Dabei steckt hinter jeder Schule dieselbe Grundlage: Rudolf Steiners Waldorfpädagogik, die nun mal auf der Anthroposophie basiert!

Auch wenn der Putz mehr und mehr abbröckelt, will man diesen miesen Untergrund erst nicht wahrhaben. Es dauert ziemlich lange, bis man aufwacht, doch dann ist es für einen reibungslosen Übergang auf eine staatliche Schule meist zu spät.

Wie morbid der ganze Untergrund und Hintergrund ist, erfahren die meisten ohnehin nie oder nur selten. Bei uns waren es auch die völlige

Ahnungs- und Orientierungslosigkeit in Bezug auf Gymnasien, Realschulen oder andere Möglichkeiten anerkannter Schulabschlüsse, die uns immer wieder zögern ließ, einen Ausstieg aus dem anthroposophischen Schulsystem zu wagen. Wir mussten uns in der vierten Klasse nie Gedanken machen, ob und in welche weiterführende Schule die Kinder gehen sollten. Die Eltern geben sozusagen die Verantwortung für die nächsten zwölf Jahre an der Waldorfschultür ab. Und das beginnt eben nicht erst in der Schule, sondern bereits im Kindergarten.

10. Der schöne Waldorfkindergarten

Ohne eine heitere, vollwertige Kindheit,
verkümmert das ganz spätere Leben.

Plan und Praxis des Waldorfkindergartens

„Das Ideal ist natürlich, die Kinder so früh als möglich in die Erziehung hereinzubekommen." „Aber soviel Schmerz es mir verursacht, dass wir keine Kleinkinderschule haben können, die der Waldorfschule vorausgeht, ... wir können es eben nicht, weil wir kein Geld dazu haben." Das sagte Steiner 1922. Mittlerweile darf man aus der großen Zahl der weltweit entstandenen Waldorfschulen und -kindergärten wohl nicht zu Unrecht darauf schließen, dass genügend Geldmittel vorhanden sind für diese anthroposophischen Kleinkinderschulen (Waldorfkindergärten), die ebenso wie die Waldorfschulen auf der von Rudolf Steiner aus „spiritueller Erkenntnis" gewonnenen Pädagogik – der so genannten Waldorfpädagogik (und das heißt im Klartext anthroposophische Erziehung) – beruhen.

Der Waldorfkindergarten ist die Vorstufe zur Waldorfschule. Wer die Hürde der Aufnahme besteht, ist bereits bestens aus- und vorsortiert und wird für einen späteren Schulbesuch nochmals ausreichend anthroposophisch vorgetestet und vorgebildet. Schätzungen zufolge kommen rund 90 Prozent der Schüler einer ersten Waldorfklasse aus einem Waldorfkindergarten, man bleibt quasi immer unter sich. Wenn bereits mehr als ein Kindergarten am Ort ist, kann das dazu führen, dass nicht einmal diese Kinder alle einen Platz in der Schule bekommen. Dann entsteht der Ruf nach dem Bau einer zweiten Waldorfschule und eine neue Elterninitiativgruppe bildet sich ... Nicht alle Mütter und Väter haben anfangs die Absicht, die Kinder anschließend in die Waldorfschule zu geben, trotzdem scheinen sie diesen Kindergarten vor den städtischen oder anderen privaten Einrichtungen zu bevorzugen. Was ist denn dort so besonderes, so anders und eventuell besser?

Eigentlich fällt er gar nicht sofort ins Blickfeld. Häufig eingebettet in eine kunstvoll angelegte Hügellandschaft liegt er versteckt hinter Bäumen und Sträuchern, so dass meist nur das tief heruntergezogene Friesendach zu sehen ist. Die großen Fenster mit den abgeschrägten Ecken sind bis zur halben Höhe mit kunstvoll drapierten, harmonisch pastellfarbig abgestimmten Seidentüchern verhangen. So können die Kinder mit dem Blick nicht in die Ferne schweifen und so kommt auch der gewünschte Dämmerungseffekt zustande. An den Fenstern hängen nicht wie in „normalen" Kindergärten kunterbunte von den Kleinen selbst gemalte Bilder oder Bastelarbeiten. Es wird zwar viel gemalt mit Wachsmalstift und Wasserfarben (Buntstift, Filzstift oder gar der Kuli sind verpönt; man sagt, sie verführen nur zu Kritzeleien!); die Werke der kleinen Malkünstler werden aber offenbar nur selten im Gruppenraum an die Wand geheftet oder ausgestellt. Und warum nicht? Steiner fand ein „gewöhnliches Bild" an die Wand zu hängen „einen Ungedanken" und ein Bild müsse „dem Raum angepasst sein".

Im Kindergarten herrscht meist ein diffuses Licht. An den wenigen Sonnentagen in unseren Breitengraden mag das vielleicht noch angenehm sein. Die vielen trüben Regentage, insbesondere in den Wintermonaten, machen die geheimnisvolle Dunkelheit, die in allen Nichtecken (die anthroposophische Bauweise vermeidet „rechte Ecken") herrscht, besonders belastend, z.B. in der Vorweihnachtszeit. Hatte man die fensterlose Eingangshalle zum Umkleideraum der Monden-, Sternen- oder Sonnengruppe durchquert, empfing uns stets Fast-Dunkelheit. Nur eine einzige am Boden stehende, offene und unbeaufsichtigte Wachskerze brannte. Ich erntete heftigen Protest, wenn ich der Funzelei durch Anknipsen des Lichtes ein Ende machen wollte.

Das wird aber nicht etwa aus Energiesparmaßnahmen praktiziert, sondern weil dieser dämmerige Zustand nach anthroposophischer Menschenerkenntnis dem „Wesen des Kindes" in diesem Alter entspricht. Nach Steiner ist das Kind „in der ersten Lebensepoche vor dem Zahnwechsel ganz Sinnesorgan". „Das Kind ist gewissermaßen in den ersten Jahren ganz Auge." „Wie das Auge sich schließen muss, wenn das blendende Sonnenlicht eindringt, so muss sich dieses Sinnesorgan Kind ... abschließen gegenüber der Welt."

Zuviel Licht und Helligkeit machen wach und neugierig und das soll im Kindergartenalter auf jeden Fall vermieden werden. Denn das regt das Denken an, und Kinder haben in diesem Alter nicht zu denken. Steiner meint dazu: „Es kann einem Menschen nichts Schlimmeres zugefügt werden, als wenn man ihn zu früh an das Denken heranführt." Erwachsene sollen auch nicht alle Fragen der Kinder beantworten, das bringe frühzeitig den Intellekt in Gang und bewirke Krankheiten in späteren Jahren.

Aber nicht nur zu den Sinnesorganen, sondern auch dem Pflanzenbereich werden die lieben Kleinen zugeordnet. Gänseblümchen, Krokus oder vielleicht auch Schneeglöckchen hätte ich mir da vorgestellt. Nein, ganz falsch! Vom Säuglingsalter bis zum Schuleintritt werden sie verglichen mit Pilzen und Schwämmen; Algen, Moosen, Farnen oder gar „Gymnospermen" (Nacktsamern) und auch Nadelhölzern! Erst der Erwachsene gleicht der Rose mit farbigem Blumenblatt und grünem Kelchblatt – so Rudolf Steiner.

„Die Entwicklung der Pflanzen entspricht der Seelenentwicklung des Kindes" (Ausschnitt aus einem Hefteintrag „Pflanzenkunde", 5. Klasse)

Im Dämmerlicht des Waldes und in der Umgebung von „niederen" Pflanzen fühlen sich auch die Elementargeister wohl; dazu zählen Elfen, Zwerge, Nixen und die Feuersalamander. Und davon gibt es im Waldorfkindergarten jede Menge. Ich weiß nicht mehr, wie viele von diesen Wurzelgeistern (Zwergen) ich gestrickt, gehäkelt oder aus rotem Filz genäht habe. Natürlich wusste ich damals nicht, dass diese Hutzelmännchen für Anthroposophen nicht nur Phantasieprodukte, sondern existierende Wesenheiten sind. Eigentlich war ich ja von dieser netten Zwergenhöhle im Grünen regelrecht begeistert. War es nicht genau der etwas andere, besondere Kindergarten, den man gesucht hat? Hier hofft man nicht nur, sondern ist sich sicher, viele nette verständnisvolle Kindergärtnerinnen anzutreffen, die sich liebevoll der ihnen anvertrauten Sprösslinge annehmen.

Die Gruppenstuben sind auch allerliebst hergerichtet: eine Puppenecke mit Holzwiege, Korbwagen und anschmiegsamen Stoffpuppen – ohne Gesichter. Im Kaufmannsladen stehen Körbchen und Schüsselchen, gefüllt mit Wurzeln, Tannenzapfen und anderen Früchten aus Feld, Wald und Garten. („Alle Sinne können betätigt werden; solch eine Vielfalt von Wahrnehmungen haben wir bei Plastikspielzeug nicht!", erfahren wir aus *Der Waldorfkindergarten informiert*).

In der Kochecke werden auf kleinen Reiben Baumrinden verarbeitet und in niedlichen Kochtöpfen zubereitet. Es gibt auch Nähecken, wo fleißige Mädchen und manchmal auch Buben weben, sticken und nähen. Die zukünftigen Schulkinder haben sogar ein „Soll" zu erfüllen. Ein großer Karton mit Näh- und Bastelarbeiten muss zum Ende der Kindergartenzeit fertiggestellt sein. Ganz emsige Mädchen füllen sogar zwei davon. Alles erinnert an Urgroßmutters Zeiten und nicht einmal das Spinnrad fehlt. Vielleicht denkt man auch an „Urlaub auf dem Bauernhof" und glaubt, hier müssen Kinder sich einfach wohl fühlen. Ich schreibe das so begeistert, weil viele es spontan genauso empfinden.

Wir durften die Einweihung des zweiten Waldorfkindergartens in unserem Ort nicht nur miterleben, sondern auch mitgestalten. Dem feierlichen Einweihungs- und Begrüßungsteil folgten lustige Spiele mit den Kindern. Zur Stärkung gab es selbst gebackenen Kuchen, Saft, Kaffee und Tee; und hübsche Kinderlieder wie „Wer will fleißige Handwerker sehen..." klangen über das Gelände.

Zufälligerweise wurde zur gleichen Zeit in unserem Stadtteil auch ein neuer städtischer Kindergarten eingeweiht. Um einmal einen Vergleich zu erhalten, besichtigten wir die Räume dieses üblichen Kindergartens. Legos, Playmobil und anderes Plastikspielzeug sah ich in den Regalen, wahrscheinlich sogar Barbie-Puppen. (Sie sind der Gipfel der Geschmacklosigkeit für echte Anthroposophen, heiß geliebt von manchem Waldorfmädchen.) Der Kindergarten war auch hier ganz mit Holz verkleidet. Aus Holz waren auch die Biertische und -bänke, auf denen die zukünftigen Eltern und Gäste saßen. Es gab Würstl vom Grill und Bier vom Fass, und eine Blaskapelle spielte. Wir waren entsetzt, das konnte nicht „kindgerecht" sein. Nein, wir hatten mit Waldorf die richtige Wahl getroffen und gingen gern zurück ins Zwergenhaus im Zauberwald, wo Elfen, Gnome, Feen und Prinzen und Prinzessinnen warten.

Kinder brauchen Märchen, heißt es bei Waldorf. Märchen sind wichtig, besonders im Waldorfkindergarten, auch später in der Schule seien sie von unersetzlichem Wert, wurde uns beim Elternabend gesagt. Wir Mütter reagierten erschrocken. Lächelnd wurden wir beruhigt. Nur wenn Märchen grausam erzählt würden, seien sie es auch. Das Kind hole sich nur das heraus, was es vertrage. Doch die Realität sieht anders aus: In Waldorfkindergärten werden die Märchen wortwörtlich auswendig gelernt und erzählt. Mit Eintritt in den Kindergarten litten meine Kinder häufig unter Schlafstörungen. Von Märchen wollten sie zu Hause nicht wissen. Ob die Schlafstörungen alleine Folge der Märchen waren? Ich bin davon überzeugt.

Nicht nur die bei Waldorf so beliebten Grimms Märchen bekommen die Kinder zu hören. „Ich hab mir meine Eltern selber ausgesucht", verriet eine Fünfjährige in der Fernsehsendung *Traumhochzeit*, in der einige Vorschulkinder gefragt wurden, woher denn wohl die Babys kommen. Die damals hochschwangere Moderatorin zeigte sich gerührt. „Nein, wie süß!", rief sie entzückt. Als ich die Antwort des kleinen Mädchens hörte, fragte ich mich spontan, ob es sich hier um ein Kind aus einem Waldorfkindergarten handeln mag. Denn dieser Satz ist dort allen Kindern gut bekannt. Besonders einprägsam wird er für die Kleinen, wenn er in einer netten Geschichte vorgetragen wird, zum Beispiel am Geburtstag. Denn Geburtstag ist für alle Kinder ein besonderer Tag. Im Waldorfkindergarten erhält das Geburtstagskind sogar eine goldene Krone, einen Umhang und zwei Diener, die es an diesem Ehrentag bedienen dürfen. Auch meine Kinder erinnern sich noch gern daran. Und unvergesslich für sie bleibt auch die besondere Geburtstagsgeschichte:

Vom kleinen Engel namens X, der auf der großen Himmelswiese spielt, bis ein großer Engel kommt und ihn durch das große Himmelsfenster schauen lässt. Wo viele Mamis und Papis auf ein Kindlein warten und Kinder sich eine Schwester oder einen Bruder wünschen. Und welch ein Zufall, es trifft genau die richtige Wahl – der große Engel dient als Berater. Das Ganze wird natürlich für das betreffende Kind und die jeweilige Familie entsprechend ausgeschmückt.

Bei rund 25 Kindern in einer Gruppe hören sie diese Geschichte 25mal im Jahr: Das ergibt ungefähr 75mal während ihrer Kindergartenzeit! Ein besonderer, einprägender Rhythmus, eine Art permanenter Suggestion, die etwas mit dem Lebensverständnis zu tun hat. Leben vollzieht sich für die Anthroposophen im steten Wechsel von Geburt und Wiedergeburt, die vorherige Existenz bestimmt das Karma der nächsten.

„Wiedergeburt und Karma, das sind Begriffe, die waren für uns selbstverständlich", sagen meine Kinder heute. Die Tochter einer Freundin war
nur im Waldorfkindergarten (nicht in der Schule), doch der Gedanke von
Wiedergeburt ist tief in ihr verwurzelt. Die kleine Kindergartengeschichte
klingt wie eine programmierende Vorwegnahme.

Wie in der Schule, so finden auch im Kindergarten regelmäßig Elternabende statt. Hier erhält man gleich Einführungsunterricht in Waldorfpädagogik und die beinhaltet den Grundgedanken von Reinkarnation und
Karma. Ganz langsam und behutsam verstehen es die ausgebildeten Waldorferzieherinnen, anthroposophisches Gedankengut den lieben Müttern
und wenigen Vätern (die trifft man höchst selten auf den Elternabenden)
beizubringen. Den Gedanken, dass meine Kinder gerade mich als Mutter
ausgesucht haben sollen, fand ich zugegeben auch sehr schmeichelhaft.
Doch wie muss dieser Gedanke auf Kinder wirken, die keineswegs eine
wohlbehütete Umgebung vorfinden? Wenn sie zum Beispiel vom eigenen
Vater, der Mutter misshandelt werden? Wer den Gedanken konsequent zu
Ende denkt, muss sagen: Deine Schuld, Du hast Dir diese Eltern selbst
ausgesucht! Über dieses Thema wurde an unseren Elternabenden jedoch
nie gesprochen. Es wurde allerdings auch nie danach gefragt (ein typisches Waldorf-Syndrom übrigens, dass sich die meisten Eltern nichts zu
fragen trauen).

Besonders eingehend wurden wir darauf hingewiesen, wie wichtig eine
„rhythmische Erziehung" nicht nur im Kindergarten sei, auch zuhause
sollten wir darauf achten. „Rhythmus muss in allen Dingen walten",
schreibt Elisabeth M. Grunelius, Gründerin des Kindergartens der Freien
Waldorfschule in Stuttgart, in dem Buch *Der Waldorfkindergarten –
Erziehung im frühen Kindesalter*, das sei „zur Gesunderhaltung und guten
Entwicklung" des Kindes notwendig. Und genauso wurde uns das auch im
Kindergarten erklärt.

Verantwortungsbewusste Eltern möchten natürlich die Gesundheit der
Kinder nicht gefährden und versuchen die „Ratschläge" der Erzieherinnen
nach Möglichkeit einzuhalten. Ich hatte den Eindruck, dass dies von uns
erwartet wurde. Hin und wieder wurde nachgefragt, was man denn am
Wochenende unternommen hätte, das Kind sei so blass und hätte „nicht
ins Spiel" gefunden. Wahrscheinlich wusste die Erzieherin längst, dass
man wieder einmal einen Kurzurlaub unternommen und somit das Kind
aus seiner „vertrauten" Umgebung gerissen hatte, was sich wiederum für
die Entwicklung der Kinder negativ auswirken könne. Vor Auslandsreisen

in der Ferienzeit wurde gewarnt, das könne die Kinder aus ihrem gewohnten Rhythmus bringen.

Ich wage zu bezweifeln, dass es bei Waldorf primär um die Gesundheit der Kinder geht und die „rhythmische" Erziehung vielmehr einem anderen Zweck dient, wie wir gleich erfahren werden. Denn „wenn die Stunden der Mahlzeiten möglichst genau innegehalten werden, ebenso in der Zeit des Aufstehens und Schlafengehens auf ein Mindestmaß beschränkt bleiben", erklärt Grunelius, „dann wird Rhythmus zur Gewohnheit, wird als Selbstverständlichkeit akzeptiert". Und jetzt kommt der entscheidende Nebensatz. Dadurch erspare man sich „Diskussion, Reibereien und Kämpfe" mit den Kindern. Es geht also in erster Linie darum, die Kinder leichter disziplinieren zu können und die Eltern wahrscheinlich auch. Was bei Waldorf „Rhythmus" heißt, ist im Grunde nichts anderes als ein strenges Reglement, um die Kinder besser lenken und ruhig stellen zu können.

Im Auftrag eines Jugendamtes wurden im Großraum Landshut 40 Kindergärten auf „ihren Lärmpegel" hin untersucht. Der Befund: Die „physikalische Schallintensität" betrug in einem Waldorfkindergarten nur 6% von jener, die zuvor in städtischen Kindergärten ermittelt worden war. Es wurde allerdings nicht überprüft, in welchem Kindergarten mehr Ungezwungenheit und Fröhlichkeit anzutreffen war.

Natürlich hat die Natur ihren Rhythmus. Jeden Morgen geht die Sonne auf, jeden Abend geht sie unter. Es gibt Frühling, Sommer, Herbst und Winter. Das gesamte Kindergartengeschehen ist intensiv auf die Jahreszeiten abgestimmt. Der Tagesablauf beginnt um acht (auf Pünktlichkeit beim Bringen wird geachtet) und endet nicht vor zwölf Uhr. Bei uns konnten die Kinder schon um sieben kommen und mussten erst bis 14 Uhr abgeholt sein. So bekam die Einrichtung den Charakter eines Ganztagskindergartens und auch dementsprechend mehr Zuschüsse. Damit die Kinder frühzeitig erkennen, dass „Ordnung fortlaufend waltet im täglichen Leben", gibt es jahraus, jahrein den selben Tagesablauf: Morgenkreis, Freispiel, Rhythmisches (auch Eurythmie), Frühstück, Spaziergang oder Freispiel im Garten und natürlich Märchen.

Zum Morgenkreis ruft leise ein Glöckchen, eine Kerze wird angezündet, und wenn alle ruhig sind, „dürfen" die Kinder einem Vers oder einem Lied lauschen. Eigenes Spielzeug von zu Hause darf zum Spielen nicht mitgebracht werden oder muss im Vorraum abgegeben werden. Denn bei Waldorf spielen die Kinder „kreativ". Sie bauen Hütten und Häuser aus bunten Tüchern, bereiten mit Kastanien ein gutes Mittagessen zu oder verwenden Aststücke als Pistolen. Es „darf" auch beim Zubereiten für das

Müsli geholfen werden oder später beim Tischdecken und -abräumen. Herumtoben und laute Spiele sind nicht gern gesehen. Sollte es doch einmal lauter werden als erwünscht, stimmt die Kindergärtnerin ganz leise ein Lied an; da hören erst die braven Mädchen zu, die anderen Kinder brauchen etwas länger. Leise läutet auch das Glöckchen zur Aufräumzeit und leise sollen die Kinder zur Toilette und den Waschräumen gehen. Wenn alle auf der Bank im Vorraum brav nebeneinander Platz genommen haben, wird nacheinander jedem Kind das Haar mit *einem* Kamm gekämmt. Das war jedenfalls bei uns so. (Man stelle sich vor, was die für die Hygiene zuständige Behörde bei dieser Praxis mit einem städtischen Kindergarten machen würde. Mit Schaudern erinnere ich mich noch an die Zeit, als regelmäßig nach den Sommerferien ein Schild mit dem dezenten Hinweis an der Türe hing: „Wir haben Goldfädchen." Das waren schlichtweg Läuse!)

Nach dem Ordnen der Haare wird auf die sauberen Kinderhändchen *ein* Tröpchen Weleda-Öl verteilt und begleitend dazu singt die Kindergärtnerin leise: „Ein Tröpfchen Gold, das schenk ich dir." Wer einmal dabei zuschauen durfte, gewinnt den Eindruck, es handele sich hier um eine „heilige Zeremonie". Anschließend dürfen die Kinder wieder in die gute Waldorfstube und am Tisch Platz nehmen. Alle müssen ruhig sein, bevor gemeinsam das Tischgebet gesprochen wird: *„Erde, die uns dies gebracht, Sonne, die es reif gemacht, liebe Sonne, liebe Erde, deiner nie vergessen werde."* Nach alter Tradition wird darauf geachtet, dass auch während der Einnahme der Mahlzeit Ruhe herrschen und der Teller bzw. „das Schüsselchen" leer gegessen werden soll.

Der Kindergartenvormittag endet stets im kleinen Märchenstübchen neben dem Gruppenraum: mit Glöckchen klingeln, im Kreis sitzen, Kerze anzünden, ruhig sein und warten auf die Geschichte. Dass manche dieser braven Waldorfkinder auf dem Nachhauseweg ausflippen und herumtoben sollen – wie mir aus der Nachbarschaft berichtet wurde –, wollte ich damals nicht glauben.

„Der Kindergarten ist ein großer Haushalt. Wie die Mutter kocht, bäckt, wäscht, bügelt, stopft, fegt und putzt, so geschieht es auch hier." Die Kindergärtnerin übernimmt hier die Funktion der – man beachte – Mutter, wurde uns erklärt. Sie arbeitet; die Helferinnen und Praktikantinnen ebenfalls. (Von einer Praktikantin erfuhr ich, dass es nicht gerne gesehen werde, wenn sie mit den Kindern spiele oder sich um ein einzelnes Kind, das traurig abseits steht, zu kümmere. Sie wechselte enttäuscht in einen städtischen Kindergarten.)

Wenn gegen zehn Uhr das Aufräumglöckchen geläutet hat und das Reinigungsritual beendet ist, dann gibts das gute Waldorf-Frühstück. Rhythmisch, versteht sich. Montag war bei uns Müslitag, dienstags gab es Brei, Gemüsesuppe am Mittwoch, am Donnerstag wurde dann das Brot für freitags gebacken, oder so ähnlich. Manchmal „duftete" es schon durch den ganzen Kinderhort: Der Hirsebrei war wieder angebrannt! (Alles mögliche wurde den Helferinnen beigebracht, nur nicht wie man richtig kocht.) Dazu gab es ungesüßten, roten Tee (gelegentlich verlängert mit Mineralwasser, das schmeckt dann erst lecker!). Mancher kleine Kindermagen machte da einfach nicht mehr mit und sagte trotzig: Nein, meine Suppe ess ich nicht (auch Gemüsesuppe kochen, will gekonnt sein). Was dann? Die eigene Wurstsemmel mitbringen – das war auf keinen Fall erlaubt. Auch wenn dem Kind das gute Müsli aus Schrot und Korn (selbstverständlich ohne Zucker) einmal nicht schmeckte, es musste probiert werden und sei es nur „ein Zwergenhäppchen". Das ist wichtig, das muss sein, denn das stärkt die Willenskraft – wurde uns erklärt. Es fragt sich nur, wessen Willenskraft hier stark gemacht wird.

Und so schluckte der kleine Wicht tapfer den verhassten Zwergenhappen runter, andere konnten sich nicht überwinden und hungerten lieber – manche den ganzen Vormittag. Es gab zwar Kindergärtnerinnen, die für solche Fälle Apfelschnitze, Nüsse und Rosinen bereithielten, die Verständnis zeigten, wenn sich Kinder nach ihren Schmusetieren von daheim sehnten und sogar den kleinen Buben erlaubten, im Sandkasten mit ihren mitgebrachten Matchboxautos zu spielen. Das waren die seltenen Feen im Zauberwald. Und wie durch einen ganz eigenen Zauber waren diese leider viel zu schnell verschwunden.

Morgens, wenn die Kleinen kamen, gab die Kindergärtnerin jedem Kind zum Gruß die Hand. Auch die Helferinnen wollten ein Händchen von den Kindern. Brave Waldorfkinder taten das auch. Doch es sollte nicht nur ein flüchtiger Händedruck sein. „Ich möchte deine Äuglein sehen." Artige Waldorfkinder hoben das Köpfchen und ließen sich tief in die Augen blicken. Hier wurde das Kind mit Leib und Seele regelrecht gepackt. Der Blick hinauf gerichtet zum Erzieher sollte Ehrfurcht (wohl eher Furcht) zeigen vor dem Erwachsenen – und Dankbarkeit.

Nicht alle Kinder ließen sich so ohne weiteres vereinnahmen, wollten nicht ihr „schönes Händchen" (natürlich die rechte Hand) hergeben und wichen dem forschenden Blick lieber aus. Die „seltenen Feen" akzeptierten das und ließen dem Kind Zeit, bis es ihnen selbst vertrauensvoll die Hand reichte. Meine Tochter fand das dauernde Händchengeben und in die Augen schauen so lästig, dass sie einer Helferin einmal demonstrativ ihren Fuß hinstreckte und Blickkontakte stets vermied.

Eine andere Helferin (autorisiert durch ihre anthroposophische Ausbildung zur Waldorferzieherin) nahm sich, was ihr zustand. Die kleinen Hände fest versteckt in der Hosentasche, versuchte unser Sohn, ihr zu entkommen. Draußen erwischte sie ihn doch noch, packte fest seine Hand und drehte sogar sein Gesicht gewaltsam zu sich. Die gesunde Reaktion des knapp Sechsjährigen (ein paar deftige Schimpfworte) ist verständlich. Aber nicht bei Waldorf! Hier ist die Kindergärtnerin Autoritätsperson wie später der Lehrer. Man merkt es im Kindergarten nur nicht so krass wie in der Schule.

Dankbarkeit – Liebe – Pflicht

„Dankbarkeit ist die Grundtugend des Kindes von der Geburt bis zum Zahnwechsel."

„Hat man so in der ersten Lebensperiode im Kinde die Dankbarkeit entwickelt, dann entwickelt man leicht das, was nun zwischen dem siebten und vierzehnten Jahre alles Handeln beherrschen muss: die Liebe. Das ist die Tugend für das zweite Lebensalter. Und nach der Geschlechtsreife entwickelt sich aus dem, was man zwischen Zahnwechsel und Geschlechtsreife in Liebe erlebt hat, als der innerste der menschlichen Impulse erst die Pflicht."

Elisabeth M. Grunelius, *Der Waldorf-Kindergarten*, 1984

„In kaum einem anderen Erziehungsmodell besitzt die Kindergärtnerin eine so große Autorität wie hier", schreibt die Journalistin Tanja Hamilton, in einem Bericht der TAZ und fügt ergänzend die freimütige Aussage einer Erzieherin eines Berliner Waldorfkindergartens hinzu: „Pädagogisch haben die Eltern bei uns nichts zu melden."

Die Kindergärtnerin ersetzt die Mutter, die kocht, stopft, putzt und fegt und straft wie vor über 80 Jahren. Nostalgie also auch in dieser Hinsicht. Wer gegen Vorschriften verstößt, der wird nach anthroposophischem Erziehungsrecht bestraft. Doch leider ist das bei den Eltern nicht bekannt. Kinder im Vorschulalter erzählen kaum etwas von ihren Erlebnissen zu Hause.

Aber ich erinnere mich noch sehr gut an Begebenheiten, die mir zu denken hätten geben sollen, die ich (wie allgemein üblich) nur auf diese oder jene Erzieherin bezogen habe. So konnte ich einmal unbemerkt beobachten, wie ein kleiner Junge aus einem Gruppenraum herauslief und aus seiner Jackentasche eine Teeflasche zog. Doch damit war die Leiterin der Gruppe nicht einverstanden, entwendete ihm die Flasche und zerrte den Kleinen in den Raum zurück. Tage später sah ich denselben Jungen wieder herausrennen, um sein Schmusetier zu holen. Die verständnislose Erzieherin nahm es ihm weg und schleppte das weinende Kind zurück in die gute Waldorfstube.

Kinder berichten davon nichts zuhause. „Kinder sind in diesem Alter nur Sinnesorgan" – nur Gefühl. Sie bekommen Bauchweh, werden krank oder wollen plötzlich nicht mehr in den Kindergarten. Bei uns war es die nachmittägliche Spielgruppe, die für Kinder angeboten wurde, die noch nicht in die Vormittagsgruppen aufgenommen wurden. Weil mein Sohn während der Müslimahlzeit zuviel plapperte und trotz Ermahnung munter weiter erzählte, wurde er von der Kindergärtnerin vor die Tür gestellt – einfach ausgegrenzt. Natürlich war ich sehr verärgert, als ich in einem Gespräch davon erfuhr. Doch die Erzieherin reagierte erstaunt und erklärte, das wäre im Waldorfkindergarten durchaus üblich.

Üblich scheint auch zu sein, dass man dort auf Kinder Zwang ausübt, wenn sie ihren eigenen Willen zeigen und einmal „nein" sagen. Müde und hungrig wollte unser kleiner Sohn mittags (jetzt in der regulären Vormittags-Kindergartengruppe) nur noch heim und nicht mehr aufräumen. Obwohl ich mich anbot, das für ihn zu übernehmen, lehnte die Kindergärtnerin es entschieden ab und versuchte, das sich wehrende Kind in den Gruppenraum zu schleifen. Eine ähnliche Situation erlebte ich auch bei meiner Tochter, die sich vor dem Gruppenraum einmal entschloss, den Vormittag doch lieber in meiner Obhut zu verbringen, was hin und wieder vorkam, und wofür ich als Mutter auch Verständnis hatte. Nicht jedoch die Kindergärtnerin, die die Kleine mit festem Griff von mir wegzog und dann dem sich heftig sträubenden Kind mit ein paar Schlägen den Po versohlte. Dass meine Tochter sich in den folgenden Tagen weigerte, den Kindergarten zu besuchen, ist klar. Unverständlich ist mir heute noch, dass ich als Mutter damals gegen die rüden Erziehungsmaßnahmen in dieser angeblich so „kinderfreundlichen" Einrichtung nichts unternommen habe. Waren wir als Eltern schon so entmündigt? Oder hatten die ständigen Vorträge und Belehrungen über Erziehungsfragen bei Waldorf ihre Wirkung nicht verfehlt, die mancher Mutter (nicht nur mir, wie ich jetzt weiß) das Gefühl vermittelten, ständig Fehler bei der Erziehung ihrer Kinder zu machen?

Ein gutes Waldorfkind hat eben brav und folgsam zu sein. Eigenwilligkeit der Kinder deutet demnach auf einen Erziehungsfehler im Elternhaus hin. Und daher scheinen sich einige Waldorferzieherinnen bei widerspenstigen Kindern befugt zu sehen, einzugreifen und gegebenenfalls mit drastischen Erziehungsmethoden nachzuhelfen, wobei ihnen sogar gelegentlich die Hand ausrutscht. (Bei den aufgezählten Vorfällen handelte es sich aber nicht um ein und dieselbe, sondern jeweils um verschiedene Betreuerinnen). Dass diese Strafaktionen vielleicht nicht an der Tagesordnung, aber dennoch nicht unüblich sind, wurde mir mittlerweile von anderen Eltern aus verschiedenen Waldorfkindergärten bestätigt. Es machte mich betroffen, von welchen außergewöhnlichen und demütigenden Erziehungsmitteln mir Eltern berichteten. Eine Mutter erzählte von einem kleinen Zappelphilipp, der von einer Erzieherin an den Stuhl festgebunden worden sein soll; einem Mädchen soll das Händchen mit einer Salbe, die auf der Haut brannte und Rötungen verursachte, eingerieben worden sein, um es zu disziplinieren. Ein anderes Kind, das sich weigerte aufzuessen, soll gezwungen worden sein, so lange am Tisch sitzen zu bleiben, bis das Schüsselchen leer war.

Im *Schwarzbuch Anthroposophie* von Guido und Michael Grandt werden ähnliche Erlebnisse geschildert. Unter „Einschlafängsten und schrecklichen Alpträumen" hätten ihre Kinder während ihrer Waldorfzeit gelitten, sagt darin eine Mutter aus. Als sich die beiden Kleinen eines Tages weinend weigerten, den Gruppenraum des Waldorfkindergartens zu betreten, soll eine Erzieherin die Situation gelöst haben, „indem sie beide Kinder jeweils an einem Arm ergriff und über den Boden in den Raum schleifte und die Tür schloss".

War das der „besondere" Kindergarten mit der „sanften" Pädagogik, den wir uns für unsere Kinder erhofft und erwartet hatten? Ganz sicher nicht! Oder ist es vielleicht gerade das Besondere an dieser Pädagogik, dass sie sich in jeder nur denkbaren Hinsicht von der herkömmlichen Erziehungslehre unterscheidet?

Jedenfalls stellte ich noch weitere Besonderheiten in diesen „freien" anthroposophischen Einrichtungen fest. Im Gegensatz zu den autoritären und ridigen Erziehungsmethoden wurde sehr „großzügig" und „frei" verfahren, wenn es um die Sicherheit der Kinder ging, was mir später auch während der Waldorfschulzeit aufgefallen ist und was ich gerade bei Waldorf nie vermutet hätte, da immer besonders betont wurde, wie sehr man um „das Wohl" der Kinder bemüht sei.

Eines Tages waren mein Sohn und sein Freund spurlos aus dem Kindergarten verschwunden. Nach über einer Stunde tauchten die beiden Fünfjährigen, die Taschen voll mit süßen Sachen, die sie sich bei der nächstgelegenen Bäckerei gekauft hatten, wieder auf. „Wir hatten solchen Hunger", entschuldigten sie ihren Ausflug. Die einzige Reaktion des Kindergartens: Die beiden durften am nächsten Tag nicht mit den anderen zum Spielen ins Freie. Mein Vorwurf, dass hier die Aufsichtspflicht offensichtlich vernachlässigt wurde, wurde mit einem einfachen Satz abgetan: Die Kinder wissen genau, dass sie das Gelände nicht verlassen dürfen. Punkt und fertig, sonst gab es keinen Kommentar dazu. Dass ich mir den kleinen Ausreißer auch vorgeknüpft und ihm ins Gewissen geredet habe, ist klar und auch der kleine Denkzettel der Kindergärtnerin war in diesem Fall wohl angebracht. Doch darum geht es hier nicht. Wie konnten die Kinder unbemerkt davon laufen? Ist hier nicht die Aufsichtspflicht oberstes Gebot? In städtischen Kindergärten sind meines Wissens die Eingangstüren stets fest verschlossen. Im Waldorfkindergarten konnte (man beachte) jeder unbehelligt hinein und für die Kinder war es auch nicht schwierig, unbemerkt hinauszukommen.

Da wundert man sich dann auch nicht mehr, wenn Kindergartenkinder außerhalb des Hauses (bei uns war das so) im angrenzenden weiten Schulbereich herumturnen können. Sie wissen ja, dass sie es eigentlich nicht dürfen – ganz brave Waldorfkinder tun das auch nicht, und das scheint den Waldorf-Betreuerinnen dann wohl auszureichen. Ein anderer Fall: Erschreckt beobachtete ich einmal, wie zwei der Kleinen auf dem Kindergartengelände sorglos mit spitzen und gefährlichen Gartenhacken hantierten, die sie offenbar von einer Betreuerin erhalten hatten. Ich bin gewiss keine überängstliche Mutter, aber solche Geräte gehören einfach nicht in die Hände von kleinen Kindern und schon gar nicht unbeaufsichtigt. Möglicherweise wurden hier nur in unserem Kindergarten die Sicherheitsvorschriften so lasch eingehalten. Doch mittlerweile wurden mir von Eltern aus anderen Waldorfkindergärten ähnlich haarsträubende Geschichten erzählt.

Beschwerden über die mangelnde Beaufsichtigung der Kinder, die hin und wieder einige erschreckte und verärgerte Mütter vorbrachten, wurden von den Erzieherinnen lächelnd mit der Erklärung abgewehrt: „Unsere Kinder haben viele, viele Schutzengel." Und wenn den Kindern trotzdem etwas zustößt? Nun, dann scheint dies eben ihr Karma zu sein! (In einem der folgenden Kapitel werde ich darauf noch ausführlicher eingehen.) Da lächelt mild im Dämmerlicht eines jeden Kindergarten-Gruppenraumes die Madonna mit dem Kinde von der Wand herab und schweigt. Ich vermute, sie könnte noch einige Geschichten erzählen aus dem Waldorfkindergarten und das sind sicher keine Märchen.

Die Sixtinischen Madonna von Raffael hat ihren festen Platz in jedem Waldorfkindergarten und soll ein Lieblingsbild von Rudolf Steiner gewesen sein. Als sich einige protestantische und konfessionell nicht gebundene Mütter überrascht zeigten, dieses religiöse Motiv in einem freien Kindergarten zu sehen und nachfragten, wurde uns – lächelnd – erklärt, dieses Bild zeige die liebevolle Geborgenheit, die ein Kind während seiner Waldorfkindergartenzeit erlebe...

11. Faschistisches Märchengut

Dass Märchen nicht nur einfach anheimelnde Geschichten und damit eine Art literarischer Vorläufer heutiger Fernseh-Seifenopern sind, ist von vielen ernsthaften Forschern herausgearbeitet worden. Aber nur wenig ist über die faschistischen Inhalte bekannt, die die esoterische Szene mit Hilfe dieses Instrumentariums einer immer breiteren Öffentlichkeit nahezubringen sucht. Einige Autoren gehen sogar so weit festzustellen, dass das eigentlich im Hintergrund stehende Neu-Heidentum zu einer Schnittstelle zwischen dem rechten Spektrum und der alternativ-ökologischen und alternativ-spirituellen Szene geworden ist. Es ist nämlich keineswegs zufällig, wie aus dieser Ecke immer wieder dargestellt wird, dass sich in den Volksmärchen das Volk selbst, seine Mentalität, seine „eigentliche", „natürliche" und damit „arteigene" Religiosität widerspiegelt. Tatsächlich aber gibt es keine Märchen, die einer ethnisch homogenen Gruppe entspringen, denn es gibt und gab keine solche Gruppe. Was sich in den Märchen widerspiegelt, sind immer nur Abbildungen des sozialen Zustandes und des Überbaus jener Gesellschaften, in denen sie entstanden. Sie reflektieren die Konflikte des Einzelnen mit dieser Gesellschaft und sie zeigen, welche Glücksperspektiven der Einzelne gegen diese für ihn aktuelle, für uns jedoch historische Realtät entwarf.

In einer beeindruckenden Untersuchung, die vor einiger Zeit von einem deutschen Literaturwissenschaftler zu diesem Thema im Internet vorgelegt worden ist, heißt es dazu: „Der Umstand, dass Märchen keine gesamtgesellschaftliche Perspektive vermitteln, sondern immer nur Möglichkeiten für den Einzelnen suggerieren, sich als Einzelner aus seinem Elend zu erheben, hat etwas damit zu tun, dass sie im Sinne von Herbert Marcuse eindimensional sind, d.h. nie die gesellschaftliche Situation übersteigen. Diese Feststellung scheint uns wichtig, denn so erklärt sich, dass es sich im Märchen um den Einzelnen, um sein Schicksal, um seine Glücksvorstellung dreht. Diese Feststellung kollidiert nicht mit der Tatsache, dass bestimmte Märchentypen bestimmten sozialen Schichten bestimmter Gesellschaftsformationen entsprechen (z.b. die Zaubermärchen den ländlichen Unterschichten der feudalistischen Gesellschaft oder die Schwankmärchen à la 'Das tapfere Schneiderlein' den städtischen Unterschichten der feudalen und frühkapitalistischen Gesellschaft), denn die Glücksperspektiven bleiben individuell. Auf jeden Fall lässt sich sagen: Um das, was völkische Ideologien unter einem Volk verstehen, nämlich eine Glaubens-, Schicksals- und Wertegemeinschaft, darum geht es im Märchen nie."

Damit könnte man die ganze Angelegenheit bewenden sein lassen, wenn nicht genau dieser Anspruch immer wieder erhoben würde. Oben wurde gezeigt, dass die Märchen der Gebrüder Grimm die Waldorf-Kinder über viele Jahre begleiten, intensiv nachgearbeitet und ausgedeutet werden. Die Grimms gingen davon aus, dass in deutschen Hausmärchen der „Geist des Volkes waltet", dass „sich in ihnen Anschauungen und Bildungen der Vorzeit erhalten" haben. Und all das, „was etwa hätte fremden Ursprungs oder durch Zusätze verfälscht werden können", sei geprüft „und dann ausgeschieden" worden. Die Grimms glaubten die These belegen zu können, dass „der wissenschaftliche Wert dieser Überlieferungen (= Märchen) sich in der Verwandtschaft mit alten Göttersagen bewährt [hat] und die deutsche Mythologie nicht selten Gelegenheit gehabt hat, darauf zurückzukommen, ja [dass] sie in der Übereinstimmung mit nordischen Mythen einen Beweis des ursprünglichen Zusammenhangs gefunden hat." Die Ziele der Grimms liegen also klar auf der Hand, wie Eduard Gugenberger und Roman Schweidlenka herausgearbeitet haben: „Besonders Jacob Grimm hat der 'Vision des abgeschlossenen Volkes, das sich fremder Kultureinflüsse verweigert' hat, nachgehangen." Jacob Grimm, so lautet ihre Folgerung, „wollte mit seiner Mythologie den Glauben der Deutschen wiederherstellen" und sie zitieren Grimm selbst: „Jedem Volk ist Glaube an Götter notwendig. Die Götter sind in beständigem Verkehr mit den Menschen."

Die Brüder Grimm verfolgten sehr wohl ein völkisches Konzept, das sie zum einen via Märchen zu transportieren gedachten, und das sie zum anderen mit den Märchen konstituieren wollten. Sie wollten etwas aufgreifen und sie wollten etwas sagen. Form und Inhalt korrespondieren nicht nur miteinander, sondern die Form ist Teil des Inhalts. Den Grimms geht es um eine „arteigene", „germanische" Religiosität. Und exakt diese Position der Grimms findet man in der Rezeption der Märchen durch Neo-Faschisten wieder, egal unter welcher erkennbaren Flagge sie segeln.

In einer Studie der deutschen antifaschistischen Linken, die nichts von dem vielleicht zu unterstellenden Dogmatismus oder blinder Unwissenschaftlichkeit an sich hat, wird deutlich, dass es tatsächlich Faschisten sind, die sich der Märchen bedienen: „Dass sie Verbindung und Anbindung haben zur neofaschistischen Szene macht unserer Meinung nach ihre Relevanz aus, mit dieser Thematik auch in gut-bürgerliche Kreise einzudringen." Als einer der „Päpste" dieser Bewegung wird Hans Fischer zitiert, der als „Märchenforscher" gelte und in ein dichtes Netzwerk esoterisch-radikaler Organisationen eingebunden sei. Ein weiterer Vertreter ist demnach auch W.G. Haverbeck, der zusammen mit H.D. Klingelheiler am *Collegium Humanum* Sonnwendfeiern durchführte und zahlreiche Verbindungen in anthroposophische und esoterische Zirkel hat. Die Aufzählung der zahllosen Organisationen ersparen wir uns hier, sie würde mehr als zwei Seiten füllen.

Fischer vertritt in seinem Opus *Weistum und Wissen im Märchen der Brüder Grimm* die Auffassung, dass das „gewählte Verhalten (der Menschen) im wesentlichen ein artgemäßes ist, das sich im Norden der Erde in Jahrtausenden anders entwickelt hat, als etwa im südlichen und östlichen Mittelmeerraum". Jenes „artgemäße Verhalten", so behauptet Fischer, fände in den „alten, längst vorchristlichen Märchen Verhaltensbeispiele". Deshalb könne man daraus auch Rückschlüsse über Rechtspflege, Religion, Ehe, Wissen um Geist und Seele der germanischen Völker treffen. Und deshalb lohne es sich auch, sich auf jene Verhaltensbeispiele zu besinnen. Fischer, so schreibt der Autor der Antifa-Studie, „redet damit nicht nur einem den Menschen determinierenden und jeden emanzipatorischen Anspruch negierenden Biologismus das Wort, wie er typisch für rechte, faschistische Ideologien ist, er geht weiter. Er versucht mittels eines von ihm behaupteten 'artgemäßen Verhaltens' auch noch die Gattung Mensch zu spalten, denn 'artgemäß' bezieht sich bei ihm nicht auf die Gattung Mensch, sondern immer nur auf eine bestimmte Gruppe von Menschen, die einen bestimmten Landstrich bewohnt, einem 'Volk' zugehört. Ihm geht es darum, eine Differenzierung zwischen höher- und minderwertigen Rassen zu behaupten, ohne jeden belasteten Begriff zu verwenden." Fischer selbst versucht natürlich, einen solchen Eindruck zu vermeiden und begibt sich deshalb in eine „wirre Ahneologie der 'germanischen Götterwelt', die jeder historischen Betrachtung Hohn spricht, ganz in mythologische Sphären. Er redet in esoterischem Vokabular, vom grobstofflichen Bereich der Biologie und bricht auf zu neuen Ufern, an denen feinstoffliche Prozesse der Phantasie Flügel wachsen lassen." Er spricht wie Anthroposophen aus dem Munde genommen von der Idee der Wiedergeburt, die bei den Germanen weit verbreitet gewesen sei. Und baut dann diese Idee der Reinkarnation in ein Konzept von Lebensstufen ein, die das Individuum im Laufe seines Lebens zu durchschreiten habe. Das ist nichts anderes als eine Verquickung von Esoterik und neugermanischem Heidentum mit einer ordentlichen Portion Geschichtsklitterung. Eine Mixtur aus esoterisch-anthroposophischen Glaubensansätzen und üblem Rassismus. Genau jene Mischung, die Ralph Giordano als Inhalt der Nazi-Ideologie zurecht brandmarkt.

Um die Umgangsart mit Märchen einmal deutlich zu machen, nennt die Studie ein konkretes Beispiel der Ausdeutung eines Märchens der Brüder Grimm, das zur Erinnerung in Kurzform noch einmal erzählt wird:

Es war einmal ein König, dem die Frau starb. Nun hatte er seiner Frau auf dem Totenbett das Versprechen gegeben, dass, sollte er erneut heiraten, die neue Frau nicht weniger schön sein dürfe, als sie. Nach einiger Zeit des Suchens verfiel der König auf den Gedanken, seine eigene Tochter zur Frau zu nehmen, denn als sie herangewachsen war, entbrannte der König in Liebe zu ihr, konnte sie doch allein es mit der Schönheit seiner verstorbenen Frau aufnehmen.

Ebenso wie die Tochter erschraken die Räte an seinem Hof ob dieses Vorhabens. Um den Vater von seinem Plan abzubringen, stellte die Tochter folgende Bedingung, von der sie glaubte, ihr Vater könne sie unmöglich erfüllen: Vier Mäntel möge er ihr beschaffen, einen so golden wie die Sonne, einen so silbern wie den Mond, einen so glänzend wie die Sterne und einen zusammengesetzt aus Fellstückchen aller Tiere im Reich des Vaters.

Doch der Vater erfüllte die Bedingung und die Tochter floh in der Nacht vor der Hochzeit vom Hofe ihres Vaters. In dem Wald, in den sie geflohen war, wurde sie von einer Jagdgesellschaft in einem hohlen Baum schlafend entdeckt. Selbige nahm sich des Mädchens an und brachte es auf das Schloss des Königs des Reiches, dem der Wald gehörte.

Allerleirauh verrichtete die niederen Arbeiten auf dem Schloss des jungen Königs, bei denen sie den Mantel aus allerlei Rauhwerk trug. Dann begab es sich, dass auf dem Schloss ein Fest anhub. Allerleirauh erhielt die Erlaubnis, das Fest beobachten zu dürfen, zog jedoch ihr goldenes Kleid an und machte mit ihm auf den jungen König großen Eindruck. Als aber der Tanz zu Ende war, verschwand Allerleirauh, ohne dass der König sagen konnte, wohin.

Zur Nachtspeise brachte Allerleirauh dem König an diesem Abend eine von ihr zubereitete Suppe, in die sie einen goldenen Ring fallen ließ.

Ein weiteres Fest verlief wie das erste, wenn man davon absieht, dass Allerleirauh diesmal das silberne Kleid trug und in die Suppe ein goldenes Spinnrad fallen ließ.

Auch ein drittes Fest verlief wie die beiden zuvor, sieht man davon ab, dass Allerleirauh diesmal das Sternenkleid trug und in die Suppe eine goldenen Haspel fallen ließ. Diesmal hatte sie allerdings nur wenig Zeit, sich wieder in eine Küchenmagd zu verwandeln und außerdem hatte sie nicht bemerkt, dass der König ihr während des Tanzes einen Ring an den Finger gesteckt hatte.

Als sie nun die Suppe servierte, riss der junge König ihr das Kleid aus allerlei Rauhwerk herunter und erkannte in ihr die Frau, die er zu seiner Braut erkoren hatte und sie lebten als Mann und Frau bis an ihr Ende.

Eigentlich liegt die Aussage klar auf der Hand: Es geht um ein Mädchen, dass vor dem Missbrauch durch den eigenen Vater flieht und erst langsam wieder Vertrauen zu einem Mann fasst, in den sie sich verliebt hat. Anders ist es nicht zu deuten, dass sie sich immer wieder zurückzieht, als der auch von ihr geliebte Mann sich nähern will.

Wie aber deuten die Esoteriker und Anthroposophen das Märchen? Das Märchen führe uns zu den Quellen unserer wahren religiösen Bindungen zurück und vermittele in besonders schöner Weise ein Wesensbild vom Menschen germanischer Art. Hans Fischer liest aus diesem Märchen das „Ideal des von göttlichem Geist erfüllten Menschen heraus, der aber sein Leben doch als einfacher Mensch beginnt und führt, der zunächst als Allerleirauh beginnt". Er vermittelt, mit anderen Worten, seinen Lesern die Mär vom Mann aus der Mitte des Volkes, der Kraft seiner inneren Fähigkeiten zu dessen Führer aufsteigt und dazu auch noch berechtigt ist, sind doch seine Fähigkeiten „göttlichen Geistes". Hier wird also ein Führermythos zelebriert, den Fischer am Beispiel aus der griechischen Mythologie (Herakles) erläutert. Zu diesen Komponenten gehören: Der Führer kommt aus des Volkes Mitte. Der Führer ist selbstlos und asketisch, all sein Streben gilt dem Wohl des Volkes. Der Führer ist gerecht, denn er ist weise. Der Führer ist der Führer, weil er berufen, auserwählt ist.

Ein Schelm, wer darin eine nahezu identische Beschreibung der Lehrer-Stellung bei Waldorf herausliest oder gar eine Beschreibung Rudolf Steiners innerhalb seiner Erkenntnislehre.

Den Vorwurf, in diesem Märchen gehe es um Missbrauch des eigenen Kindes, umgeht Fischer mit einigen geradezu abenteuerlichen Klimmzügen: Zunächst verlegt er den ersten Teil des Märchens ins Pränatale, denn „jedes Menschen Geschichte beginnt sicher schon längst vor der Geburt". Der durch den Vater intendierte Kindesmissbrauch geschieht gar nicht. Was in den Vordergrund der Interpretation rückt, sind die vermeintlichen Liebesgaben, die der Vater der Tochter bringen muss. Diese vier Liebesgaben (die vier Mäntel) deutet Fischer so:

1. Alle „Lebensgesetzlichkeiten" gespeichert „in den Chromosomen aus Erbgedächtnis", symbolisiert durch den Mantel aus allerlei Rauwerk.

2. „Das heilige Wissen um den Sinn des Daseins, das menschliches Leben mit dem Göttlichen verbindet", symbolisiert im goldenen Kleid.

3. Die Anlagen für ein „Gemüt" für „unser geheimes seelisches Empfinden", aus dem das Denken entspringt, symbolisiert im silbernen Kleid.

4. Das Wissen um die „vielerlei Gesetzmäßigkeiten, die das Leben in Pflanze und Tier anwendet", symbolisiert im Sternenkleid.

So suggeriert eine derartige Auslegung nicht nur einfach den Lebensweg einer zu Höherem berufenen Frau, die ihren Lebensweg als Küchenmagd beginnt. Der Königssohn erscheint als Ideal jedes jungen Mädchens, das seinen König finden will, nämlich den Menschen, der ein höheres Ideal über die eigene Person stellen will. Und das Ganze, auch das vergessen die entsprechenden Interpretatoren nicht, wird natürlich mit geheimen Zeichen in der Suppe symbolisiert.

Die Moral von der Geschichte ist nicht nur die Ausbildung einer Führerfigur im beschriebenen Sinn, sondern auch die Lehre: Nicht kritisch sollst du denken, sondern wissen, dass, was auch immer geschieht, du ja vielleicht doch berufen bist. (Bist du unten, bist du auf jeden Fall berufen. Bleibst du unten, so musst du auch dieses Los tragen, denn dann bist du eben nicht berufen. Steiner würde hier vom Karma sprechen. Und du kannst nur darauf hoffen, dein nächstes Leben mit reicheren Gaben zu beginnen.) Und: Väter missbrauchen ihre Kinder nicht. Solltest du dennoch denken, es sei dir passiert, so ist das eben nur deine Fantasie, denn es kann nicht sein, was in der Keimzelle deines Volkes nicht sein darf.

Wer Märchen in dieser Art interpretiert (es geht nicht darum, was jeder aus diesen Erzählungen herausliest, sondern was man mit dem Anspruch der Verbindlichkeit dort hineininterpretiert), der will eigentlich gar nicht interpretieren, nicht zu kritischer Reflexion anleiten.

Auf den ersten Blick mag dem Leser dieser Hinweis auf die Märchen-Auslegung wie ein überflüssiger Exkurs erscheinen. Aber hier geht es um einen zentralen Punkt, weil sich in der Waldorfschule eigentlich lange Zeit alles um Märchen dreht, die ständig erzählt, nacherzählt, gespielt und bei allen nur denkbaren Gelegenheiten als Vorlage im Unterricht (bis hin zum Rechenunterricht) genutzt werden. Das ist deswegen erstaunlich, weil die zum Teil blutrünstigen Schilderungen so gar nicht zum Bild einer Schule zu passen scheinen, die sich selbst in der Aura harmonischer Menschenliebe gefällt. Deshalb muss man sich in Erinnerung rufen, was den Kindern hier immer und immer wieder vorgeführt wird, wie es die Mitautorin am Beispiel ihrer Kinder mehrfach erlebt hat.

Da will die böse Hexe Hänsel schlachten und in der Suppe kochen, die Gretel will sie vorher braten und dann beide aufessen! Die Großmutter und Rotkäppchen werden vom bösen Wolf gefressen; die beiden Stiefschwestern von Aschenputtel schneiden sich die Zehen und die Ferse ab, so dass das Blut herausquillt. Schneewittchen soll der Jäger töten und Lunge und Leber als Wahrzeichen vorlegen. Als er das nicht fertig bringt, vergiftet die Stiefmutter mit einem Apfel das schöne Kind. In *Frau Holle* verlangt die Stiefmutter, dass die fleißige Tochter in den Brunnen springt. Dass die Stieftochter im Wald erfriert, hofft die Stiefmutter in *Drei Männlein im Walde*. Doch die Männlein helfen ihr. Als sie den König heiratet und einen Sohn bekommt, wird sie von der Stiefmutter und -schwester „zum Fenster hinaus in den vorbeifließenden Strom" geworfen. Im Märchen *Dornröschen* bleiben die Prinzen in der Dornenhecke hängen und sterben eines jämmerlichen Todes. Seine sieben Brüder sucht ein Mädchen (*Die sieben Raben*) und kommt zur Sonne, „die frisst kleine Kinder"; es kommt zum Mond, der ist grausig und bös und sagt: „Ich rieche Menschenfleisch". Im *singenden Knochen* tötet der ältere Bruder den jüngeren hinterrücks, um selbst die Königstochter zu bekommen. Meine Güte, denkt man sich, ist das denn überhaupt noch kindgerecht? Ja – ist es, wird anthroposophischerseits erklärt: der Böse oder Übeltäter erhält immer die gerechte Strafe und das beruhigt die Kinderseele dann. Doch diese Strafen fallen nicht minder grausam aus: Die Hexe muss elendiglich verbrennen und der böse Wolf, der wird ersäuft. Aschenputtels Stiefschwestern wird jeweils eine Auge ausgepickt und die faule Stieftochter wird mit Pech übergossen. In der anderen Geschichte steckt man Stiefmutter und -tochter in ein Fass, das mit Nägeln ausgeschlagen ist, und rollt es den Berg hinab ins Wasser; und der böse große Bruder „ward in einen Sack genäht und lebendig ersäuft"!

Welche Wirkung mag das Märchen vom „Machhandelboom" auf Kinder ausüben? Hier tötet die Stiefmutter den Erben ihres reichen Mannes,

damit die eigene Tochter das große Vermögen erhält. „Der tote Knabe
wird zerhackt und gekocht und der Leib des Sohnes wird vom Vater un-
wissend gegessen". Natürlich wird die böse Stiefmutter bestraft. Sie wird
von einem Mühlstein erschlagen!

Die Märchen wurden im Unterricht wortwörtlich auswendig gelernt
und erzählt und – „und vor allem darf das Kind nie den Eindruck haben,
der Lehrer unterscheide zwischen Märchenhaftigkeit und Wirklichkeit..."

Im zweiten Schuljahr standen Fabeln und Legenden auf dem Programm. „Die Legende schildert die Läuterung des Menschen durch seine
Verbindung mit der göttlichen Welt" (in der 2. Klasse!), so der Anthroposoph Georg Hartmann. Und jede Fabel hat Moral: die Schlauheit des
Fuchses, die Bosheit und Gier des Wolfes, die Geduld des Lammes und
der Fleiß der Ameise sind Seeleneigenschaften des Menschen und werden
vor dem Erzählen erklärt. So weiß der Schüler ganz genau, was er hinter-
her zu denken hat. Man kann die Tiere mit dem Menschen vergleichen, so
Steiner. Zum Beispiel bei der Fabel von dem Schäferhund (der ist ein
taugliches Wesen und ein nützliches Tier), der von den Polsterhündchen
(die sind wie Faulenzer und unnütz) angekläfft wurde, sie aber nicht be-
achtete. Verwundert fragte der Fleischerhund (zwar manchmal grob aber
ansonsten auch nützlich), warum er sich das gefallen lässt. Steiner erklärt
vorher: „Der Schäferhund muss warten. Er muss sich bereit halten und
stark und mutig und gerüstet sein für den Wolf oder einen anderen Feind,
um im rechten Augenblick zuzufassen. – So sind auch manche Menschen
verpflichtet, zu warten und wachsam zu sein, bis sie aufgerufen werden."

Die Geschichte von der *Fledermaus* wurde in der Klasse der Tochter
der Mitautorin nicht nur erzählt und gelesen, sondern auch grammatika-
lisch durchgearbeitet: Gott und der Teufel schufen einst Vögel. Als Gott
die seinigen gemacht hatten, fingen sie gleich an zu fliegen. Der Teufel
schuf auch einen Vogel, nähte ihm Flügel von Leder und machte Krallen
dazu. Aber des Teufels Vogel konnte nicht auffliegen, und der Teufel bat:
„Lass meine Vögel auch fliegen." Der Herr aber sagte: „Dein Vogel mag
dann fliegen, wenn meine Vögel ruhen." So entstand die Fledermaus. Wie
mag das wohl bei Kindern nachgeklungen haben, als der Lehrer sie später
beim Schullandheimausflug auf einer Nachtwanderung durch die nebeli-
gen Flussauen führte und Fledermäuse durch die Luft schwirrten? „Ich
hatte furchtbare Angst, es war alles so unheimlich", erzählte das normalerweise keineswegs ängstliche Mädchen.

Wochenlang wurde in derselben Klasse *Die Zeder* durchgearbeitet,
natürlich auch im Grammatikunterricht. Wer würde da innerlich nicht

schrumpfen, wenn er solche Sätze täglich lesen, unterstreichen, heraus-
schreiben und beugen muss: „Wehe dem Stolzen, er überhebt sich seines
Wuchses!" „Wehe dem Übermütigen! Sein Stolz braust auf wie die Wel-
len des Meeres! Verdirb ihn, Heiliger vom Himmel!" „Also straft der Herr
die Stolzen, also demütigt er die Gewaltigen!"

Im gesamten dritten Schuljahr lieferten die Geschichten aus dem Alten
Testament den Erzählstoff. Bis heute werden Texte einer Bibelüberset-
zung von 1884 (!) verwendet, schreibt Jan Badewien, ehemaliger evangelischer Religionslehrer in einer Waldorfschule. Dr. Steiner wollte das so.
Eine Neufassung in eine kindgerechte, altersgemäße Sprache sei daher
weder beabsichtigt noch geplant. „Da lebt noch in den Kinderseelen das
geheimnisvolle Wissen von dem kosmischen Hintergrund alles irdischen
Geschehens, im niederziehenden Opferrausch des Kain Altars und der
emporlodernden Opferflamme Abels spricht aus den Farben und Formen
des kindlichen Geschehens noch der Gotteswille selbst", schwärmt der
Anthroposoph Georg Hartmann. Die Schüler müssen die Geschichten
nach Vorlage des Lehrer nachmalen. Im Waldorf-Lesebuch *Schau in die
Welt* für das zweite und dritte Schuljahr wird die Geschichte von Kain und
Abel noch auf andere Art erzählt:

*Der Herr sah gnädig an Abel und sein Opfer. Da ergrimmte Kain sehr
und schaute trotzig zur Erde. Einmal ging er aus, sein Feld zu betrachten.
Er hatte es bald nach der Ernte wieder umgegraben und eingesät. Sein
Bruder Abel war mit ihm. Das Herbstwetter hatte sich gut angelassen, und
überall zwischen den Erdkrumen sah man schon die Keimblättchen der
jungen Roggensaat herauslugen. „Das Korn kommt schön", meinte Abel,
„das wird manche schwere Tracht Garben geben!" Bei diesen harmlosen
Worten fiel dem Kain wieder das Opfer seiner Erstlinggarbe ein, und der
mühsam niedergerungene Zorn brach von neuem hervor. Nach kurzem
Hin- und Widerreden vergaß er sich und erschlug seinen Bruder Abel.*

*Auf dem Roggenfeld war es geschehen, und das verrinnende Lebens-
blut des Bruders hatte die Spitzen der jungen Saat rot gefärbt. Zwar war
das bis zum Frühjahr vergangen, und den Körnern sah man gar nichts
davon an. Aber als im folgenden Herbst wiederum die Roggensaat keimte,
erschien auch das unschuldige Blut des Abel wieder an den Spitzen, und
so ist es geblieben bis auf den heutigen Tag.*

Die rote Farbe der jungen Roggensaat *von Michael Bauer*

Als Offenbarung der „geistigen Welt" wurde den Schulkindern dann im
vierten Schuljahr der altnordische Schöpfungsbericht aus der Edda präsen-

tiert. Das heißt, der Lehrer erzählt – glaubhaft, natürlich. Besonderen Wert
wurde auf das darin enthaltene 34 Strophen lange Thrymslied gelegt. Mit
besonderem Stolz und Begeisterung führte es der Klassenlehrer auf einer
Monatsfeier vor. Gewaltig klang es da, als (fast) 40 Schüler im Gleich-
klang – rhythmisch rezitierten:

Strophe 1	Strophe 2
Wütend war Wingthor	Und er die Worte
als er erwachte	zu allererst sprach
und er sich des Hammers	aus Lausche nun, Loki,
nicht habhaft fand.	Lorrides Rede –
Schüttelte Schopf,	niemand im Himmel
schwenkte den Bart –	noch auf der Erde es weiß:
grollend um sich	bestohlen der Ase
der Jord Sohn griff.	Ist nun des Hammers.

und so weiter ...

Nach anthroposophischer Meinung will das Kind mitjauchzen, wenn Thor
den Hammer dann ergreift, um die Thursen zu töten. Und das klingt dann
so:

Strophe 33	Strophe 34
Lachte im Leibe	Erschlug er die alte
Lorrides Herz,	Jotunschwester,
als in der Hand	die um den Brautschatz
den Hammer er hielt.	zu bitten gewagt.
Tötete Thrym	Hiebe erhielt sie
das tat er zuerst	statt Haufen der Ringe.
Die Sippe der Joten	So seines Hammers
erschlug er allda.	Wingthor war habhaft.

Da dürften dann viele Schüler stöhnen, weil sie nicht nur Gedichte lernen
müssen, sondern auch über deren blutrünstige Inhalte erschrecken. Wenn
sie zum Beispiel ständig im Chor das germanische Kampfgeschrei gegen
die Römer zitieren müssen: Ziu zwingt Zeus! Oder verstummen vor
Schrecken, wenn der Lehrer als versierter Vortragskünstler erzählt, wie
die Welt entstanden ist:

Vom Riesen Ymir und der Kuh Audhumbla, vom Riesen Bure und
dessen drei Söhnen: Odin, Wile und We. Diese drei töteten Ymir, damit
die Welt aus ihm entstünde. Im herausstömenden Blute ertrank das erste

Riesengeschlecht. „Den Leib Ymirs warfen die Börsöhne in die Mitte Ginnungagaps. Das Blut ließen sie als Bäche und Flüsse in die Meere strömen. Aus seinem Fleisch schufen sie die Erdscholle. Seine Gebeine häuften sie als Berge auf. Die Zähne wurden zu Steinen, während die gebrochenen Knochen in Geröllhalden herumliegen. Alsdann nahmen die Götter den Schädel und wölbten ihn über der geschaffenen Welt, damit der Himmel oben den Raum umschließe. Ymirs Gehirn warfen sie in die Lüfte, wo es zu Wolken wurde. Aus Ymirs Haar entstanden Gras und Kraut, Gebüsch und Wald, alle Gewächse, die der Erde entsprießen."

Dann werden der Riese und seine Söhne von den Asen gefangen und die Söhne getötet. „Aus dem Gedärm des Getöteten drehen sie Bande und fesseln damit den Vater! Eine Kreuzotter wird ihm über das Gesicht gehängt, damit das ätzende Gift in sein Gesicht spritzt." Die besondere Zubereitungsart eines „köstlichen Mets" (Suttungs Met) wird ebenfalls durchgenommen! Dieser Met hatte die Eigenschaft, jeden, der davon trank, zum Wahrsager (Skalden) zu machen. Die Zutaten? Man nehme: einen Riesen und zwei Zwerge. Die Zwerge nahmen den Riesen „beiseite und töteten ihn. Sein Blut ließen sie in zwei Eimer und einen Kessel fließen, vermischten es mit Honig, dass es einen köstlichen Met gab."

Diese Textinhalte bekamen zehnjährige SchülerInnen im Klassenraum einer Waldorfschule am Vormittag zu hören, und das tagtäglich! Eine wirklich kindgerechte Schule, wo abends dann der Waldorflehrer den Eltern Vorträge über die schlimmen, schädigenden Inhalte der Medien hält.

Erfrischender mag da vielleicht der Heimatkundeunterricht sein. Die Legende von der heiligen Afra wird in vielen vierten Klassen (auch an öffentlichen Schulen) unserer Region erzählt. Bei Waldorf wurde dieses Thema ausgeschmückt. (St. Afra musste den Feuertod erleiden, weil sie dem christlichen Glauben nicht abschwören wollte.) Jeder Waldorfschüler malt dazu. Aufwendig werden die Bilder vom Lehrer an der Tafel vorgezeichnet – die Schüler müssen farb- und formgetreu (auch Details sind wichtig) abmalen. Der Lehrer malt vor – die Schüler malen ab. Das wird bei allen Märchen, Geschichten, Fabeln usw. gemacht und zeigt, welche „große künstlerische Kreativität" Waldorfschüler entwickeln dürfen. Das ist das Geheimnis der unverwechselbaren Waldorfbilder – uniformierte Kunst also.

Der Autor Philipp Stauff beschäftigt sich mit solcher Ausdeutung von Märchen, auf die man gerne bei Waldorf und in der Anthroposophie zurückgreift. Er teilt die Märchen in Kategorien ein: Sonnenmärchen, See-

len- und Erkenntnismärchen, Märchen vom Glasberge, Märchen von reinen Toren und Kalendermärchen. In den Sonnenmärchen glaubt Stauff
einem alten Sonnenmythos der Arier (!) auf der Spur zu sein. Jene Arier
stammten aus dem hohen Norden und hätten deshalb eine besondere Beziehung zur Sonne ausgeprägt. In „der Vorstellung, dass ein großes, ge-
fährliches finsteres Tier die Sonne verschluckt", hätte sich die lange win-
terliche Dunkelheit den Alten erklärt. Und da die Sonne im Frühjahr wieder ihre alte Kraft erhält, hätten die Alten sich gedacht, so Stauff, dass sie
erlöst werden muss, „der Zauber muss gebrochen, der Zauberer womöglich getötet werden, damit die liebe Sonne wieder scheinen kann". Jede
Prinzessin, die irgendein Held zu erlösen hat, spiegelt für Stauff dieses
Muster wieder. Und auch Rotkäppchen, das ja vom bösen Wolf verschluckt wird, ist nach Stauff nichts anderes als ein Symbol der Sonne, die
im Herbst verschwindet. Der Jäger, der dem Wolf den Bauch aufschneidet
und Rotkäppchen samt Oma wieder ans Tageslicht befördert, sei der sym-
bolische Lenz.

Dass auch Antisemitismus pur propagiert wird, kann dann schon kaum
mehr überraschen. Stauff belegt das deutlich in seiner Ausdeutung des
Märchens *Der Jude und das Vorhängeschloss*. In diesem Märchen, das aus
der Nach-Grimm-Ära stammt und in einer Sammlung von Paul Zaunert
enthalten ist, geht es um einen strahlenden Jüngling, der sich zunächst in
seiner Naivität mit einem natürlich ganz und gar nicht strahlenden Juden
verbündet. Zusammen erlösen sie ein verwunschenes Schloss nebst
dazugehöriger Prinzessin. Der Jude hintergeht im folgenden den naiven
Jüngling, zaubert das Schloss an einen anderen Ort und betrügt den
Jüngling um sein Schloss inklusive wunderschöner Prinzessin. Bis zur
Erlösung von Haus und Weib durch den klarsichtigen Jüngling bedrängt
der Jude die Prinzessin sexuell. Auslegung von Stauff: „In diesem Märchen steckt ein guter Teil hintergründigen Welt- und Lebensverstehens,
angeschlossen unmittelbar an die alt-arische Mythe." Der Jude ist demnach nichts weiter als eine zeitgemäße, d.h. mittelalterliche Anpassung
und meint ursprünglich Zauberer. Dass selbiger Zauberer böse ist, scheint
in der Natur der Sache zu liegen, da er „die aufbauenden Kräfte der Welt,
der Natur, des Geistes ... lahmlegen muss", denn „die sollen verküm-
mern". Und wie gehabt steht man wieder vor dem Konstrukt Sonnenmärchen, in dessen Mitte dieses Mal ein Jude die Arier hinters Licht führt und
ihnen die Sonne raubt. Erst als der Jüngling, „der stark mit dem Schwert
das Haupt" des Juden spaltet, scheint auch für die Arier wieder die Sonne,

denn sie ist symbolisch als Schloss und Prinzessin wieder aus der Hand des bösen Zauberers erlöst worden.

Kaum anders handhaben Exegeten wie Stauff den Reinkarnationsgedanken, vielleicht ein Grund dafür, warum seine Märchen-Exegesen von Anthroposophen und Waldorfianern so gerne benutzt werden. Auch hier steht am Ende des Lebens des Menschen seine „volle Vergöttlichung". Der „Weg führt", so Stauff, „über zahlreiche Wiedergeburten zu immer reinerer Höhe des Daseins bis in die reine Geistigkeit der Gottheit". Als Prototyp eines Märchens, in dem diese Auffassung gemutmaßt wird, steht Frau Holle. Hier bewährt sich, wenn man der Stauffschen Interpretation folgt, Goldmarie, die, nachdem sie in den Brunnen geplumpst ist, stirbt und zu neuem Leben erwacht. Goldmarie verrichtet strebsam ohne Sinn und Ziel alle ihr aufgetragenen Arbeiten, tritt in den Dienst der Frau Holle und fragt auch hier nicht nach dem Sinn ihrer Arbeit, ist zufrieden mit dem, was Frau Holle ihr an Lohn zuteil werden lässt. Diese Genügsamkeit zahlt sich im nächsten Leben aus, denn in dieses tritt sie reich beschenkt mit Gold, das Frau Holle auf sie herabregnen lässt. Ganz anders ergeht es Pechmarie. Auch sie stirbt, als sie in den besagten Brunnen fällt, verrichtet dann aber nicht die ihr übertragenen Arbeiten, sondern hat gleich zu Beginn ihr Ziel im Auge, nämlich es der Stiefschwester gleich zu tun und mit Gold ein neues Leben zu beginnen.

Was will uns der Dichter damit sagen? Eigentlich ist es schon in der vorliegenden Form übel genug. Denn die Aussage heißt ja wohl, dass wir zu arbeiten hätten, ohne Sinn und Ziel oder gar nach Lohn zu fragen. Nur so, will der Dichter sagen, sei uns der Lohn sicher, alles Fordern oder Drängen sei dieser Entlohnung abträglich.

Noch drastischer sehen allerdings Exegeten wie Stauff die Aussage. „Der Mensch darf also keiner Gottheit [gemeint ist sein schweres Schicksal, d. Verf.] Vorwürfe machen noch die 'Ungerechtigkeit' der Welt anklagen, wenn er leidet unter den Folgen seiner Gleichgültigkeit, (im Originalzitat heißt es 'Gleichgiltigkeit') Trägheit, Schlechtigkeit, seiner Unterlassungen und schlimmen Taten." Also sei strebsam und der Obrigkeit gut Freund, dann wirst du dereinst bis in die reine Geistigkeit der Gottheit vordringen. Tust du es nicht, meint Stauff, dann findest du dich im nächsten Leben ins Elend gestoßen.

Märchen sind in diesem Sinne dazu da, um den Lesern und Hörern, den Schülern klarzumachen, dass sie sich den Mächten der Welt hinzugeben haben. Diese sind nicht zufällig, sondern eingesetzt von einer Autorität, an die man nicht heranreicht. Erst dann wird man von jeder Gewis-

sensangst oder Qual erlöst, die einen dazu treibt, etwas zu wollen, etwas
zu ändern, von der Aufgabe Mensch zu werden, also mit der eigenen Vernunft der Welt und sich selbst ein Ziel zu geben und für selbiges zu arbeiten. Warum auch, möchte man anthroposophisch gedacht hinzusetzen: Du
hast eh nur das Karma, welches Du hast. Und da Leistung sich keineswegs
lohnen muss, denn Noten gibt es nicht, sei also vor allem gehorsam. Das
genau ist das Anliegen auch der Anthroposophie, auch der Esoterik, denn
deren Inhalt ist es, sich von der aktiven, selbstgewählten, verstandesmäßi-
gen Umgestaltung der Verhältnisse zu verabschieden. Stattdessen soll man
sich mit der Welt versöhnen und sein Heil in der Vergeistigung suchen,
statt aktiv in die Verhältnisse einzugreifen und sie im menschlichen Sinn
umzuwälzen.

Das ist jene Haltung, die den Faschisten auszeichnet. Bedingungslose
Unterordnung unter die gegebenen Verhältnisse, wenn sie nur hart genug
sind, ohne nach Sinn oder Ziel zu fragen. Die gibt ohnehin der Führer vor.

Doch damit nicht genug. In Vlotho sitzt die Märchengemeinschaft
Troubadour, deren Chef Jean Ringenwald war, wie W.G. Haverbeck lange
Pfarrer einer anthroposophischen Christengemeinde. In ihrem Verlag erschien über Jahre eine Märchenzeitschrift, deren anthroposophische Ausrichtung schon beim Titelblatt deutlich wird: Da zerfließen die Formen,
gehen in einander über, treten schemenhaft aus einem farbigen Hinter-
grundnebel hervor. Da bestimmen pastellartige, vermeintlich anheimelnde
Farben das Bild und immer strahlt an irgendeiner Stelle zumeist des
oberen Bildteiles das „Geistig-Göttliche" in hellen, lichten Farben.

Märchen, das ist ja bereits deutlich geworden, sind für die Anthroposophen nicht nur im ersten Jahrsiebt das Mittel, um die Fähigkeit zur imaginativen Gestaltung der Gefühls- und Willensregung zu geben. Man
wendet sich scharf gegen Fernsehen, Comics oder Illustrierte, denn diese
überfluten den jungen Menschen ja mit falschen Reizen und Vorbildern.
Man könnte auch sagen: Sie liefern ihnen Ansätze für Kritikfähigkeit.
Diese negativen Einflüsse, so argumentieren die Anthroposophen, stürzen
das Kind in ein Chaos und machen es süchtig nach immer neuen, immer
eindrucksvolleren Bildern. Diese Sichtweise, die ja durchaus einen wahren
Kern hat, gipfelt dann aber in der Behauptung, dass solche Bilderflut den
direkten Weg in die Rauschgiftsucht ebne. Und welche Eltern würden
nicht alles tun, um das zu verhindern. Notfalls glaubt man auch derart
abstrusen Darstellungen.

Der Gegenpol zu solcher negativen Beeinflussung durch die Medien ist
das Märchen. Das Märchen bewirkt eine „Kinderphantasie", meint der

Anthroposoph Jakob Streit, „die im Aufwachsen Gut und Böse im Bild erlebt und polarisieren gelernt hat". Resultat seien dann Menschen, die eben nicht an der Nadel hingen, sondern Menschen mit moralischer Fantasie, die allein sittlich produktiv sein könnten. Echte Vorbilder, wie sie in den Märchen dargestellt seien, gelte es zu bejahen, Gut und Böse müssten polarisiert werden, um die moralischen Kräfte des Kindes zu stärken. Mit solcher Interpretation bzw. Einstellung zum Nutzen und Sinn von Märchen geht eine strikte Abkehr von jedem Intellektualismus einher. Allein die technische Intelligenz, die instrumentelle Vernunft wird als legitim anerkannt. Keinesfalls, schreiben die Autoren der oben genannten Studie an dieser Stelle, „und hier finden wir einen Bezug zu C. G. Jungs faschistischen Deutungen Tür und Tor öffnender Archetypentheorie, dürfe das 'logische Denken, das sich nur auf die reine Sinnesbeobachtung stützt, zum alleinigen Maßstab der Lebensverhältnisse' gemacht werden. Vielmehr gelte es, 'die Welt der Urbilder in sich beleben zu können'."

Ein solcher Mensch ist natürlich geistentleert und tritt die Flucht in die Bilder der Medien an, die wie gesagt chaotisch und unheilvoll sind. Und damit man auch beim Märchen nicht auf andere Gedanken kommt, geht es darum, dass „die Klippe ausgeklügelter Missdeutungen vermieden wird". Insbesondere, heißt es bei dem erwähnten Autor Streit, „Kinder kurz nach dem Zahnwechsel, dies ist auch die Zeit, in der nach anthroposophischer Lehrmeinung schwerpunktmäßig Märchen zu erzählen sind, bedürften der Führung. Das Kind möchte in diesem Alter zu Persönlichkeiten aufschauen. (...) Nichts wäre in diesem Alter unheilvoller als die Ausbildung des in unserer Zeit so gern gesehenen 'kritischen' Denkens. Die Veranlagung dieser eigentlich auf dem Misstrauen beruhenden Auseinandersetzung mit Welt und Mensch in einem Kind dieses Alters wäre Gift für die Seele." Deutlicher kann man die anthroposophische Bevormundung und Erziehung zur hörigen Abhängigkeit von einem Führer-Ideal eigentlich kaum noch formulieren.

Die Märchen-Konzeption der Anthroposophie ist die Forderung nach einem Denken, das sich selbst verleugnet und Kraft des vermeintlichen Nichtdenkens faschistische Ideologieersatzstücke produziert. Das kommt dabei heraus, wenn man die Vernunft in den rein instrumentellen Bereich verbannen will und sich stattdessen aufs „instinktive, meist blutsgebundene Bilderhellsehen verlegt", wie Streit dies fordert.

Am Ende scheint es dann so, dass Anthroposophen ihre Kinder sanft, einfühlsam und mit dem alternativen Gütesiegel der „Ganzheitlichkeit" erziehen, ohne dass die ach so alternativ denkenden Eltern bemerken, welche reaktionären, faschismuskompatiblen Ideologie-Inhalte unter diesen scheinbar positiven Vorzeichen Einzug halten.

Für die Anthroposophen liegt im Märchen das Allheilmittel für sämtliche physischen und psychischen Erkrankungen des stressgeplagten und auf der Suche nach dem wahren Ich befindlichen Wohlstandsbürgers und seiner Kinder. In diesem Sinne sucht die *Troubadour*-Gemeinschaft denn auch in Kindergärten, Seminaren und Schulen, ihre Veranstaltungen durchzuziehen. Der *Verlag Freies Geistesleben* liefert dazu anthroposophisch aufgearbeitetes und in Pastellfarben gehaltenes Anschauungsmaterial als die bessere Alternative. Der Versuch, in Vlotho eine „Lebensschule" für Kinder aufzubauen, ist bislang gescheitert, weil man keine Baugenehmigung erhielt. Die Troubadoure entfalten nach Erkenntnissen von engagierten Antifaschisten einen regelrechten Esoterik-Supermarkt, wenn Märchentherapie angepriesen wird zur Geburtsvorbereitung, als äußerer und innerer Jungbrunnen für Senioren, als Märchenkur mit dem Ziel, wieder Kraft, Ruhe und Freude in den Alltag zu bringen. Oder wenn man Märchen kombiniert mit Lichtmassagen zur ganzheitlichen Harmonisierung von Körper und Seele zur Sterbebegleitung. Der psychotherapeutische Fachmann Colin Goldner dazu: „Die so genannte 'Märchentherapie' der Troubadoure, über (angeblich) fast fünfzig Ortsgruppen und zahllose Multiplikatoren weithin verbreitet, dreht sich im wesentlichen um die Erzeugung von Gefühlen der Angst und der Schuld, denen, so die eingehämmerte Botschaft, nur durch totale Anpassung und Unterordnung entgangen werden könne. Hinzu kommen die üblichen Klischees von Gut-Böse, Mann-Frau und so weiter, eingebunden in schwülstige Naturmystik, Eliteverklärung und irrationalen Schwachsinn."

Verwundern kann solcher Umgang mit Märchen nicht, denn Märchen, wie sie von den Grimms konzipiert wurden, sind als „literarische Hohlform anzusehen, in die jeder füllen mag, was er will", wie es in der Märchenzeitschrift heißt. „So ist als allgemeines Bearbeitungsmerkmal festzuhalten, dass die Grimms Erzählteile aus ihrem historischen und funktionalen Kontext loslösten." Kein Troubadour stört sich daran, im Gegenteil, man beginnt nun diese Hohlform anthroposophisch so abzufüllen, dass man die Waldorf-Kinder ordentlich lenken kann. Jean Ringenwald macht sich denn auch zunächst über die wissenschaftliche Ausdeutung von Märchen lustig: Es sei schon „erstaunlich, mit welchen Methoden man an das Märchen herangeht: Sprachwissenschaften, Soziologie, Ethnologie, Geschichte, Psychologie..." Er verlegt sich da lieber auf die „passenden Methoden der Seelenforschung", ein Weg, der noch „schwerer ist, weil das

Massenbewusstsein noch wenig Sinn dafür hat". Anthroposophisch korrekt sieht er deswegen, dass „in den höheren Welten" nachzulesen sei, dass die Märchen aus ihnen stammten und dass noch heute von dort Märchen preisgegeben würden. Mit diesen „höheren Welten", in denen Ringenwald sich zu lesen anschickt, kann, wenn man seinen anthroposophischen Hintergrund in Betracht zieht, nur die auch schon von Rudolf Steiner „eingesehene Akashachronik", also das universelle Weltgedächtnis, gemeint sein, auf der alles gewesene, jetzige und künftige Wissen gespeichert ist.

In der bereits erwähnten Märchenzeitschrift erteilt man zwar einerseits wissenschaftlicher Märchen-Ausdeutung ein knallharte Absage, um sie dann aber gleich wieder im nächsten Schritt mit eigenen Inhalten einzufordern und zu praktizieren. Dazu müssen dann nicht nur Ko-Autoren wie Eugen Drewermann herhalten, der darüber nachdenkt, ob das Bild des Teufels in den Märchen das gleiche meint, wie das, was die Theologie darunter versteht. Er kommt zu dem Ergebnis, dass das nicht immer so ist, dass „im Märchen nicht immer, wenn vom Teufel die Rede ist, das gemeint ist, was Theologen darunter verstehen. Und oft wiederum spricht das Märchen gar nicht vom Teufel an Stellen, wo die Theologen es täten." Unverständlich, dass Drewermann nicht begriffen hat, zu welchem Zweck er hier missbraucht werden soll: Es geht nämlich im Kontext der ganzen Ausgaben nur darum, aus vermeintlich kritisch-theologischer Sicht erste Zweifel in der Leserschaft zu wecken, ob denn Märchen und Christentum tatsächlich zusammengehören. Schon der nächste Beitrag in der Drewermann-Ausgabe vertritt schon wieder offen Neu-Heidentum: „Die Märchen als eine Art Volks-Religion müssten sich wie Vorstufen oder Ergänzungen der biblischen Religionen einordnen lassen." Oder: „Beide (Märchen und Bibel) hängen mit dem Mythos zusammen, tragen Rudimente von alten Göttervorstellungen." Fällt denn da wirklich bei niemandem der Groschen, wenn hier versucht wird, biblisch tradierte Offenbarung und Märchen auf eine Stufe zu stellen, um letzteren einen seriösen Anstrich zu geben, damit sie eine vergleichbare Verbindlichkeit bekommen?

Konkret wird dann in der gleichen Ausgabe ein weiterer Autor, Werner Zurfluth, wie der Autor der Studie der Antifaschisten enthüllt: „Für das frühe Christentum sind Märchen bzw. Mythen wohl eher eine heikle Angelegenheit gewesen, geht doch die Tradition derartiger Erzählungen bis weit in die heidnische Zeit zurück. Die Überlieferung solcher Geschichten ist wesentlich älter als das Christentum selber." Und da solches alte Kulturgut nicht einfach zum Verschwinden gebracht werden könne, meint

Autor Zurfluth, müsse es „irgendwie in die Vorstellungswelt eingebaut werden". Wer es bislang immer noch nicht begriffen hat, für den wird spätestens jetzt klar, wohin Zurfluth wirklich will: Ziel der „große Fahrt in den Kosmos" sei es, so etwas wie eine Emanzipation vom magischen Denken zu erreichen, nein sogar noch mehr: Der Einzelne solle ermutigt werden, seine eigenen esoterisch-spirituell-mystischen Erfahrungen zu machen, damit er sehe, dass er die Kirche nicht brauche, um seine spirituellen Bedürfnisse zu befriedigen. Der Einzelne macht sich, so Zurfluth, damit frei aus der Abhängigkeit der Institution Kirche.

Nun kann man durchaus der Meinung sein, dass sich hinter dieser Position nicht eine Annäherung an rassistisch-faschistische neu-heidnische Konzepte verbirgt, sondern allein der Versuch, sich aus der Dogmatik und dem Machtanspruch der Kirche zu lösen und so etwas wie eine demokratischere Spiritualität zu propagieren. Aber abgesehen davon, dass es diese nicht gibt und dass unter diesem Etikett nichts anderes als eine andere, wirklich totalitäre Spiritualität vertreten wird, dürfte es unerheblich sein, ob man den Teufel mit dem Beelzebub austreibt oder umgekehrt. Es gilt, beide auszutreiben inklusive der Pseudo-Apostel, die damit nichts anderes erreichen wollen, als eine ideologische Hörigkeit der Masse, um sie dann politisch zu lenken und, was nicht minder wichtig ist, ökonomisch auszunehmen.

Das Fazit einer derart ausführlichen Betrachtung der Märchen in einem Kapitel über radikale Lehrinhalte anthroposophischer und Waldorfschulen ist deshalb ernüchternd. Märchen sind Mittel zum Zweck, nicht für das Kind, sondern um sich der Gesellschaft zu bemächtigen. Die Faszination, die Märchen auf Kinder (und Erwachsene) ausüben – man denke an dieser Stelle nur an die Begeisterung eines Millionen-Publikums über die Bücher *Die unendliche Geschichte* oder *Momo* des Waldorf-Schülers Michael Ende – wird schlicht ausgenutzt. Es wird ein fataler Zirkelschluss benutzt: Man bewegt die Menschen durch Märchen, bannt sie regelrecht, suggeriert ihnen durch die systematische Aufarbeitung einen Realitätsbezug und leitet daraus ab, dass das, was für die Märchenfiguren am Ende ein Happy End bedeutet, man auch haben könnte, wenn man sich nur so verhält, wie die Märchen-Ausdeuter es herauslesen, denen selbstverständlich absolute Autorität, die nicht von dieser Welt ist, zukommt. Märchen werden als Transportmittel von Normen instrumentalisiert und sie sind, was vielleicht noch wichtiger ist, Kompensationsfeld für Versagen, Ängste und Forderungen, die an das bürgerliche Kind und seine Eltern herangetragen werden. Damit übernehmen die Märchen, die ja im Unterricht der Waldorfschüler ständig aus dem freien gedanklich assoziativen Bereich herausgeholt und mit Malstift und Papier visualisiert werden, genau den Effekt, den das Waldorf-Führungspersonal beim Fernsehen und den Massenmedien als krankmachend hinstellt. Wo bitte ist der Unterschied zwischen einem Bild, auf dem Hänsel und Gretel im Bratofen knusprig gebraten werden, und einem Foto aus einem bosnischen Massenvergewaltigungslager? Der Etikettenschwindel, diese Waldorf-Lüge ist so offenbar, dass ihn dennoch keiner sieht. Die Waldorfianer haben ja durchaus recht, wenn sie die möglichen negativen Wirkungen von zuviel Medienkonsum auf Kinder anprangern. Aber sie ersetzen den einen Medienkonsum durch einen anderen und bauen dann, unter dem Vorwand, einem Feindbild zu begegnen, noch viel üblere Inhalte in den als Ersatz gefunden Medienkonsum ein.

12. Der Anthro-Konzern – Marmelade und Mistelkräuter für Millionen

Es gibt keine Ideologie, mit der nicht auch wirtschaftliche Interessen verbunden wären. Waldorf macht da keine Ausnahme. Auch wenn der *Bund Freier Waldorfschulen* an dieser Stelle stets auf die große und freiwillige Eigenbeteiligung der Eltern verweist, ist die anthroposophische Bewegung, als deren Teil Waldorf anzusehen ist, zu einem Konzern herangewachsen, der zwischen Krankenbett und Frühstückstisch nichts auslässt, um die Lebensführung, die man zunächst im Sinne höherer Selbsterkenntnis predigt, dann auch angemessen und gegen Bares umsetzen zu können. Nach dem Motto: Dein Glück muss dir schon einiges wert sein.

Dieser Konzern mag für einige unüberschaubar sein, deshalb hier einfach noch einmal eine Aufgliederung, wie sie von den Brüdern Grandt in ihrem *Schwarzbuch Anthroposophie* zusammengestellt wurde (übrigens einer jener Buchteile, an dem die Anthroposophen nichts auszusetzen hatten):

„Die Anthroposophische Gesellschaft in Deutschland e.V. ist in Stuttgart zu finden, deren Zweige und Arbeitsgruppen in regionalen 'Arbeitszentren' in Berlin, Frankfurt, Hamburg, Hannover, München, Nürnberg, Stuttgart, Freiburg und Wuppertal zusammengeschlossen sind, sowie im 'Arbeitszentrum Ost' in Dresden, das für Brandenburg, Mecklenburg-Vorpommern, Sachsen, Sachsen-Anhalt und Thüringen zuständig ist. Als 'Vereinigungen einzelner anthroposophischer Einrichtungen in Deutschland' sind im 'Verzeichnis anthroposophischer Ausbildungs- und Studienstätten, 1996/97' aufgeführt:

* Bund der freien Waldorfschulen e.V., Stuttgart (Pädagogik),
* Internationale Vereinigung der Waldorf-Kindergärten e.V., Stuttgart (Kindergärten),
* Verband Anthroposophischer Einrichtungen für Heilpädagogik und Sozial-Therapie e.V., Echzell (Heilpädogik)

- Forschungsring für biologisch-dynamische Wirtschaftsweise, Darmstadt (Landwirtschaft),
- Gesellschaft anthroposophischer Ärzte e.v., Stuttgart (Heileurythmie),
- Berufsverband für anthroposophische Kunsttherapie e.v., Freiburg/ Breisgau (Künstlerische Therapie),
- Berufsverband der Eurythmisten in Deutschland e.v., Grafrath (Eurythmie),
- und für Finanzierungen und Bankwesen die *Zentralkasse der Anthroposophischen Gesellschaft in Deutschland* mit Sitz in Stuttgart,
- Gemeinnützige Treuhandstelle e.v. (GTS) in Bochum
- und jeweils eine *GLS Gemeinschaftsbank eG* in Bochum und Stuttgart.

Paul-Albert Wagemann zählt weitere Institutionen im anthroposophischen Umfeld auf, wie etwa:

- *Weleda* (Kosmetik und Heilmittel),
- *Wala* (Pharmazie),
- anthroposophisch geführte Hotels,
- *Demeter*-Lebensmittel,
- *Verlag Freies Geistesleben*,
- *Anthropo-Kinderheim e.V.*,
- *efv AG (Erste Finanz- und Vermögensberater Aktiengesellschaft in Deutschland)*,
- *Gvp (Gesellschaft für Vermögensplanung)*,
- *DBSFS (Deutscher Bundesverband für Steuer-, Finanz- und Sozialpolitik e.V.)*,
- *M & M Verlag (Medien und Marketing Agentur GmbH)*
- *Anthropos-Film- und Fernsehproduktion GmbH.*

Außerdem gibt es in Deutschland noch fünf anthroposophische Zeitschriften: *Das Goetheanum, die Drei, Gegenwart, Zeitschrift info 3* und die *Flensburger Hefte.*"

Ein derartiger Konzern ist, auch wenn es sich um stets säuberlich voneinander getrennte Einzelunternehmen handelt, durchaus eine Macht am Markt. Das wundert den Beobachter nicht zuletzt deshalb, weil so viel irdischer Einfluss eigentlich dem Ziel höherer Geisteserkenntnis nicht ganz zu entsprechen scheint.

Dabei ist keiner der genannten Organisationen ein Vorwurf daraus zu machen, dass man mit einer bestimmten Lebenseinstellung auch Geld verdienen will. Als Kritiker sind wir gerne marktwirtschaftlich-toleranter als die, die wir kritisieren, im umgekehrten Falle. Das Problem aber stellt sich in dem Augenblick, wenn Gelder möglicherweise in – sagen wir es zurückhaltend – nicht überschaubaren oder restlos transparenten Kanälen versickert. Damit nicht genug: Es muss wohl auch der Frage nachgegangen werden, ob die vielen öffentlichen Repräsentanten aus Politik und Wirtschaft, die den Waldorfkindergärten und -schulen in manchmal fast liebedienerischen Weise öffentliche Gelder oder Sachhilfen zukommen lassen, eigentlich wirklich wissen, wes Geistes Kind sie da unterstützen.

Wir müssen uns mit anderen Worten dem Finanzgebaren der Schulen und Kindergärten kritisch zuwenden. Denn wenn von den Eltern schon zum Teil erhebliche Eigenleistungen verlangt werden, dann darf man wohl auch nicht zu Unrecht fragen, wofür dieses Geld alles verwendet wird.

Finanzgespräch

Aus finanziellen Gründen wird kein Kind abgelehnt. Das klingt sehr sozial, ist es das aber wirklich? Nur das, was die Eltern wirklich aufbringen können, muss bezahlt werden. Sechs Prozent vom monatlichen Bruttoeinkommen sind als freiwilliger Regelbeitrag veranschlagt. Offiziellen Angaben zufolge belastet ein Platz die Schule mit ungefähr 500 Mark monatlich. Der durchschnittlich von den Eltern geleistete Schulbetrag ist wesentlich niedriger, erfährt man durch den Elternrundbrief. Für viele ist selbst das unerschwinglich und sie sind dankbar, wenn die Kinder für einen Bruchteil des Betrages die Waldorfschule besuchen dürfen. Dankbarkeit macht abhängig und so entsteht das Gefühl der Verpflichtung „Allzeit bereit für Waldorf". Da arbeiten viele Eltern viele Stunden, erst beim Schulbau; später gibt es auch noch jede Menge zu tun. Oder sie zahlen in Naturalien (Kuchen, Salate, Bastelarbeiten und vieles mehr) und mit der eigenen Arbeitskraft.

Zwischendurch wird von Waldorf versucht aufzustocken. Regelmäßig erhalten die Eltern Briefe mit der Bitte, den Beitragssatz zu erhöhen, Spendenaufrufe flattern ständig ins Haus und ähnliches mehr. Und es finden „Finanznachfassgespräche" statt. Vielleicht könnte man doch noch ein paar Mark mehr bezahlen. Oder gibt die Patentante denn nicht noch was dazu? Oma und Opa wären als Unterstützung doch auch eine Möglichkeit. Möglicherweise brauche man doch nicht so ein großes Auto. Einer Mutter wurde sogar vorgeschlagen, den Frisörbesuch einzuschränken. Die Mitautorin erinnert sich noch an den versteckten Hinweis, dass auch auf die Belastungen beim Kauf oder Bau eines Eigenheimes keine Rücksicht genommen werden könnte, andere Eltern würden darauf verzichten, um ihren Kindern den Besuch einer Waldorfschule ermöglichen zu können.

Vorweg sei gesagt, dass eine ganze Reihe von Schulen von einer unabhängigen Stelle auf ihren Umgang mit Spendengeldern und Zuwendungen geprüft wurde. Das unabhängige *Register Deutscher Spendenorganisationen* (RDS), eine öffentlich zugängliche Datenbank des Deutschen Spendeninstituts, vergibt alljährlich für seriöse Spendensammler ein Spenden-Siegel. Die Auflagen, um in den Genuss dieses Gütezeichens zu kommen, sind hoch. Und deshalb können auch einige deutsche Waldorf-Schulvereine mit Recht stolz darauf verweisen, dass ihnen dieses Güte-Siegel verliehen wurde. Dass andere Schul- oder Kindergartenvereine dieses Siegel nicht tragen, darf – gerade beim Thema Geld sollte man ja mit Unterstellungen zurückhaltend sein – noch nicht zu dem Schluss führen, dass es ihnen vorenthalten wurde. Dahinter kann auch schlicht die Tatsache stehen, dass man das Gütezeichen nicht beantragt hat.

Nun gehen die Prüfer nach einem bestimmten Muster vor. Sie prüfen nämlich genau, ob eingehende Gelder entsprechend dem Satzungszweck verwendet wurden, haken also beispielsweise in den Fällen nach, in denen Gelder in mysteriöse oder unklare Kanäle geflossen sein könnten. Sollte deshalb bereits im Satzungszweck vorgesehen sein, dass ein bestimmter Prozentsatz der Einnahmen an eine Dachorganisation weitergeleitet wird, dann mag das zwar moralisch im einen oder anderen Fall zu beanstanden sein, sachlich wäre dagegen aus Sicht der Prüfer nichts zu sagen, weil dieser Verein ja im Sinne der Satzung handelt. Die Unterscheidung ist wichtig, wenn man sich das Finanzgerüst der Waldorfkindergärten und -schulen näher ansieht. Die Anteile der Finanzierung, die aus Spenden stammen, fallen nämlich durchaus unterschiedlich aus. Einige Schulen erhalten bis zu 20 Prozent und mehr ihrer Gelder aus derartigen Zuwendungen. Das ist eine sachliche, keine wertende Aussage – noch nicht.

Die Finanzierung beruht, wie das Schaubild zeigt, im wesentlich auf drei Quellen:
• Gesetzliche Zuschüsse der öffentlichen Hand: Alle Waldorfschulen erhalten für die laufenden Betriebskosten (Personen-, Sach- und nutzungsbedingte Baukosten) einen Zuschuss nach dem Volksschulgesetz, soweit die Kosten für die Klassen 1 bis 4 anfallen, und nach dem Privatschulgesetz für die Klassen 5 bis 13. Je nach Bundesland fallen diese öffentlichen Zuwendungen sehr unterschiedlich aus, sie liegen bei etablierten

Schulen zwischen 80 und 93 Prozent der beantragten Betriebskosten (bei jüngeren Schulen sind es deutlich weniger), was in Einzelfällen zu einer quasi Volldeckung führt. Für den Bau der Schulen gibt es darüber hinaus gesetzliche Zuschüsse zu den dabei entstehenden Kosten, die regional sehr unterschiedlich sind (siehe unten).

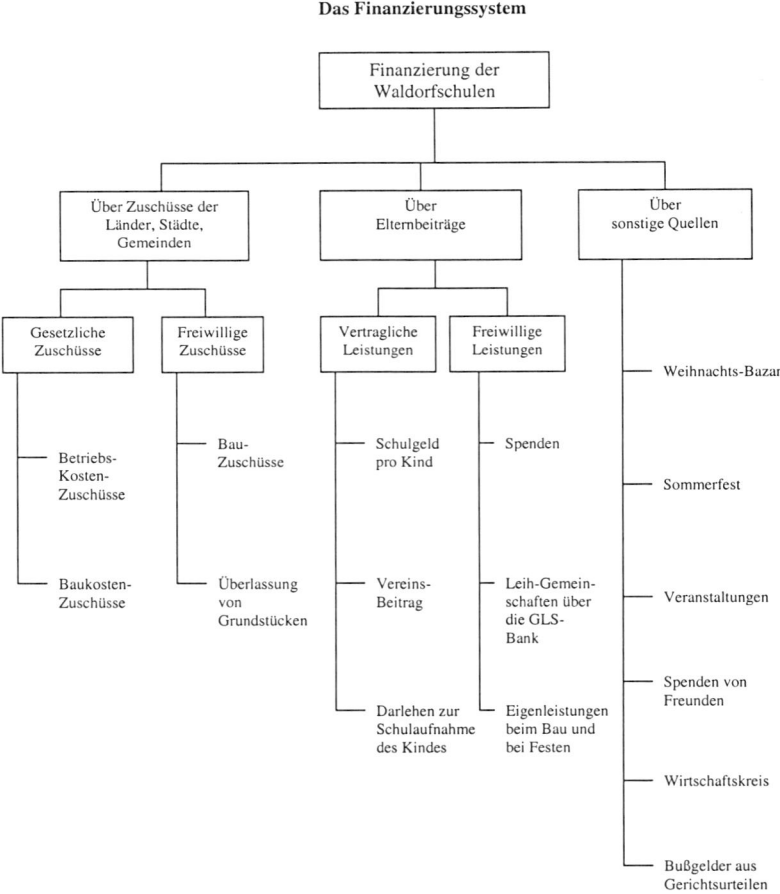

Finanzierung der Waldorfschulen

• Zu den am besten gehüteten Geheimnissen gehört die zweite Finanzierungsquelle: die freiwilligen Zuschüsse der Städte und Gemeinden. Zahlreiche Kommunen, Bezirke und Regierungspräsidien geben nämlich freiwillige Zuschüsse neben den gesetzlich festgelegten Regelungen, wenn in ihrem Einzugsbereich eine Waldorfschule gebaut werden soll. Dafür gibt es zahlreiche Instrumente, die der Öffentlichkeit in ihren Auswirkungen oft gar nicht bekannt sind. In einem Fall wurde so das Grundstück in Erbpacht zinslos für 33 Jahre überlassen. Das klingt gut, wird aber noch besser, da die entsprechende Kommune mit Stadtratsbeschluss dem Waldorf-Schulverein den jährlichen Erbpachtzins in Höhe von 330.000 Mark für die gesamte Laufzeit erlassen hat. Aufgrund einer Nutzungsänderung wurde nach etwa 20 Jahren der Erbbauzinszuschuss mit 291.542 Mark festgelegt, sonst änderte sich nichts. Das summiert sich unterm Strich auf satte elf Millionen Mark. Und weil man alles, was Waldorf macht, ja gut und erstrebenswert findet, ließen sich diese Stadtväter nicht lumpen und schenkten der Schule gleich noch eine Turnhalle im Wert von 980.000 Mark.

• Zum dritten leben die Schulen von vertraglichen Leistungen der Eltern. Alle Eltern, die ihre Kinder auf eine Waldorfschule schicken, zahlen Schulgeld. Die Höhe wird selbst eingeschätzt. Im vorliegenden Fall wurde das Schulgeld freiwillig auf sechs Prozent des monatlichen Bruttoeinkommens für das erste Kind (für weitere Kinder gibt es Abschläge) festgelegt. Die Recherchen zeigten, dass dabei einzelne Eltern bis zu 1300 Mark monatlich an Kindergarten oder Schule abführten. Viele Eltern versuchen, solch hohe Zahlungen zu umgehen. Von Seiten Waldorfs wird stets betont, dass am Geld die Erziehung nicht scheitern solle. Es könnten durchaus individuelle Vereinbarungen abgeschlossen werden. Die oben genannten Beträge waren für die Schule, von der hier die Rede ist, die Obergrenze, der Durchschnitt lag bei rund 400 Mark monatlichen Elternbeitrag im Jahre 1997. Allerdings ist es mit der Möglichkeit einer flexiblen Gestaltung in der Praxis wohl keineswegs sehr weit her. Vor allem alleinerziehende Väter oder Mütter bestätigten gegenüber den Autoren, dass man sich einer Bitte um Minderung oder gar Nachlass des Schulgeldes gegenüber „ausgesprochen rüde und abweisend" verhalten habe. Selbst in Situationen, wo die Zahlung des Schulgeldes eine Familie in ernsthafte Probleme gebracht habe, sei von Seiten der Waldorfschule unbarmherzig auf Überweisung des vollen Betrages bestanden worden. Ausdrücklich sei hier eingeräumt, dass dies möglicherweise Einzelfälle sein können.

Zusätzlich zum Schulgeld bezahlen die Eltern in der Regel noch einen Vereinsbetrag an den Schulverein. Zwar ist normalerweise der Vereinsbetrag für den Schulverein durch das Schulgeld abgegolten, nicht aber für den Bau- und Förderverein. Den Eltern wird üblicherweise nahegelegt, auch in diesen „Unterverein" einzutreten, um auf diese Weise die Schule zusätzlich zu unterstützen.

In einer ganzen Reihe von Schulen wird für die Aufnahme eines Kindes darüber hinaus entweder ein zinsloses Darlehen von 1000 Mark gefordert, das der Schule für die Dauer der gesamten Schulzeit zur Verfügung steht. Eine andere Form sind so genannte Bausteine, die erworben werden. Mit dem Geldbetrag wird dann ebenso verfahren. Zwar kann diese Einlage nach Beendigung der Schulzeit oder bei Verlassen der Schule zurückgefordert werden. Dies wird aber von vielen Eltern nicht gemacht, worauf Waldorf mehr oder weniger offen auch spekuliert. Nach Recherchen der *Frankfurter Allgemeinen Zeitung* (FAZ) kamen so allein 1992 für bundesweit 58.000 Schülerinnen und Schüler noch einmal 58 Millionen Mark zusammen. Sofern dieses Geld zinsträchtig angelegt wird, wovon die Eltern nichts haben, summiert sich allein der durch Zinseinnahmen jährlich erwirtschaftete Betrag bei einer vierprozentigen Kapitalverzinsung auf noch einmal 2,3 Millionen Mark bundesweit. Wohin dieses Geld am Ende wandert, wird gegenüber den Eltern nicht offengelegt. Es darf sicher spekuliert werden, dass diese Beträge an die Waldorf-Organisation fließen. Vorliegende Unterlagen einer Waldorfschule zeigen nämlich, dass man von den Eltern schmerzlich abgeführte Beträge sammelte und Monat für Monat Beträge zwischen 35.000 und 45.000 DM an den *Bund Freier Waldorfschulen e.V.* überwies, ohne dass erkennbar Zuwendungen von dort in gleicher Höhe zurückkamen. Auch wenn man diese monatliche Abgabe mit 30.000 Mark niedrig ansetzt und unterstellt (!), eine solche Summe würde monatlich von jeder deutschen Waldorfschule (also ohne Kindergärten) an die Zentrale geleistet, dann erhielte diese von den 162 Waldorfschulen (Stand Juli 1996) knapp 4,9 Millionen Mark im Monat, gut 58 Millionen Mark im Jahr.

• Eine kleine, aber durchaus erkleckliche Summe kommt durch einen weiteren Trick zusammen: Die Eltern müssen nämlich regelmäßig das Schulgeld schon für den ersten Ferienmonat im Sommer (Juli oder August) zahlen, obwohl die Schule erst einen Monat später beginnt. (Es sei hier ausdrücklich erwähnt, dass auch andere Privatschulen ähnlich verfahren.)

• Damit sind wir freilich noch nicht am Ende. Die Eltern werden nämlich neben dem bereits Aufgezählten ständig angehalten, freiwillige Spenden zu leisten. Konkrete Spendenaufforderungen wurden zum Beispiel durchgeführt für Lehrerausbildungsmaßnahmen, Umbauten und Reparaturen, Neubauten, Nachfinanzierungskosten für Investitionen, Anschaffungen beweglicher Wirtschaftsgüter, Investitionen für Immobilien sowie Weihnachtsaktionen. Dabei – so belegt ein Augenzeuge – „werden die Eltern unter 'psychologischen Druck' gesetzt, um möglichst viel zu spenden und nicht als 'Außenseiter' dazustehen".

• Als überaus perfide bezeichneten Eltern darüber hinaus eine weitere Maßnahme, um an Geld heranzukommen. Um Baumaßnahmen zu finanzieren, wurden sie nämlich gedrängt, über die bereits erwähnte GLS-Gemeinschaftsbank in Bochum eine so genannte Leihgemeinschaft einzugehen. „Zusammen mit allen Unterzeichnern dieser Erklärung bilde ich eine Leihgemeinschaft", heißt es in einem dazu verteilten Vordruck der GLS-Gemeinschaftsbank. „Zu den Mitgliedern der Leihgemeinschaft gehören die nachstehenden Eltern und Freunde (siehe Rückseite). Diese bilden die Leihgemeinschaft der Klasse ... für einen Kredit von insgesamt ... Mark." Und dann verpflichten sich die unterzeichnenden Eltern zu mehreren Punkten, die man langsam lesen muss, um sie wirklich auch in ihren Auswirkungen zu erfassen:

„1. Ich verspreche hiermit, dass ich zur Tilgung dieses Betrages, der dem Waldorf Schulverein ... e.V. als Schenkung überlassen wird, laufende Spendenzahlungen leiste, und zwar ab ... monatlich DM ... (hierin sind Zinsen enthalten.) letztmals am ... Somit beträgt mein Gesamtspendenbetrag DM ... zuzüglich Zinsen. Die Zinsen berechnen sich jeweils nach den gesetzlich vorgeschriebenen Sparzinsen, z.Z. betragen diese 5% Der Zins kann sich erniedrigen oder erhöhen.

2. Damit dem Waldorf Schulverein ... e.V. der Betrag meiner Gesamtspende schon ab ... zur Verfügung steht, verbürge ich mich hiermit für einen entsprechenden Vorauskredit der Gemeinschaftsbank an den Waldorf Schulverein ... e.V. in Höhe meiner Gesamtspende.

3. Gleichzeitig verbürge ich mich gegenüber der Gemeinschaftsbank für die entsprechenden Spendenversprechen aller anderen Leihgemeinschaftsmitglieder jedoch nur bis zur Höhe meines eigenen Spendenversprechens [der Satz ist im Vordruck unterstrichen, d. Verf.] (Ebenso verbürgen sich die anderen Mitglieder wiederum für meine Spende.)

4. Meine Zahlungen gehen per Dauerauftrag jeweils am Monatsersten (ab...) auf folgendes Konto der Leihgemeinschaft ... Die auf diesem Konto

angesammelten Beträge werden periodisch von ... Bevollmächtiger der Leihgemeinschaft zur Kredittilgung an die Gemeinschaftsbank weitergeleitet. Gemäß Wechselfällen des Lebens können sich die Mitglieder auch gegenseitig ihre Zahlungsversprechen erfüllen helfen oder andere Geldquellen schaffen. 5. Jedes Mitglied kann aus der Leihgemeinschaft ausscheiden, wenn es entweder durch ein neues Mitglied abgelöst wird, oder wenn es seine restlichen Spendenversprechen voll eingezahlt und hierfür von der Gemeinschaftsbank eine Entlastungsbestätigung erhalten hat. Im übrigen sucht die Leihgemeinschaft nach angemessenen Lösungen. 6. Es gelten die Allgemeinen Geschäftsbedingungen der Gemeinschaftsbank und bundesdeutsche Gesetze. Gerichtsstand ist Bochum."

Wer diesen Vertrag unterzeichnet, ist dann gleichsam gebunden und gefangen, alle haften für jeden, Gemeinschaftsbank und Waldorf-Schulverein kassieren ohne jedes Risiko.

Die Liste der Elternleistungen ist noch lange nicht zu Ende. Bei jedem Neu- oder Umbau werden die Eltern „aktiv und massiv", so ein Waldorf-Aussteiger, der die Gründungsphase miterlebt hat, zu Eigenleistungen am Bau aufgefordert. Diese Eigenleistungen werden in der Finanzierung als „Eigenkapital" ausgewiesen, was von den Banken in der Regel auch akzeptiert wird. Eltern, die keine Bauleistungen erbringen (können), wird nahegelegt, den Bau mit einer außergewöhnlichen Spende zu unterstützen.

Für alle Feste – und davon gibt es bei Waldorf viele: Weihnachtsbazar, Sommerfest, Vorträge, Veranstaltungen usw. – werden die Eltern aktiv aufgefordert, das Gelingen der Veranstaltung durch unentgeltliche Sachspenden und persönliche Leistung zu unterstützen – zum Beispiel Besetzung eines Standes. Die unentgeltlichen Sachleistungen Gebäck, Bastelware etc. werden auf den Veranstaltungen verkauft. Der Erlös wandert – wohin wohl? – in die Taschen des Waldorfvereins.

Das könnte jeden Engagierten beruhigt schlafen lassen, wenn die derart erbrachten Leistungen und Erlöse (einzelne Weihnachtsbazare erwirtschaften immerhin Beträge von 30.000 Mark und mehr) einigermaßen selbstlos den Schülern zugute kommen würden. Leise Zweifel sind aber angebracht. Diese Gelder wurden nämlich in dem uns vorliegenden Fall steuersparend nicht dem Schul-, sondern dem Bau- und Förderverein zugebucht.

Darüber hinaus haben sich rund um viele Waldorfschulen Wirtschaftskreise gebildet, ein Zusammenschluss von Unternehmen, die dem Waldorf-Gedanken nahestehen. Dieser Wirtschaftskreis bildet sich aus

Firmen von Waldorf-Eltern und aktiv geworbenen Unternehmern, die auf diese Weise ihren Umsatz steigern wollen. Aus vorliegenden Unterlagen ist ersichtlich, dass dabei monatliche Spenden bzw. vereinbarte Provisionen von 3000 Mark und mehr von einem einzigen Unternehmer für eine Waldorfschule verbucht wurden.

Da Waldorf ein eingetragener, gemeinnütziger Verein ist, dürfen Bußgelder für Ordnungswidrigkeiten, die von Gerichten ausgesprochen werden, von den Verurteilten auf das Konto Waldorf überwiesen werden. Um diese Finanzierungsquelle zu beleben, werden die Waldorf-Eltern aktiv angehalten, persönlich bekannte Richter anzusprechen, damit diese an die „Verurteilten" eine „Empfehlung" zur Überweisung auf das Konto der Waldorfschule aussprechen.

Um diese Gelder auch wirklich voll und ganz ausnutzen zu können, hat sich Waldorf eine verbreitete Steuer- und Rechtskonstruktion einfallen lassen. Alle Waldorfschulen unterhalten zwei Vereine: den Schul- sowie den Bau- und Förderverein. Beide sind gemeinnützig und entziehen sich deshalb der steuerlichen Gewinnermittlung. Durch die Konstruktion der beiden gemeinnützigen Vereine liegt es nahe zu vermuten, dass Waldorf auf diesem Wege die Verbuchung der Einnahmen geschickt steuern kann. Im Schulverein werden nämlich offiziell alle Ausgaben und Einnahmen, die den Schulbetrieb betreffen, verbucht und den staatlichen Behörden als Grundlage zur Bezuschussung vorgelegt. Unternehmensexperten nennen dies „die halbe Wahrheit". Denn über den Bau- und Förderverein, der ebenfalls gemeinnützig ist, können alle anderen Einnahmen wie beispielsweise Bazar-Einnahmen, Veranstaltungen, Spenden etc. verbucht werden. In einzelnen Fällen, so z. B. in Wangen/Allgäu, wurde eine so genannte Bauhütte gegründet, nach eigener Darstellung eine „von der Waldorfschule Wangen als Mehrheitsgesellschafter und der Kulturtherapeutischen Gemeinschaft Überlingen als Minderheitsgesellschafter gegründete Bauunternehmung, in der Rechtsform einer GmbH". Aufgabe war die Errichtung des Neubaus der Wangener Waldorfschule. Soweit so gut. Aber: „Da die Bauhütte gemäß Gesellschaftervertrag nur für ihre gemeinnützigen Gesellschafter tätig werden darf, ist die Gemeinnützigkeit Voraussetzung einer 'Mitgliedschaft' bei uns, was auch steuerliche Konsequenzen hat." Und weiter heißt es in dem Informationsblatt der Waldorfschule Augsburg, einer von sieben Mitgesellschaftern: „Gegenstand des Unternehmens ist es, den gemeinnützigen Gesellschaftern bei der Erfüllung ihrer Aufgaben zur Verfügung zu stehen, insbesondere bei der Errichtung von Bauten."

Man schafft also eine gemeinnützige, steuerlich günstige Form, um gewerbliche Aufgaben zu erledigen. Frage an die Behörden: Wird hier nicht unter dem Deckmantel der Gemeinnützigkeit eine doppelte Buchführung veranstaltet?

Hinzu kommt, dass aufgrund der Gemeinnützigkeit aller Waldorf-Vereine alle Spenden und teilweise auch die Schulgeldbeträge steuerlich abzugsfähig sind bis zur gesetzlich vorgeschriebenen Höhe. Über Sondervereinbarungen wird aber hier teilweise mit den Eltern abgesprochen, die Zahlung des Schulgeldes aufzuteilen in einen Spendenbeitrag und einen (ermäßigten) Schulbeitrag. Bei Spenden an den *Bund der freien Waldorfschulen* für die Lehrerausbildung gilt sogar eine erhöhte Spendenabzugsfähigkeit bis zu zehn Prozent des Einkommens.

Diese Rechtskonstruktion der Waldorfschulen führt dann unterm Strich dazu, dass der Staat gleich dreifach zur Kasse gebeten wird. Einerseits zahlt er aus Steuermitteln die gesetzlich festgelegten Zuschüsse, dann gestattet er die steuerliche Abzugsfähigkeit der Spenden und muss drittens hinnehmen, dass intern Geldbeträge an den *Bund freier Waldorfschulen* abgeführt werden. Eigentlich fehlt sogar noch ein vierter Punkt, denn schließlich bedeuten abzugsfähige Spenden ja auch weniger Steuereinnahmen.

Von Seiten Waldorfs wird dagegen gehalten, dass durch ihre privaten Einrichtungen dem Steuerzahler Millionenbeträge erspart bleiben. So wurde darauf verwiesen, dass allein 1992 die Bildungshaushalte der Länder um rund 182 Millionen entlastet wurden. Gegenüber der FAZ machte Waldorf dazu folgende Rechnung auf: Die durchschnittlich anfallenden Betriebskosten für einen Waldorf-Schüler in Niedersachsen betrugen 1992 genau 7915 Mark. Rechnet man diesen Wert auf die damals bundesweit 58.000 Schüler (heute sind es deutlich über 60.000) hoch, dann ergibt dies eine Summe von 459 Millionen Mark Betriebskosten für Waldorfschulen. Da der Staat aufgrund der Gesetzeslage 80 Prozent (in einigen Bundesländern bis 93%) davon als Zuschuss übernimmt, flossen in die Waldorf-Kassen ordnungsgemäß rund 370 bis 427 Millionen Mark staatlicher Subventionen. Recherchen der *Welt am Sonntag* zeigen, dass 1997 bereits 460 Millionen an staatlichen Betriebskosten-Zuschüsse für alle deutschen Waldorfschulen gezahlt wurden.

Diese Rechnung lässt aber die Zuschüsse für den Bau von Waldorfschulen sowie Sonderzuschüsse von Städten und Gemeinden unberücksichtigt, die aber in diese Rechnung hineingehören. Zu den laufenden Betriebskosten für die zugrunde gelegten 58.000 Schülerinnen und Schüler in Höhe von 459 Millionen, von denen 370 bis 427 Millionen durch Zuschuss gedeckt werden, muss ja noch das jährliche Schulgeld, das damals im Schnitt bei rund 2190 Mark lag, zugerechnet werden: Das sind noch einmal 146,1 Millionen Mark. Mit anderen Worten: Aus Schulgeld und Staatszuschuss ergibt sich ein Überdeckung der laufenden Kosten von 54,346 bis 114 Millionen Mark. Geschenke der Kommunen und Spenden der Eltern sowie sonstige Zuwendungen noch nicht einmal berücksichtigt.

Nun kann es ja durchaus sein, dass die Überdeckung für die Abzahlung von Baukrediten oder sonstige nicht zuschussfähigen Betriebskosten verwendet wird. Durchaus denkbar ist auch, dass junge Schulen, die noch nicht voll bezuschusst werden, aus diesem Topf gestützt werden. Aber die Rechnung geht dennoch nicht auf. Denn es gibt ja noch eine Vielzahl weiterer Einnahmepositionen, die hier noch nicht eingeflossen und berücksichtigt sind. Würden beispielsweise pro Schüler (derzeit über 60.000) von den Eltern bzw. aus sonstigen Quellen nur 100 Mark eingehen, ergäbe dies immerhin sechs Millionen Mark. Das ist eine Hochrechnung, eine Spekulation, die jeder Betroffene vor dem Hintergrund seiner Zahlungen einmal prüfen sollte. Ganz davon abgesehen, dass es etwas merkwürdig stimmt, wenn die Bildungsetats der ohnehin hoch verschuldeten Länder noch einmal 370 bzw. 427 Millionen bereitstellen für eine Schulorganisation, deren Ziele demokratisch hinterfragt werden müssen, die vorrangig die eigene Struktur ausbauen will und wo nicht nach dem staatlichen Lehrplan unterrichtet wird – was allerdings bei allen anderen privaten Schulen, die staatlich bezuschusst werden, der Fall ist.

Dass dies keineswegs eine Unterstellung ist, zeigt ein Fall, der 1996 in Augsburg von der dortigen Staatsanwaltschaft aufgedeckt wurde. Ein Mitarbeiter wurde wegen Betruges im Umfang von 274.000 Mark sowie Unterschlagung von 65.000 Mark verhaftet, die Schule von den Behörden durchsucht. Der zuständige Oberstaatsanwalt begründete die Maßnahme mit dem Hinweis, der Verdächtige habe zwischen 1992 und 1995 Klassenzahlen gegenüber dem Statistischen Landesamt manipuliert. Auf diese Weise sei es ihm gelungen, an höhere Zuschüsse nach dem bayerischen Schulfinanzierungsgesetz zu kommen. Wenige Tage später wurde an der gleichen Schule ein Pädagoge verhaftet, anschließend die Durchsuchungsaktion auf weitere bayerische Waldorfschulen ausgeweitet. Es blieb nicht bei dem Vorwurf: Die Verhafteten bestätigten Mitte 1996 die Vorwürfe. Der Betroffene gab vor der Staatsanwaltschaft an, „es habe derartige Vorgänge auch an anderen Schulen gegeben", was von der Landesarbeitsgemeinschaft als Schutzbehauptung zurückgewiesen wurde. Es mag sein, dass dies Einzelfälle sind. Die obige Rechnung nährt jedoch einen ganz anderen Verdacht.

Dass die Waldorf-Eltern jedoch auf vielfache Weise von den angeschlossenen Vereinen ausgenommen und zum Spenden auf Teufel komm raus bedrängt werden, belegen zahlreiche Zeugenaussagen. Eine Praxis, die es bei keiner anderen Privatschul-Einrichtung in diesem Ausmaß gibt. Und das alles unter dem Etikett einer stress- und druckfreien Erziehung der Kinder. Kritik wird natürlich nicht toleriert, Nachfragen abgewiesen. Wie es Eltern ergeht, die den Mund aufmachen, ist oben dargestellt worden. In einem anderen Fall ordnete der Leiter einer Waldorfschule an, dass die Kinder der Eltern, die ihn kritisiert hatten, schlechtere Zeugnisse ausgestellt bekamen. Der Schulleiter hatte die Lehrer schriftlich aufgefordert, dass die „Zeugnisse der Kinder der oppositionellen Elternhäuser" nochmals überprüft werden müssen. Denn, so der Schulleiter nach unwidersprochenen Presseberichten wörtlich: „Man darf Perlen nicht vor die Säue werfen."

13. Wir bauen eine Schule für unsere Kinder

Ist es nicht eine wunderbare Sache, wenn man für seine Kinder eine Schule bauen kann? Keine gewöhnliche, keinen großen, viereckigen, grauen Kasten, in dem es nach Linoleum riecht. Nein, ein malerisches Paradies zum Lernen und Sich-Wohlfühlen!

Dass die typischen Waldorfschulen alle innen und außen „eine Ecke ab" haben und im Rhythmus der Unendlichkeit (man nennt es dort Lemniskate, esoterische Bezeichnung der heiligen, liegenden Acht) gestrichen werden – im Innenbereich farblich unterschiedlich, im Außenbereich pfirsichfarben (inkarnat, die Farbe der Menschenhaut) – war mir zum damaligen Zeitpunkt nicht bekannt. Oder zumindest nicht bewusst.

Wir wollten diese alternative Schule mit den besonderen Lehrmethoden (wie besonders, merkten wir erst später), eine menschliche Schule (eine Menschenschule!) – eine Waldorfschule. Hier würde kindgerecht gelernt, individuell gefördert; eine Schule, in der „die Lehrer durch entsprechende Vorbereitung jeden Stoff so interessant gestalten, dass dem Schüler Freude am Fach und an der Sache vermittelt wird", wie es die Festschrift zur Einweihung der hiesigen Waldorfschule später versprechen würde.

Aus diesem Grund schlossen wir uns einer Waldorfinitiative an. In der Öffentlichkeit wurde bereits kräftig geworben. Zeitung und Volkshochschule machten auf die „neue" Pädagogik aufmerksam. Sogar in der Universität, am Lehrstuhl für Pädagogik, gab es Vorträge. Veranstalter dieser Werbekampagne: der Waldorfschulverein. Der Leiter desselben war auch der führende Kopf des örtlichen Anthroposophischen Vereins. Und später (welch ein Zufall !) wurde er Vorstandsvorsitzender der Waldorfschule – Kinder hatte er jedoch keine auf dieser Schule.

Inzwischen entstehen vielerorts anthroposophische Schultempel (oder soll man treffender „Tempelschulen" sagen?). Die Eltern scheinen geradezu danach zu „lechzen" (Waldorfausdruck). Aber die Steiner-Jünger halten es wie ihr großer Meister. Nicht der *Bund der freien Waldorfschulen* gründet eine Schule. Das wäre sektiererisch, meint Steiner – eine Sektenschule also. Diesen Eindruck will man offenbar vermeiden. Der Bund hält sich im Hintergrund. Man lässt gründen! Der Bund baut auch keine Schulen – er lässt bauen! Von wem? Von den Eltern. Das ist praktisch, das ist einfach, und spart Zeit und Geld. Alles im Sinne des Bundes natürlich. Dass besondere Bauformen erheblich teurer sind, weiß jeder Bauherr. Bei Waldorfschulen gehören sie dazu: Aufwendige Dachkonstruktionen – mitunter sogar mit Kupfer gedeckt –, abgeschrägte Ecken, ob beim Mauerbau oder dem besonderen Zuschnitt der Fenster, wie wir sie bei typischen Steiner- oder Waldorfschulen und auch Kindergärten finden, bedeuten einen erheblichen Kostenmehraufwand. Bei Waldorf scheint das kein Problem zu sein.

Wie gesagt, der Bund baut ja auch keine Schulen, er lässt sie von Eltern bauen, die diese besondere Schule wollen.

Die Übernahme – die ist offenbar erst für später vorgesehen. Nach anthroposophischer Dreigliederung – das entnehme ich Bernard Lievegoed – erfolgt auch der Aufbau einer Waldorfschule: und zwar in erstens einer Pionierphase, zweitens einer Organisationsphase. Die dritte nennt man Integrationsphase, sie beginnt meiner Einschätzung nach so ungefähr nach rund zehn Jahren Schulbetrieb.

Auch wenn die Waldorfschulen stets betonen, autonom zu arbeiten, es gibt ihn doch den heißen Draht zum *Bund der freien Waldorfschulen* in Stuttgart. „Der 'Bund' ist eine Art Mutter-Institution, bestehend aus einer Handvoll tonangebender Repräsentaten der Lehrer- wie der Elternschaft. Vertreter aller Schulen haben sie erkoren", so Spiegel-Autor Peter Brügge in seinem Buch *Die Anthroposophen.* Der Gründungswille euphorischer, nicht anthroposophischer Eltern, die sich lediglich für ihre Kinder eine Alternative zur öffentlichen Schule wünschen und ihr dann den Prädikatsstempel Waldorfschule aufdrücken wollen, reicht allein nicht aus, denn die Namen „Waldorfschule" und „Rudolf-Steiner-Schule" sind gesetzlich geschützt.

Neugründungen müssen beim *Bund* beantragt werden und ausgewählte „Gründungsberater" passen auf, dass „Gründungs-Initiativen wenigstens ihren Minimalvorstellungen von Steinerscher Pädagogik" Rechnung tragen (Brügge). So wäre eine Waldorfschule ohne das obligatorische Fach Eurythmie und all die anderen Eigenheiten (besser: Eigenartigkeiten), die an diesen Schulen im Unterricht praktiziert werden, wie später noch zu lesen ist, einfach undenkbar. Bei so viel Unkenntnis der meisten Eltern über die „wahre" Waldorfpädagogik und ihre Grundlage, die Anthropo-sophie, vertrauen sie zwangsläufig dem geschulten und erfahrenen anthro-posophischen Fachpersonal. Und alles bleibt beim alten.

14. Die Schulgründung

Bevor der erste Spatenstich erfolgt, muss erst einmal jede Menge Vorarbeit geleistet werden (Pionierphase). Ein Grundstück wird gesucht, schier unüberwindliche Finanzierungsprobleme werden besprochen, Pläne über das Aussehen der Schule gemacht. Zum Kreise der tatkräftigen Elterninitiative gehören viele Fachleute: Architekten, Juristen, diplomierte Wirtschaftskräfte, Ingenieure usw. Jeder einzelne will zum Gelingen beitragen. Man rechnet pausenlos, telefoniert stundenlang (auf eigene Rechnung), stellt Tabellen auf, und macht jede Menge Pläne und Vorschläge. In endlosen gemeinsamen Sitzungen wird über den weiteren Verlauf diskutiert und beraten. Doch was die regen Eltern an Vorschlägen auch bringen, traurig schüttelt der Leiter des Vereins den Kopf: Diesmal war es leider nichts. Wie durch Zauber (wunderbar) präsentiert er dann eines Tages: das Grundstück – die Bank – die Schule!

Das Grundstück: meistens halb geschenkt oder zu äußerst günstigen Bedingungen von Stadt oder Gemeinde erstanden.

Die Bank: die GLS Gemeinschaftsbank e.G., man darf wohl annehmen: wie immer.

Der Architekt: ein „erfahrener anthroposophischer Waldorf-Architekt", es liegt auf der Hand: wie immer.

Den Eltern selbst wohnte eben der rechte Geist der Waldorfschule noch nicht inne!

„Es waren unnütze Fleißaufgaben, die man uns gegeben hat, eine Art Beschäftigungstherapie", sagt ein ehemaliger Waldorfvater dazu, der aufwendige Pionierarbeit geleistet hat. „Die Aufgabe des Leitenden dieses Waldorf-Vereins schien darin zu bestehen, die Mitglieder dahin zu führen, wo man sie haben wollte. Alles war bereits geregelt und vorher entschieden. Wenn man uns Probleme zur Diskussion vorlegte, ergab es ohnehin nie eine Übereinstimmung und alles wurde vertagt. Irgendwann wurde man vor die vollendete Tatsache gestellt, dass alles schon in die Wege geleitet war." Dass dies nicht nur an unserem Schulneubau so gehandhabt wurde, erfuhren wir später von Eltern anderer Waldorfschul-Initiativen.

Gern macht man jedoch von den Verbindungen Gebrauch, die Eltern anzubieten haben. Denn wer, von den immer zahlreicher werdenden Mitgliedern, hat nicht gute Freunde, nahe Verwandte oder liebe Bekannte bei Presse, Rathaus oder Ministerium, die gern und hilfreich den Waldorfgedanken unterstützen? Das wird der so genannte Waldorf-Freundeskreis.

Die Probleme Grundstück, Bank (Finanzierung) und Schulgebäude (Architekt und Plan) sind rasch nach demselben Strickmuster der vielen anderen Steiner-Schulen gelöst, die Bauaufträge vergeben – unter Freunden natürlich (nach den Richtlinien von Steiners Sozialer Dreigliederung). Obwohl vom Staat großzügig unterstützt, habe ich bislang noch nie von einer öffentlichen Ausschreibung gehört. Davon abgesehen liegt es auch ideologisch nahe, dass regionale Baufirmen für die Maurerarbeiten keinen Zuschlag erhalten. Denn hier wird anthroposophisch gemauert – rhythmisch wahrscheinlich. Weil das nun mal nicht jeder kann, bedarf es einer Spezialausbildung. Und deshalb kommen die Maurer und die Helfer auch von der Waldorf-Bauhütte. Sie ziehen von Waldorf-Neubau zu Waldorf-Neubau. Verschiedene Waldorfschulen haben sich dafür zu einer eigenen Baufirma zusammengetan. „Die Maurer sind auf unsere Bauform eingestellt", erklärt der Waldorfschulverein. „Und das spart Geld." Und vor allem – das Geld bleibt in der großen Waldorf-Familie.

Zum engsten Kreis der Waldorf-Familie gehört auch der Gründungslehrer. Mit allen anthroposophischen Wassern gewaschen soll er später das Lehrerkollegium über die Anfangsklippen der neuen Schule führen und den Neubau begleiten. Er wird auch heimlicher Direktor genannt, obwohl es diesen Titel eigentlich bei Waldorf gar nicht gibt. Denn alle Lehrer arbeiten gleichberechtigt zusammen, unterstützt von den Eltern, heißt es. Das riecht nach Freiheit.

Jetzt steht dem feierlichen Akt der Grundsteinlegung nichts im Wege. Die typischen Waldorfschulen stehen zwar nicht auf einer Anhöhe wie das erhabene Vorbild in Dornach, trotzdem sind sie gut zu sehen und tragen alle die unverwechselbare Handschrift des Chefdesigners Steiner (wie im Großen so im Kleinen oder wie im Makrokosmos so im Mikrokosmos). Die Monumentalbauten beeindrucken allemal und manch Vorübergehender rätselt da, um was für ein Museum es sich hier wohl handeln mag.

Und wie ehedem auf dem Hügel in der Schweiz wird – diesmal nur als Einzelexemplar – ein aus zwölf Fünfecken gebildeter kupferner Grundstein in die Erde versenkt. Und niemand fragt, was das bedeuten soll. Es

ist ein Pentagon-Dodekaeder – ein Liebesstein aus Kupfer, dem Metall des
Planeten Venus (so Bernard Lievegoed). Das Fünfeck ist außerdem eine
der markantesten und ständig auftretenden Formen in Waldorfschulen und
das Herz des Fünfsterns – auch Pentagramm oder Drudenfuß genannt.
Der Grundsteinspruch, von Steiner selbst kreiert, hätte uns aufhorchen
lassen müssen. Doch wer hört schon richtig hin und kann verstehen, was
die im „geistigen Dialekt" (Steinervokabel) geschriebenen Zeilen meinen:

Dem Stoff sich verschreiben,   Die erwachsen möge
heißt Seelen zerreiben,   Aus der Erkenntnis
Im Geiste sich finden,   Des Menschenwesens,
heißt Menschen verbinden,   Aus dem Opfer
Im Menschen sich schauen,   Selbstloser Menschenliebe,
Heißt Welten erbauen.   Aus der Kraft
Der Jugend sei geweiht   Geläuterten Schöpferwillens
Zu froher Schaffenskraft   Dies möchten erwirken
Zu hellem Geistesstreben   In Christi Namen
Zu wahrer Menschenliebe   Die Lehrer, weisend und führend
Diese Stätte,   Die Eltern, schützend und
                                      tragend.

Alle gratulierten bei der Einweihung des ersten Bauabschnittes, dem der
zweite und (nach Steiners sozialer Dreigliederung) auch der dritte folgte.
Jeder schien begeistert und voll des Lobes für die neue Schule und das
große Engagement der Eltern zu sein. Oberbürgermeister, Stadtschulrat
und sogar Vertreter der beiden Großkirchen waren zugegen. So ab-
gesegnet dürften bei Eltern kaum noch Zweifel an dieser besonderen
Schule mit der Steiner-Pädagogik aufkommen. Doch wer von den Vertretern von Kirche, Stadt und Staat las jemals Steiners Werke? Vermutlich
niemand! Er wäre wohl entsetzt – es sei denn, er ist selbst Anthroposoph.

Damals, als wir unsere Schule bauten, begann gerade der Waldorf-
Boom. Die Schüleranzahl war allerdings noch zu klein, die Erfahrungen
der Eltern zu gering. Negative Stimmen kamen nicht an die Oberfläche,
kritische Literatur schien nicht bekannt zu sein. Spätestens Ende der acht-
ziger Jahre änderte sich das. Der Ruf „hier stimmt was nicht", drang gelegentlich durch, und kritische Studien und Bücher, die Anthroposophie und
Waldorfpädagogik und -schulen durchleuchteten, kamen auf den Büchermarkt. Auch die katholische und evangelische Kirche hatten mittlerweile
eigenes Informationsmaterial erstellt, worin den Eltern von einer Waldorf-

schulerziehung dringendst abgeraten wurde. Und trotzdem werden ständig neue Schulen gebaut, in denen nach Steiners menschenkundlichen Erkenntnissen aus Höheren Welten Kinder erzogen werden. Unterstützt und eingeweiht von Vertretern irgendeiner Stadt, des Staates und der beiden Amtskirchen.

Große Schulen sind teuer – Waldorfschulen besonders. Staatliche Regelschulen erscheinen neben den Waldorfpalästen oftmals wie armselige Hundehütten. Schon allein die engen Schulhöfe sind an Trostlosigkeit kaum zu überbieten. Anders bei Waldorf, da legt man Wert auf ein gepflegtes Ambiente, alles nur vom Feinsten. Alles aus Holz und Naturfasern und wenn möglich sogar Kupfer auf dem Dach. Der Schulhof ähnelt einer Parklandschaft.

Wer soll das bezahlen – wer hat soviel Geld? Damit es nicht ins Unermessliche geht (man musste vom Geplanten ohnehin schon viele Abstriche machen, wurde uns damals bedauernd gesagt!) legen Waldorfeltern selbst Hand an. In Anlehnung an ein viel gesungenes Kinderlied, möchte man sagen: „Wer will fleißige Handwerker sehen, der muss nur zu Waldorf gehen." Da greifen die Eltern zu Schaufel, Bohrer, Säge; werden zum Elektriker, Schreiner und verlegen Fliesen. Sie schuften im Schweiße ihres Angesichtes, um eine menschenfreundliche Schule für ihre Kinder zu errichten. Hier betreiben Eltern aktive Zukunftsgestaltung für ihren Nachwuchs!

Von 15.000 Stunden Elterneigenleistungen wurde in der Einweihungsschrift der Schule berichtet. Einige Eltern verbrachten sogar ihren Urlaub und viele Wochenenden auf der Baustelle. Wieviel Begeisterung und Hoffnung für die neue Schule muss in diesen Menschen gesteckt haben? „Mein Mann und ich haben auf den Urlaub verzichtet und jedes Wochenende auf dem Bau gearbeitet, weil wir ja nicht soviel Schulgeld zahlen können", erzählte mir eine ehemalige Waldorfmutter. Als es zu erheblichen Differenzen mit der Klassenlehrerin kommt, die den Sohn (Linkshänder) zwingt, mit der rechten Hand zu schreiben (nicht-spirituelle bzw. nicht-anthroposophische Kinder müssen nach Steiner unbedingt mit der rechten Hand schreiben, sonst werden sie „idiotisch"), meldet sie verärgert und enttäuscht ihre beiden Kinder ab.

Auf der Baustelle beobachtete jeder jeden; nicht direkt – mehr aus dem linken Augenwinkel. Herr A. hat sich ja noch nie hier blicken lassen, und Frau B. schon lange nicht mehr, eigentlich könnte Familie C. auch etwas mithelfen usw. Oder man wurde direkt angesprochen und das ständig, egal wie schwer oder schmutzig die Arbeit sein mochte. Reinigungsarbeiten sollten von den „Hausfrauen" übernommen werden. Als Entschuldigung galt weder, dass man bereits mit Bastelarbeiten vom Kindergarten eingedeckt war, noch interessierte der eigene Haushalt der mitschuftenden Eltern. Der lag oftmals brach, genauso wie das gesamte Familienleben, was sich hauptsächlich bei Waldorf abspielte. Kam der Vater von der Arbeit heim, sah er gleich bei Waldorf rein. Und während Vati Fliesen verlegte oder Holzbretter zuschnitt, lasierte Mutti in Lemniskaten rhythmisch die Wand oder putzte die vielen schiefen Fenster, natürlich auch rhythmisch. „Wir sangen und reichten uns dabei zwei Stunden lang im Schwung die Fliesen von einem zum anderen und fühlten uns danach ganz erfrischt", heißt es in der Schul-Festschrift. „Wenn man das im Bewusstsein des Miteinander-Tragens in eine gewisse Harmonie gebracht hat, ist der Schwung dieses Tuns etwas Befreiendes. Das wirkt bis in die Lungen", wird in der Einweihungsschrift unserer Schule festgestellt.

Da wir weder handwerklich begabt sind, noch den Waldorfschwung zur Kräftigung unserer Lungen benötigten, unterstützten wir den Schulbau lieber mit dem Kopf als mit der Hand. Mein Mann, beruflich ohnehin schon genügend ausgelastet, stellte der Schule auch weiterhin sein Knowhow in kaufmännischen Belangen zur Verfügung. Ich war der Meinung, dass seine seit langem engagierte Mitarbeit ein ausreichender Beitrag unserer Familie für den Waldorf-Schulverein war und widmete meine Aufmerksamkeit lieber meinen Kindern zu Hause. Doch das kam nicht besonders gut an.

Nicht nur der Kopf und die Hand, auch das Portemonnaie muss harte Arbeit leisten. Der (arme) Waldorf-Schulverein hat immer viel zu wenig Geld. Seine Einstellung zeigt sich deutlich: „Trotzdem sind unsere Eltern und Freunde zu Opfern bereit, da wir wissen, dass alle großen Dinge nur aus Opferkräften entstehen ... Ein sozialer Organismus wird krank, wenn er nicht opfert (spendet), wie eine gesunde Kuh, wenn sie nicht gemolken wird." Und der Schulgründer Molt wusste 1920 auch schon, worauf es ankommt: „Darauf kommt es an, dass die Menschen, wenn sie solche Wahrheiten wie die Anthroposophie aufnehmen, sie nicht einfach als Sonntagsnachmittagspredigt aufnehmen, sondern sie beseelt werden – ich muss mich schon trivial ausdrücken – dass sie beseelt werden bis ins Portemonnaie."

So arbeitet man am Schulbau ständig, in die Waldorfkasse spendet man häufig und mit den eigenen Kindern beschäftigt man sich kaum noch. Denn für diejenigen, für die das Schulhaus ja gedacht ist, hat man nun wirklich keine Zeit mehr. Aber was macht man dann mit ihnen? „Viele

Eltern nahmen ihre Kinder mit zum Helfen, zunächst notgedrungen",
meint die Autorin eines Berichtes im Einweihungsheft. Wir brauchen viele
fleißige Hände, und so helfen sogar die Kinder „mit bewundernswertem
Ernst und viel Energie" auf der Baustelle („Kinderarbeit also nicht nur in
Entwicklungsländern", bemerkte eine Waldorfmutter). „Die Kleinen
kehrten zusammen, schnitten Styropor, halfen beim Aufräumen. (...) Die
Großen halfen beim Streichen, Nageln oder Parkett verlegen." Und halfen
sie nicht, so liefen sie auf dem großen Gelände herum. Aber eine Baustelle
ist kein Tummelplatz für Kinder, wie eigentlich jeder wissen sollte, auch
wenn der Bauherr Waldorf heißt und gerade eine kindgemäße Schule baut.

15. Schutzengel und Karma

*„Der Mensch bestimmt sich seine Zukunft
durch seine Vergangenheit, und da er als
innerste Wesenheit nicht eingeschlossen ist
in eine einzelne Verkörperung, sondern
durch viele hindurchgeht, so sind für die
Dinge, die ihn in einem bestimmten Leben
treffen, die Ursachen in einem früheren
Leben zu suchen."*

Rudolf Steiner

Vorschriften und Regeln, Richtlinien und Bestimmungen der staatlichen Schulen waren damals schon ein Gräuel für Steiner und scheinen es heute noch für manche Waldorfschulen zu sein. Denn wenn es um die Sicherheit der Kinder ging, stellte ich eine erstaunliche Sorglosigkeit fest. Es wurde sogar mit Unverständnis von Seiten der Schule und einiger Eltern reagiert, als ich aus einem aktuellen Anlass dieses Thema ansprach. Das überraschte mich, denn bei Waldorf wurde stets darauf hingewiesen, wie sehr man „um das Wohl" der Kinder bemüht sei. Es liegt wohl auf der Hand, dass darunter auch das „körperliche Wohl" zu verstehen ist. Und so ging ich davon aus, dass bei Waldorf auch sorgsam darauf geachtet würde, jedes Sicherheitsrisiko in Schule und Kindergarten weitgehend zu vermeiden, was zu einer möglichen Gefährdung der Kinder führen kann. Wie sorglos allerdings damit umgegangen wurde, erlebte ich später im Kindergarten- und Schulalltag.

Nun gibt es gewiss unterschiedliche Auffassungen, was die Sicherheit von Kindern betrifft, was riskant und gefährlich für sie ist. An öffentlichen Schulen (und Kindergärten) gibt es Bestimmungen und Vorschriften, nach denen sich jeder Erzieher zu richten hat; im Fall eines Verstoßes wird er zur Rechenschaft gezogen bzw. hat mit disziplinaren Maßnahmen zu rechnen. Bei Waldorf hatte ich den Eindruck, in einem „rechtlichen Niemandsland" zu sein. Nachfolgend nur einige Beispiele aus „unserer" Schule", zu denen sich noch eine Vielzahl anderer – nicht nur aus dieser Schule – hinzufügen ließen.

In diesem Zusammenhang möchte ich noch einmal auf die „brennende und unbeaufsichtigte Kerze" im Umkleideraum des Kindergartens erinnern. Ohne Aufsicht brannten auch die Wachskerzen des Adventskranzes im Vorraum; wobei nicht vergessen werden darf, dass Waldorfkindergärten vorwiegend mit Holz ausgestattet sind. Brandschutzexperten würden dies schlicht als fahrlässig bezeichnen. Der sorglose Umgang mit gefährlichen Gartengeräten und nicht zuletzt die unverschlossene Tür des Kindergartens hätten – ich habe mich eingehend informiert – die Eltern „normaler" Kindergärten nicht einfach hingenommen, wie das von uns erwartet wurde. Selbst wenn es einem der Kleinen gelänge, heimlich zu verschwinden, haftet der Kindergarten und die betreffende Erzieherin wäre zur Verantwortung gezogen worden. Bei uns hüllte man sich in Schweigen, gab den Kindern die Schuld und natürlich den Eltern, die ihr Kind so zu erziehen hätten, dass dies nicht passieren kann.

Eine beliebte Bestrafungsart nicht nur im Waldorfkindergarten sondern auch in der Schule war in den unteren Klassen das Vor-die-Tür-stellen. Die Kinder turnten dann oft im Haus herum. Entsetzt erzählte meine Tochter (damals zehn) von einem Klassenkameraden, der auf dem Treppengeländer des vierten Stockwerkes (in 20 Metern Höhe) balancierte. Zum Glück passierte nichts. In öffentlichen Schulen dürfen derartige Disziplinierungsmaßnahmen der Schüler allein schon aus Sicherheitsgründen nicht mehr praktiziert werden.

Jedem Lehrer einer öffentlichen Schule würde ein Disziplinarverfahren drohen, wenn er wie folgt gehandelt hätte: Nach einem Klassenausflug (Ausgangspunkt war die Waldorfschule im östlichen Teil der Stadt, das Ausflugsziel lag im Naherholungsgebiet im Westen) ließ der Klassenlehrer seine 4. Klasse allein und ohne Aufsicht zurückfahren. Er wohnte zufällig im westlichen Stadtteil. In öffentlichen Schulen müssen Lehrer die ihnen anvertrauten Kinder (auch die höheren Klassen) bis zur Schule zurückbegleiten. Diese Vorschrift müsste dem betreffenden Waldorfpädagogen bekannt gewesen sein, da er früher jahrelang an einer Grund- und Hauptschule tätig gewesen war.

In einem Waldorfinternat wurden Schüler mit verbundenen Augen im Auto zu einem kilometerweit von der Schule entfernten Punkt gefahren und dort abgesetzt. Der Lehrer fuhr zurück, die Schüler, die damals nicht älter als zwölf Jahren waren, sollten mittels Kompass den Weg nach Hause suchen. Sie waren stundenlang unterwegs. Auf den Vorwurf der Mutter reagierte die Internatsleitung mit Erstaunen: Hier habe es sich um ein Abenteuerspiel gehandelt und die Entfernung habe „nur" zehn Kilometer betragen. Man war sich offensichtlich gar nicht bewusst, welcher Gefahr die Kinder ausgesetzt waren.

Unzumutbar und gefährlich war auch folgende Situation: So wurde eines Tages die Baustraße zum Erweiterungsbau unserer Waldorfschule über das Kindergartengelände (!) gelegt und führte unmittelbar und ungesichert am Sandkasten vorbei. Lastwagen und Privatwagen konnten diesen Zufahrtsweg ungehindert benutzen. Die schädliche Wirkung von Autoabgasen und Motorenlärm, vor denen bei Waldorf ja immer gewarnt wird, aber vor allem die Gefahr, die durch urplötzlich vorbeifahrende Autos entstand, schien kaum jemand zu beachten. Da wurde ich Zeuge, wie ein Auto beinahe meine Tochter überfuhr. Es fehlten nur wenige Zentimeter. Schockiert wandte ich mich an den Vorstand. Es wurde nichts unternommen – für einen Zaun schien kein Geld da zu sein, wie mir gesagt wurde. Als ich mich nach Monaten verärgert an die zuständige Stelle der Stadtverwaltung wandte, musste die Baustraße innerhalb kürzester Zeit verlegt und ein Zaun erstellt werden. Damals hatte ich wohl noch den Mut, mich an öffentliche Stellen zu wenden und wie sich zeigte, bestand meine Besorgnis offenbar zurecht. Später resignierte ich, denn fortan ließ man mich spüren, dass ich hier einen entscheidenden Fehler begangen hatte. Meine Versuche durch klärende Gespräche auf Missstände hinzuweisen, wurden abgeblockt oder einfach ignoriert.

Was ich damals noch nicht wusste und mir vieles erklärt hätte: Anthroposophen glauben fest an die Existenz von Schutzengeln und dass die Waldorfschule „von Erzengeln, den Hütern von Menschengruppen", beschützt werde. „Engelhierarchien", schreibt die Teilnehmerin eines Waldorflehrerseminares, „gehören zur Waldorfschule wegen der sicheren Annahme höherer Welten". Maßgebend scheinen daher in erster Linie nicht die „weltlichen" Gesetze zu sein sondern die Gesetzgebung der „höheren Welten". Natürlich muss man sich gelegentlich arrangieren, wie oben zu sehen ist.

Dass Steiner-Anhänger an Reinkarnation und Karma glauben, war mir bereits aus der Waldorfschule bekannt. Mit bedeutungsvollem Lächeln wurde uns auf einem Elternabend erklärt, dass wir eine Schicksalsgemeinschaft seien, uns in einem vorherigen Leben schon einmal begegnet wären und ein gemeinsames Karma hätten. Das fand ich damals noch recht amüsant. Verschwiegen wurde, dass die Zeitabstände zwischen zwei Verkörperungen rund 1300 Jahre betragen und wir abwechselnd einmal als Mann und einmal als Frau auf die Welt kommen sollen. Das erfuhr ich erst Jahre später, als ich Steiner las. Einige scheinbar belanglose karmische Zusammenhänge wurden uns ebenfalls erklärt. So seien spontane Sympathie oder Antipathie, die man gegen einen Menschen hege, durch angenehme bzw. unangenehme Begegnungen aus einem vorherigen Leben zu erklären. Den Eltern leuchtete das ein und sie nickten zustimmend. Unzufriedenheit im jetzigen Leben, so wurde uns offenbart, sei auf eine schlimme Tat in einer früheren Inkarnation zurückzuführen. Das erschien mir damals schon recht merkwürdig. Trotzdem fühlte ich mich unbehaglich, als ich das hörte – wer ist schon ständig zufrieden. Heute frage ich mich, was den Eltern hier vermittelt werden sollte, welche Schuldgefühle mögen bei einigen durch diese anthroposophische Weisheit entstanden sein. Die ganze Bandbreite der anthroposophischen Karmalehre – die vielen Ecken, Nischen und Einbahnstraßen, die immer nur auf einen Punkt zurückführen, dass alles, was dem Menschen im Leben widerfährt (Armut, Krankheit, Unglück und anderes mehr), die gerechte Strafe aus einem seiner vorherigen Leben sein soll, man quasi immer selbst Schuld hat – wurde uns Eltern leider nicht verraten. Ich bin überzeugt, es hätte uns damals schon die Augen geöffnet, um welches abstruse Weltbild es sich hier handelt. Das wurde mir erst nach unserer Waldorfzeit richtig klar, als ich mich eingehender mit Anthroposophie beschäftigte und ausführlich Steiners Schriften las.

Besonders betroffen machte mich dabei eine Stelle aus einem Steiner-Vortrag, die mich an den oben geschilderten Vorfall während der Bauzeit unserer Schule erinnerte Steiner versucht karmische Zusammenhänge zu erklären und bringt das Beispiel von dem kleinen, sieben Jahre alten Theodor, der beim Bau von Dornach zu Tode kam. „Der Möbelwagen hatte es [das Kind] sogleich erdrückt, es war am Erstickungstod gestorben." Steiner erklärt: „Bei dem kleinen Theodor war es so, dass das Karma abgelaufen war, so dass man sagen kann: Er hat den Wagen selbst hinbestellt." Das war also kein Zufall oder die Unachtsamkeit des Fahrers, der das Kind möglicherweise übersehen hatte, sondern karmische Bestimmung, was der Kleine auch noch selbst veranlasst haben soll – karmisch-anthroposophisch gesehen. Der Tod des Jungen sei „äußerlich außerordentlich tragisch", meint Steiner. Und dann folgt eine verblüffende Begründung, warum das so tragisch sei: „... weil wir es da zu tun haben mit dem Ätherleib eines Kindes, der noch Jahrzehnte hindurch das Leben dieses Kindes hätte versorgen können". Und wer den okkulten Seherblick hat (Steiner hatte ihn ja), weiß, dass der „unverbrauchte Ätherleib" des kleinen Theodors mit all den unverbrauchten Kräften in die geistige Welt, die ätherische Welt übergangen ist. Steiner fährt fort: „Dieser ganze Ätherleib ist mit seinen Kräften vergrößert in der Aura des Dornacher Baues. (...) Zu schützenden Mächten des Baues ist dieser Ätherleib geworden."

Die Vier-Gliederung der Leiber
Nach anthroposophischem Verständnis kommt der Mensch nach und nach auf der Erde an. Es gibt demnach vier Geburten:

Mit der natürlichen Geburt kommt zuerst der „physische Leib" auf die Welt (und stellt somit nur eine vorläufige Hülle dar für das, was später hineingeboren wird), er ist dem Mineralreich gleichzusetzen.

Nach sieben Jahren (mit dem Zahnwechsel) wird der „Äther- oder Lebensleib" geboren. Sache des Ätherleibes ist das Fühlen und bildhafte Vorstellen. Diesen Leib hat der Mensch mit den Pflanzen und Tieren gemeinsam.

Mit vierzehn (in der Pubertät) ist die Geburt des „Astral- oder Empfindungsleibes". Er ist der Träger von Schmerz und Lust, von Trieb, Begierden und Leidenschaften und dem Tierreich gleichzusetzen.

Erst mit 21 Jahren wird der „Ich-Leib" geboren. Dieser Ich-Leib ist der Träger der höheren Menschenseele. Durch ihn ist der Mensch die Krone der Erdenschöpfung – sagt Steiner.

Der „normale Sinnenmensch" kann allerdings nur etwas von der ersten Geburt merken, die anderen Geburten können nur von Geistersehern und Anthroposophen wahrgenommen werden.

Nun könnte man das ja als trostreiche Worte Steiners für die Hinterbliebenen verstehen. Mich hat es allerdings erschreckt. Steiner hielt diesen Vortrag 1915 in Linz und es ist zu hoffen, dass heute seine Anhänger diesen okkulten Unsinn, anders als der anthroposophisch orientierte Autor Otto J. Hartmann, nicht mehr brühwarm übernehmen. Dieser schreibt in seinem Buch *Der Mensch als Selbstgestalter seines Schicksals*, das 1984 in elfter Auflage herausgegeben wurde und heute noch im Buchhandel erhältlich ist: „Nichts geht im Weltall verloren, kein durchlittenes Leiden, kein vollbrachtes Sterben bleibt fruchtlos, alle sind sie unvergängliche Geistkeime einer künftigen geistigen und moralischen Erneuerung. Ob be-

wusst oder unbewusst durchlitten: Jeder vorzeitige gewaltsame Tod besonders eines jungen Menschen ist ein Opfer, und die reale Geistessubstanz
dieses Opfers wird, wie Rudolf Steiner zeigte, in den Händen der göttlichen Hierarchien zur Kraft mittels derer die kosmischen Widersacher-
mächte und Folgen materialistischen Zeitalters in den Menschenseelen
überwunden werden."

16. Der Schulalltag –
im Mahlwerk der Waldorfschule

Dasjenige, was der Lehrer sagt,
das ist das, was meine Seele glauben soll,
das was der Lehrer tut, ist für mich Gebot.
Rudolf Steiner, *Erziehungs- und Unterrichtsmethoden*

Der erste Schultag ist für alle Kinder immer ein besonderer Tag. Für Erstklässler, die in eine Regelschule kommen, beginnt nun „der Ernst des Lebens", das heißt sie lernen Lesen, Schreiben und Rechnen.

Kindgerechter und menschlicher soll es auf der Waldorfschule zugehen. Denn hier wird es mit dem Lernen angeblich nicht so streng genommen. Doch bei den meisten Eltern besteht nur eine vage Vorstellung, wie und was dort eigentlich unterrichtet wird. Sie wissen zwar in der Regel, dass Waldorfschüler in den ersten Klassen noch nicht richtig schreiben und lesen können, denn man wurde ja von der Schule bereits darauf hingewiesen. Allerdings dürfte das die einzige Vorwarnung sein, die Eltern und Kinder erhalten, bevor sie die Aura einer Waldorfschule einhüllt. Aber wird denn wirklich niemand aufmerksam, wenn ein Kind auch in der 4./5. Klasse immer noch keinen Satz fehlerlos schreiben und nur stockend lesen kann? Es gibt Ausnahmen, Ausnahmen eben.

Waldorfschüler sind oft etwas zurück – sogar beim Schulbeginn. Einen Tag später als in der Regelschule kommen hier erwartungsfroh rund 40 kleine Waldorfaspiranten aus allen Stadtteilen und Himmelsrichtungen herbei. Die meisten kennen sich bereits aus dem Kindergarten. Kein Neuland also für die Kleinen. Dieselben Farben, dieselben Formen und dieselben Kinder (eine Art Stallgefühl). Eine Schultüte ist erlaubt, eigentlich mehr geduldet. An den gekauften Exemplaren erkennt man die Neulinge, erfahrene Waldorfeltern basteln selber.

Nach Ansprache, Schulorchester oder Eurythmieeinlage wird der Klassenlehrer vorgestellt, den die Eltern meist schon kennen. Bereits Wochen vorher gab es den ersten einer künftig endlosen Reihe von Elternabenden. Hausbesuche und gleichzeitig eine Art Kontrollvisite folgen später. Wie der Rattenfänger von Hameln lockt der Klassenlehrer seine „neuen Waldorfkinder" zwar nicht mit der Flöte (das kommt später), sondern mit einem Märchen ins Klassenzimmer. Der Raum ist rosa gestrichen, in Lemniskaten, hat wenig Kanten bzw. ist fast rund. Ähnlich den „Aufzuchtzellen" in einem Bienenstock. Hier darf dann mit Wachsmalkreiden gemalt und mit Blöckchen aus Bienenwachs plastiziert werden. Kerzen aus reinem Wachs spenden in der Weihnachtszeit das Licht im Klassenzimmer. Das bringt Andachtsstimmung in den Klassenraum und hält die Schüler ruhig. („Ich war froh, wenn der 4. Advent anfing, dann brannten wenigstens 4 Kerzen", erzählt meine Tochter.) Süßes aus Honig wird empfohlen, denn das soll die Ich-Kraft stärken, Zucker ist verpönt.

Aber Märchen sind beliebt, das wissen wir schon aus dem Kindergarten. Märchen sind hier keine beliebigen Phantastereien, sondern in Bilder gekleidete Seelenerlebnisse. Hier ringt das Gute mit dem Bösen. Und Märchen mit ihrem moralischen Gehalt eignen sich, wie oben beschrieben, hervorragend als Instrument der seelischen Disziplinierung. Dass Märchen von heutigen Psychologen wegen der meist sehr grausamen Inhalte abgelehnt werden, interessiert bei Waldorf nicht. Das pädagogische Konzept hat sich nicht geändert – seit 1919. Mögen die Geschichten der Gebrüder Grimm vor Blut nur so triefen, das schadet nicht einmal! Steiner: „Ich habe einer Mutter gesagt, wenn man es absolut vermeiden will, den Kindern von Blut zu reden im Märchen, so verzärtelt man sie so, dass sie später bei einem Blutstropfen in Ohnmacht fallen. Das ist eine Schändlichkeit."

Und die Märchen, Mythen, Sagen und Legenden werden nicht etwa am Schluss der Unterrichtsstunde oder zur Belebung eines trockenen Unterrichtsfaches erzählt. „Sie werden selbst zum Fache. Sie werden nachgemalt, nacherzählt, nachgeschrieben, nachgespielt." Und sogar auch als Grammatik-Übungstext verwendet. Jeden Tag, jede Woche, eine ganze Epoche lang. Das ist rhythmisch – waldorfrhythmisch und das prägt sich ein. Steiner spricht sogar von Waldorfschulzucht! „Dass Schreiben und Lesen gelernt wird, tritt wie ein Nebenerfolg auf", weiß die ehemalige Waldorfschülerin Charlotte Rudolph zu berichten.

Und weil das Kind den „unmittelbaren Kontakt des liebenden Erziehers" braucht, werden die Geschichten vom Klassenlehrer nicht vorgelesen, sondern erzählt. So werden sie glaubhafter. Denn glauben und vertrauen sollen und müssen die Kinder dem Lehrer die nächsten acht Jahre (das ist die Heilige 8, in der Esoterik das Zeichen der Unendlichkeit und der Begriff für Ewigkeit!). „Der Lehrer muss mit seinen Worten schmeicheln und streicheln, zürnen und verderben können. Und vor allem darf das Kind nie den Eindruck haben, der Lehrer unterscheide zwischen Märchenhaftigkeit und Wirklichkeit." Wie viele dieser Geschichten auf die kleinen Schulanfänger in den nächsten Monaten (und Jahren) einwirken, ist nicht zu überprüfen. Stolz rühmt sich diese Schule: Wir brauchen keine Lehrbücher!

Im Prinzip habe Steiner Lehrbücher ja nicht abgelehnt, schreibt der Waldorflehrer und Experte für Waldorffragen, Johannes Kiersch, und sogar seine Lehrerschaft angeregt, „ordentliche" Textbücher zu machen, die den waldorfpädagogischen Grundsätzen entgegenkommen. „Nun ist aber das Lehrerkollegium", so Johannes Kiersch weiter, „durch vielerlei Schwierigkeiten in der Schule selbst wie auch im Zusammenhang der anthroposophischen Bewegung gerade zum damaligen Zeitpunkt besonderen Belastungen ausgesetzt. Die vorgeschlagenen Lehrbücher kommen noch nicht so schnell zustande." Steiner rät in dieser Situation, zunächst provisorisch den Verlauf des Unterrichts schriftlich festzuhalten, damit im nächsten Jahr Material für die Unterrichtsvorbereitungen zur Verfügung stehe. Als konkret wegen der Anschaffung eines Geschichtsbuches für die 12. Klasse nachgefragt wird – wohl in Hinblick auf die bevorstehende Abiturprüfung –, spricht er sich für selbst erstellte Zusammenfassungen des Stoffes in Diktatform aus. Steiner in einer Lehrerkonferenz: „Wäre es denn nicht möglich, den Kindern durch Notizen den gelernten Stoff so nahezubringen, dass ein eigentliches Lehrbuch entbehrlich wäre?" Das sagte Steiner 1923. Doch viele Waldorfschüler und -eltern haben die Erfahrung gemacht, dass es heute immer noch so ist.

„Sie können ungefähr annehmen, dass alles, was vom Jahr 1885 (!) an Schulbüchern erzeugt worden ist, schlechtes Zeug ist. Seit jener Zeit ist alle Pädagogik in der furchtbarsten Weise zurückgegangen", sagt Steiner und empfiehlt, den größten Teil dessen, was in den Bibliotheken liegt, zu verbrennen! Ein sehr toleranter Vorschlag. Darum gibt es also in Waldorfschulen keine Bücher. Und warum werden vom Schulverein keine eigenen gedruckt? Kein Geld, keine Zeit, hieß die übliche Antwort bei uns. Und so kann man sich auch nicht in die Karten schauen lassen. Der Unterrichtsstoff bleibt – wie alles bei Waldorf – immer im Verborgenen.

Es gibt zwar keine Lehrbücher, Lesebücher aber schon. *Der Sonne Licht* – für die Klassen zwei bis vier gedacht – wurde bereits im Jahre 1928 von Caroline von Heydebrand verfasst und seitdem kaum verändert. Das dürfen Waldorfkinder lesen (wenn sie können) und das dient auch als Grundlage für den Grammatik-Unterricht. Hier zieht sich ein moralisierender Lesestoff durch das gesamte Buch. Das Gleiche gilt für die neuere Lesebuchausgabe *Schau in die Welt*. Doch der Schüler soll ja noch gar nicht lesen – so spät wie möglich nach Steiner. Eine Waldorflehrerin in den Konferenzen (1923) berichtet daher entsetzt: „Ich habe eine Schülerin in der ersten Klasse, die kann schon lesen!" Der Schüler soll zuhören und zwar dem Waldorflehrer. Das Erzählte darf auch nicht angezweifelt werden. Ja, es darf nicht einmal darüber diskutiert werden und auf keinen Fall vor dem zwölften, besser erst nach dem 14. Lebensjahr. In staatlichen Schulen wird die Meinungsbildung der Schüler kräftig gefördert und jede Menge meinungsbildender Aufsätze geschrieben. Doch Steiner sagt: „Wer ein Kind zu früh zum Urteil entwickelt, zum selbstständigen Urteil, der bringt Todeskräfte statt lebendiger Kräfte in das sich entwickelnde Kind hinein." Außerdem: „Bis in das 14. Lebensjahr hinein urteilt der Mensch nicht, und wenn man ihn zum Urteilen anhält, so zerstört man sein Gehirn." Und darum heißt es hier, was der Lehrer sagt, ist richtig, was der Lehrer tut, ist gut. Die Autorität des Waldorflehrers ist nicht anzufechten. Dem haben sich jedoch nicht nur die Schüler, sondern auch die Eltern (die dürften längst schon über 14 sein) zu unterwerfen. „Unsere Pädagogik erfasst so tief das Wesen des Kindes, dass die Eltern nur die Wahl haben, freudigen Anteil an diesem Werden zu nehmen ... oder kritisch abseits zu stehen", sagt der anthroposophische Waldorfexperte Stefan Leber dazu.

Aber der Klassenlehrer einer Waldorfschule ist als „mehrfach gesiebter Vollanthroposoph" (so Steiner selber) ja auch kein gewöhnlicher Mensch und Lehrer. „Er ist berufen, er ist von höheren Mächten auserwählt. Und er hat einen Auftrag für die gesamte Weltentwicklung. Für ihn ist die Schule nicht einfach Schule, Erziehen nicht einfach Erziehen. Schule ist – eine heilige Verpflichtung zum Gemeinschaftsdienst. Lehren ein 'religiöser Kult' und Erziehen eine 'Weihe'." Und Kritik der Eltern kratzt an dem Podest, auf dem er steht. Gleichgültig, ob es sich um ständige katastrophale Rechtschreibefehler – nicht des Schülers, sondern des Lehrers (bei uns war das so) – handelt oder um gefährliche Falschaussagen wie im folgenden Fall: In einer Klasse wird ein zuckerkrankes Kind ohnmächtig, was der Lehrer zum Anlass nimmt, die Schüler auf die Gefährlichkeit des Zuckers hinzuweisen. Die Richtigstellung durch die Eltern, dass Zuckerkrankheit nicht vom Verzehr von Süßigkeiten herrührt, empfindet der Lehrer als absichtliche Untergrabung seiner Autorität, berichten Hildegard und Jochen Bußmann in *Mein Kind geht auf die Waldorfschule*. In ähnlicher Weise wurden auch wir immer wieder darauf hingewiesen, hinter dem Lehrer zu stehen. Konservative Waldorf-Autoritäten stellten bei Kritik unsere Übereinstimmung mit der Schule bzw. der Waldorfschulpädagogik infrage (was im nachhinein gesehen, wohl letztendlich auch stimmte).

Doch was muss der Schüler alles glauben, wie weit muss sein Gehorsam gehen? „Denkt darüber nach meine lieben Kinder, dass jedesmal wenn eure Lehrer von euch etwas Schweres verlangen, ihr ihnen liebevoll gehorcht", mahnte Steiner seine Waldorfkinder 1923. Diesen Satz kennt heute noch jeder Waldorfschüler. Er steht im Waldorf-Lesebuch (von Caroline von Heydebrand) und wird des öfteren gelesen. Ja, das ist Waldorfrhythmus – und der soll sich einprägen!

Nach anthroposophischer Weltanschauung haben der Klassenlehrer und seine Schüler ein gemeinsames Schicksal bzw. Karma, das sie zumindest für die Dauer der Schulzeit aneinander bindet. Diese „heilige, karmische Verbindung" geht weit über das traditionelle Verhältnis hinaus. Und das geht – meiner Ansicht nach – sogar zu weit: Als in einem Waldorf-Internat ein Lehrer starb, wurde er in einem eigens dafür vorgesehenen Totenraum aufgebahrt – drei Tage lang. Nur durch eine Öffnung der Zimmerdecke fiel Licht und bildete ein Dreieck genau auf der Stirn des Toten. Um ihn herum waren brennende Kerzen aufgestellt. Nach drei Tagen wurden dann alle Schüler am Toten vorbei geführt und mussten Abschied nehmen, erzählte mir eine ehemalige Internatsschülerin, die sich noch heute mit Entsetzen dran erinnert.

In dem Buch *Mein Kind geht auf die Waldorfschule* wird ein ähnlicher Fall geschildert, jedoch aus einer ganz anderen Perspektive. Es wird von einem Lehrer berichtet, der während des Unterrichts an einem Herzanfall gestorben war: „Die Schule hat es geschafft, den Toten aus der Verwahrung bei der zuständigen Bürokratie wieder zurückzuholen in die Schule, er wurde in der Schule aufgebahrt drei Tage lang mit Totenwache und allem, was dazugehört, ein sehr eindrückliches, sehr gefühlsstarkes Arrangement, und die Schüler haben eben richtig von ihm Abschied genommen." Durch dieses Erlebnis habe die Schule den Kindern ein „Heimatgefühl" vermittelt, wird erklärt. Ich frage mich , was die Kinder wirklich dabei gefühlt haben.

Für Nicht-Anthroposophen klingt das wie eine Horrorszene aus einem alten Hitchcock-Film. Doch dieses Gänsehauterlebnis können Schüler bei Waldorf live bekommen. Denn Ehrfurcht soll hier demonstriert werden. Ehrfurcht (Ehre und Furcht) soll ein Waldorfschüler seinem Lehrer und Erzieher entgegenbringen. Wer das nicht macht, dem wird es beigebracht. Jeden Tag, monatelang, womöglich jahrelang – anthroposophisch rhythmisch natürlich!

Das war nur ein kleiner Vorgeschmack, was ein Kind erwarten kann, wenn es in die esoterische Aura einer Steiner-Schule eintaucht. Und jedesmal, wenn ich einen kleinen Waldorfschüler vertrauensvoll in seine Schule laufen sehe, kommt mir von den Gebrüdern Grimm das Märchen *Von einem, der auszog das Fürchten zu lernen* in den Sinn.

17. Vier Elemente –
die Waldorf-Schablone für Menschen

„...richten Sie die Erziehung so ein, dass
der Mensch ein lebendiges Gefühl hat,
wenn er geschlechtsreif wird, bis dahin
muss es ausgebildet sein: Ich bin kein
ganzer Mensch, ich habe nicht das Recht,
mich Mensch zu nennen, wenn ich nicht gut
bin."

Rudolf Steiner

Das Geheimnis der „guten" Waldorfpädagogik beruht auf der Einteilung der Temperamente der Schüler. „Es ist die wichtigste Aufgabe des Erziehers und Lehrers diese vier Grundtypen, die man Temperamente nennt, wirklich zu kennen", sagt Steiner. Nach welchen Kriterien das geschieht, bleibt dem Außenstehenden verborgen. Diese Kunst des Beurteilens und gleichzeitig Verurteilens erlernt der zukünftige Waldorflehrer wahrscheinlich in der besonders hervorgehobenen und angepriesenen Waldorf-Zusatzausbildung (zur üblichen staatlichen Lehrerausbildung). Leider scheint es aber bei manchen der Erzieher auch die einzige zu sein. So tummeln sich auf der großen Waldorfwiese als Klassenlehrer (!) neben ehemaligen Gärtnern auch Bildhauer, Mechaniker, Kindergärtnerinnen und dergleichen mehr. Und über eine Grundschullehrerausbildung ist mancher kaum hinausgekommen. Dementsprechend gestaltet sich dann nach unserer Erfahrung das Unterrichtsniveau, besonders in den Klassen 5 bis 8.

Um Missverständnissen vorzubeugen: Es gibt durchaus auch Klassenlehrer (Klasse 1 bis 8) auf Waldorfschulen, die zuerst eine „bodenständige" pädagogische Ausbildung (Pädagogische Hochschule mit zwei Lehramtsprüfungen) erhalten haben und sogar praktische Unterrichtserfahrungen auf staatlichen Schulen sammeln konnten. Doch das ist auf Steiner-Schulen keineswegs ein Muss. Im Gegenteil – Steiner wollte „praxis-bezogene" Lehrer.

Lediglich in Bayern müssen die Lehrer die erste und zweite Staatsprüfung nachweisen, um eine Unterrichtsgenehmigung zu erhalten. Es reicht aber auch der Nachweis einer langjährigen Schulpraxis an einer Waldorfschule aus. Die anderen Bundesländer zeigen sich da wesentlich großzügiger. Im Prinzip kann an einer Waldorfschule jeder unterrichten, der „in seiner Ausbildung hinter den Lehrern staatlicher Schulen nicht zurücksteht", schreibt Johannes Kiersch in *Fragen an die Waldorfschule*. Er ergänzt, dass in den Jahren des Lehrermangels jeder nur einigermaßen vergleichbare Bewerber eine Genehmigung erhielt, wenn ihn die Schule wollte. Viele von diesen Lehrern scheinen allerdings heute noch an Waldorfschulen zu unterrichten. „Aber das Fachwissen? Muss es nicht gerade für einen Fachlehrer gelten, der doch acht Schuljahre hindurch alle Fächer des Hauptunterrichts zu geben hat? Ist das Fachwissen nicht das Wichtigste? – *Nein*", sagt da der Anthroposoph und Steinerkenner Georg Hartmann.

Das Wichtigste ist, so vermute ich, dass er ein linientreuer Anthroposoph ist, einschlägig in der Temperamentenlehre bewandert, mit der „psychologisch-physiognomischen Menschenkunde" Steiners vertraut ist und Dr. Steiners karmisch-medizinisches Nachschlagewerk zur Hand hat. Psychologisch-physiognomisch heißt: Man kann vom Äußeren des Menschen auf seinen Charakter schließen. So deutet beispielsweise ein ausgeprägter Hinterkopf auf ein starkes Triebleben hin und kann ein Hinweis dafür sein, dass diese Menschen „mit einem zu kleinen Gehirnlappen [!] geboren sind, der nicht richtig das kleine Gehirn zudeckt". Diese Menschen haben nun nach Steiners genialer Menschenerkenntnis eine Veranlagung zum Mörder! Doch hier weiß Meister Steiner Rat: „Da kann man durch die Erziehung nachhelfen", sagt er und meint sicherlich Waldorferziehung. „Es muss einer nicht Mörder werden, wenn er einen zu kleinen Hinterhauptslappen hat", beruhigt er, er wird es nur, wenn er nicht richtig erzogen wird. „Daraus sehen Sie wiederum, dass man dem Körper, wenn er nicht richtig ausgebildet ist, durch das Seelische nachhelfen kann."

Karmisch-medizinisch bedeutet: Alle auftretenden Krankheiten und Gebrechen sind auf schlechte Taten in einem der Vorleben zurückzuführen! „Wer schlechte Eigenschaften entwickelt, der schafft sich Dispositionen zu Krankheiten", sagt Dr. Steiner. Und einer, der fortwährend zu Krankheiten neigt, habe schlechte Triebe in sich hineingearbeitet. Man brauche nur alle schlechten Neigungen auszumerzen, dann bereite man sich für das nächste Leben einen guten kräftigen Körper vor, plaudert Dr. Steiner aus seiner Gesundheitspraxis, und dass ein ausgebildeter Erwerbssinn, „der triebhaft ist", sich im nächsten Leben als Veranlagung zu Infektionskrankheiten zeige. Lügenhaftigkeit führe im nächsten Leben zu physischer Hilflosigkeit und wer kein Interesse für Musikalisches habe, könne im nächsten Leben asthmatisch werden, unter Lungenkrankheiten leiden. Begeisterung für Malerei und gute Bilder führe zu einem sympathischen Gesichtsausdruck. Linkshändigkeit entstehe durch zu vieles Arbeiten im früheren Leben. Ebenso sind Stottern, Schielen und noch alle möglichen Gebrechen stets das Ergebnis früherer Taten.

Das ruhige Ertragen dagegen von Schmerz und Leid schaffe Weisheit in der nächsten Inkarnation; und wer früh altert und Runzeln bekommt, der habe sicher in seinem früheren Leben viel herumkritisiert und genörgelt. Wer dagegen „viel körperliche Schönheit" besitze, habe das wiederum durch Krankheit im vorherigen Leben erworben. Am Gebiss könne man übrigens genau erkennen, warum ein Schüler nicht ordentlich schreibt und ein anderer Schwierigkeiten beim Rechnen hat. Das sagt nicht der Pferdedoktor, das kommt ebenfalls von Dr. Steiner.

Und noch ein bisschen Steiner-Medizin: Die anthroposophische Einteilung in groß- und kleinköpfige Schüler wurde schon angesprochen; aber nicht, woher die armen Kinder das haben. Die Größe des Kopfes ist nämlich nicht erblich bedingt, das hat die Mutter zu verantworten. Wenn die Mutter sich während der Schwangerschaft scheußlich langweilt, „ist die Folge davon, dass sie nicht die nötige Kraft gehabt hat, die Gehirngefäße zu beeinflussen. Die Langweile macht ihren Kopf leer; der leere Kopf macht auch den Unterleib leer. Der entwickelt sich nicht stramm, dass er die Kräfte des Kopfes ordentlich zusammenhält. Der Kopf schwillt auf, wird ein Wasserkopf." Und manche Kinder wiederum werden mit zu kleinen Köpfen geboren, da war die Mutter in den ersten Wochen der Schwangerschaft zu ausgelassen und hat sich zu viel amüsiert. Und wenn sie „Neger-Romane" während der Schwangerschaft liest, werden die Kinder Mulatten. Deshalb rät Steiner zu schöngeistiger Literatur, damit es schöne Kinder gibt!

Die Temperamentenlehre geht auf die Antike zurück. Und welches Temperament der einzelne hat, ist durch seine vorangegangenen Erdenleben karmisch bedingt. Wie das Kind auftritt (im wahrsten Sinne, ob mit den Fußspitzen oder der Hacke, ob es schlurft oder tänzelt) und wie es sich gibt, daran erkennt der Lehrer die Temperamentsgrundlage: ob melancholisch, phlegmatisch, cholerisch oder sanguinisch. Da nach meiner Erfahrung der überwiegende Teil einer Waldorfschulklasse aus Waldorfkindergartenkindern besetzt wird, scheint es dem Klassenlehrer kaum große Schwierigkeiten zu bereiten, die richtige Einstufung vorzunehmen; die Kindergärtnerin hat durch ihre Einstufung der Kinder bereits gute Vorarbeit geleistet. Bei uns durfte er als Gast im Kindergarten seine zukünftigen Schäfchen begutachten.

Kinder, die zum inneren Grübeln, zum Brüten neigen, gelten als melancholische Kinder. Sind sie innerlich unbeschäftigt, in sich versunken und zeigen keine Teilnahme nach außen, werden sie als phlegmatisch eingeordnet. Kinder, die stark ihren Willen durch eine Art von Toben zum Ausdruck bringen, werden als „cholerisch" bezeichnet. Denen, die sich rasch für äußere Eindrücke interessieren und das Interesse rasch vorübergehen lassen, wird das sanguinische Temperament zugeordnet.

Das sind aber nicht die einzigen Kriterien, um mit anthroposophischem Blick die Wesensart der Kinder herausfinden zu können. Auch an der menschlichen Physiognomie (Gestalt) lassen sich laut Steiner die einzelnen Temperamente erkennen (nicht nur der Charakter): „Die melancholischen Kinder sind in der Regel schlank und dünn; die sanguinischen sind die normalsten; welche die Schulter mehr heraus haben, sind die phlegmatischen Kinder, die den untersetzten Bau haben, so dass der Kopf beinah untersinkt im Körper, sind die cholerischen Kinder." Die Augenfarbe spielt ebenfalls eine wesentliche Rolle. „Sehen Sie nur diese braunen Augen", sagte die Klassenlehrerin meines Sohnes zu mir, „der ist einwandfrei ein Melancholiker." Bei Mischfarben wird es natürlich etwas schwierig.

Als Erkennungsdienst stehen dem Waldorfpädagogen die astrologischen Tierkreiszeichen hilfreich zur Seite: Wer im Sternzeichen Stier, Jungfrau und Steinbock geboren ist, neige zum melancholischen Temperament, sanguinisch seien bevorzugt Zwilling, Waage und Wassermann. Dagegen seien Krebs, Skorpion und Fische eher phlegmatisch; Löwe-, Schütze- und Widder-Geborene wird gerne ein cholerisches Temperament zugeordnet.

Der Waldorflehrer handelt nach einem kosmischen Führungsplan und höchstes Ziel der anthroposophischen Erziehung ist der „Vollmensch". Denn „ehe der Übermensch gezeugt wird, muss der Vollmensch da sein. Heute sind wir nicht einmal halbe Menschen". Und darum muss beschnitten werden, wenn die Temperamente auszuarten drohen. „Wenn das melancholische Temperament ausartet – so entsteht der Wahnsinn. Die Ausartung des phlegmatischen Temperamentes ist der Schwachsinn oder

Blödsinn. Die Ausartung des Sanguinischen ist die Narrheit. Die Ausartung des Cholerischen ist die Tobsucht."

Ist der Schüler nun endgültig typisiert im Wachsfigurenkabinett des Klassenlehrers, kann dieser daran weiter formen. Tauchen Probleme auf, steht ihm der Schularzt hilfreich zur Seite. Wie mir scheint, ein besonders wichtiger und einflussreicher Mann in der Waldorfszene. Ergeben sich dennoch Schwierigkeiten im Unterricht mit einem seiner Zöglinge, hat ein Waldorflehrer noch ganz andere Möglichkeiten, diese zu lösen als ein staatlicher Schullehrer. Er steigt des Nachts hinaus in „höhere Welten" (d.h. sein Astralleib) und holt sich dort Rat! Und wie macht er das, fragt man sich da? Nun, erst meditiert er vor dem Einschlafen über seine Problemschüler. Dann nimmt er „das mit in den Schlaf. (...) Wenn man ein Butterbrot isst, wird es verdaut und regt die Kraft an, durch die wir leben. Ähnliches geschieht dem Lehrer, der die Menschenkunde (Anthroposophie) aufnimmt und verdaut. Seine Erfindungskraft wird angeregt, er erwacht am Morgen und es fällt ihm ein, was er mit diesem oder jenem Kind zu machen hat; er wird unmittelbar aus dem Geistigen befruchtet, angeregt. Dieser Vorgang ist der Quell der anthroposophischen Pädagogik", erklärt uns Hans Rudolf Niederhäuser in *Freie Schulen aus freiem Geistesleben*.

Ganz andere Fähigkeiten noch besaß Herr Steiner. Kam Steiner mit einem Kind, dessen Vater gestorben war, nicht zurecht, so konnte er mit der Seele des Verstorbenen Kontakt aufnehmen. „Erst als ihm bekannt war, was in den Intentionen der Seele des verstorbenen Vaters lebte und er diese Intentionen mit einbezog, kam er mit der Erziehung der betreffenden Kinder zurecht", so Niederhäuser. Hier sieht man wieder einmal die Unzulänglichkeiten des staatlichen Schulwesens, die Lehrer dort können das freilich nicht. Sie haben natürlich auch nicht Steiners „einmalige Beurteilungskraft". So fragte ihn ein Lehrer wegen eines Schülers in der fünften Klasse um Rat: „Er schreibt Titel zu seinem Namen und unterstreicht das Ich." Und was meinte Steiner zu diesem selbstbewussten kleinen Kerlchen? „Das ist ein Verbrechertypus, der kann ein Schriftfälscher werden. Ausgesprochene Anlage zum Verbrechertypus. Bei ihm müsste man eine Art seelischen Korrektionsunterricht einrichten."

Bei einer Schülerin, die in der fünften Klasse beim Lesen und Schreiben Probleme hatte und ständig die Buchstaben verwechselte (vermutlich eine Lese- und Rechtschreibeschwäche), kam Dr. Steiner zu folgender Erkenntnis: „Bei diesem Kind sind ganz offenbar gewisse astrale Partien der Augen zu stark vorgelagert. Da ist der Astralleib vergrößert. Sie hat vor den Augen astrale Knollen. (...) Sie sieht falsch." Es könnte auch sein, dass das Kind „Mann und Frau" verwechsele oder „einen kleinen Knaben" mit einer „alten Frau", erklärte er in einer Lehrerkonferenz und weiter: „Wenn es [das Kind, d. Verf.] die Trübung durch Entartung des Astralplans hat, verwechselt es nur sinnvoll nicht sinnlos. Wenn es bleibt, wenn nicht geholfen wird, so kann es zu grotesken Wahnsinnsformen kommen."

Abgesehen von dem Unsinn, den Steiner hier redet, verwechselt *er* offensichtlich etwas: Der „Astralleib" wird, wie er selber angibt, doch erst mit vierzehn Jahren „geboren", die Schülerin in der fünften Klasse kann aber nicht älter als elf oder höchstens zwölf gewesen sein. Somit kann es sich nach anthroposophischer Menschenkenntnis nur um „ätherische Knollen" gehandelt haben. Ich nehme an, dieses Mädchen wurde dem melancholischen Temperament zugeordnet. Und wenn dies ausarte, dann entstehe der Wahnsinn, behauptete Steiner. (Es wäre nicht uninteressant zu erfahren, welches „Grundtemperament" Steiner hatte.)

„Die Harmonisierung der vier Temperamente im einzelnen Kind" ist die Aufgabe des Waldorf-Erziehungskünstlers. Mit anderen Worten: Ein genormtes Seelenleben und -verhalten sind das Endziel. Denn wie es in der Esoterik so schön heißt: „oben wie unten" gilt hier „innen wie außen". Und so wirkt sich ein ausgeglichenes Innenleben auch auf die äußere Gestalt(ung) aus. Auf die „irritierende Ähnlichkeit der Waldorflehrerschaft untereinander", weist der Psychologe Beckmannshagen hin. Nicht nur der asketische Typ – wie Steiner selbst – ist dort zu finden, auch ein „Hang zu uniformierter Kleidung, Haartracht, Schmuck, Gestik, Redeweise und Gang ist auffällig".

Die anthroposophische Zauberformel „Gleiches mit Gleichem" gilt als Erfolg für eine Harmonisierung und aus diesem Grund setzt der Klassenlehrer cholerische Schüler nebeneinander, damit sie sich „abwetzen". Das melancholische Kind „atmet seelisch die Traurigkeit des anderen Melancholikers ein und sättigt damit sein Temperament". Dem Wunsch des Schülers nach eigener Platzwahl wird nicht stattgegeben.

Die Eltern sollen den Klassenlehrer unterstützen und bekommen Richtlinien: Welche Kleidung braucht das Kind und welche Farbe? (Blau wird einen Choleriker in reizbare Stimmung versetzen; für melancholisch Veranlagte ist es dagegen eine Hilfe; Phlegmatiker werden durch Gelb und aggressives Rot total lahm gelegt.) Was soll auf den Mittagstisch: bei sanguinischen Kindern nicht zu viel Fleisch, den phlegmatischen nicht zu viel Eier, von Wurzelzeug und Kohl sollen die melancholischen Kindern nicht zu viel erhalten. Kartoffeln sind schädlich für alle, denn die regen wiederum zum Denken an! Deswegen sollen Waldorfkinder wahrscheinlich auch keine Pommes frites essen! Ein Blasinstrument passt zum Sanguiniker, Schlagzeug spielt nur der Choleriker – aber das auch erst ab 14 Jahren; denn dann ist der Astralleib inkarniert und die Willenskräfte dürfen sich entfalten (!) – endlich.

Die unterschiedliche Behandlung geht beim Umgang mit Märchen und Fabeln weiter, denn diese eignen sich in den ersten Klassen hervorragend zur seelischen Disziplinierung. Geradezu überschwemmt mit Erzählungen jeglicher Art werden die Schüler. Und sind die passenden gerade nicht parat, erfindet sie der Lehrer eben. Damit sie sich in jede Kinderseele einprägen, sollen sie möglichst noch in verschiedenen Ausführungen erzählt werden: für das phlegmatische Kind und das sanguinische, das cholerische und das melancholische.

Nach dem selben Schema wird sogar in der Rechenstunde verfahren. Durch diesen „temperamentvollen" Rechenunterricht sollen die Schüler auch den richtigen (?) moralischen Schliff vom Waldorflehrer erhalten. „Moral hat Methode: Das erste, worauf Steiner aufmerksam macht, ist der Zusammenhang der Grundrechenarten mit den menschlichen Temperamenten", schreibt Hartwig Schiller, denn „die Grundrechenarten weisen durch ihre Beziehung zu den Temperamenten auf etwas Seelisches hin. Die Addition ist mit dem phlegmatischen Temperament verwandt, die Subtraktion mit dem melancholischen, die Multiplikation mit dem sanguinischen und die Division mit dem cholerischen. In bestimmten Situationen sei es sinnvoll, „die Phlegmatiker immerfort Additionen, die Melancholiker Subtraktionen usw." üben zu lassen. Nun wird das aber nicht trainiert, um Schülern, die in einer dieser Rechenart Schwächen aufweisen, zu helfen, sondern um das „Grundtemperament" herauszukristallisieren. Damit dieses „Grundtemperament" wiederum nicht ausartet, soll das „phlegmatische Addieren" insbesondere von den Cholerikern in der Klasse, das „sanguinische Multiplizieren" von den Melancholikern, das „cholerische Dividieren" von den Phlegmatikern und das „melancholische Subtrahieren" von den Sanguinikern geübt werden. Der dividierende Phlegmatiker beispielsweise lerne seine „cholerischen Antipoden" und somit die Erlebniswelt des Cholerikers kennen und „sich in ihr nach ihren Regeln zu bewegen". Hartwig Schiller erklärt: „Und dadurch wird ein solcher Rechenunterricht gleichzeitig zur praktischen Gemeinschaftskunde."

Das Rechnen soll den Schülern nicht als reine Kulturtechnik wie in Regelschulen vermittelt werden. Eine ehemalige Waldorfmutter erinnert sich an Vorträge und Arbeitskreise, in denen gesagt wurde: „Die Staatsschulen (allgegenwärtiges Vokabular) vermitteln den Kindern nur das Raffen von materiellen Gütern, besonders im Rechenunterricht, deshalb werde in den Staatsschulen auch zuerst das Plus-Rechnen geübt." Ganz anders bei Waldorf. Da sollen den Schülern mit den Grundrechenarten die „platonischen Kardinaltugenden" vermittelt werden. Um ein Beispiel zu nennen: das Addieren. Die „gewöhnliche" Addition zeige Unbegrenztheit. „Moralisch gesprochen ist das Zügellosigkeit oder Gier", so Hartwig Schiller. Es verführe zur Maßlosigkeit. Beim alternativen Ansatz hingegen, der von der Summe ausgehe, ergebe sich „die Tugend der Besonnenheit". Einen ganz anderen „Charakter" zeige dagegen die Subtraktion. „Ihr Kern ist das wenige. Es wird etwas weggenommen." Man gehe zunächst vom Rest aus und frage nach dem Fehlenden, um den „Wirklichkeitssinn" des Kindes nicht zu verbiegen. „Denn vervollkommneter Wirklichkeitssinn ist im Sinne platonischer Moralphilosophie Weisheit." Es geht also nicht nur um das Rechnen lernen. Das *Wie* ist wichtig: Denn das Kind, „das in richtiger Weise an das Rechnen herangebracht worden ist, hat ein ganz anderes moralisches Verhalten."

Sogar beim Rechnen geht es um Moral! Moral ist wichtig – die Gesundheit auch. Alle Kopftätigkeit befördert nämlich im Organismus eine Salzbildung (sagt Dr. Steiner). Und wenn nicht das richtige Interesse für das Rechnen geweckt wird – „wenn sich das Kind dagegen langweilt, bleiben die Salze im Körper und werden nicht weggeräumt. Der Körper ist wie mit kleinen Spießen angefüllt, die sich nicht recht aufgelöst haben. Solche Kinder neigen zu starker Schweißbildung, die sich besonders in der Nacht äußert. Man veranlagt ein solches Kind auch zu bestimmten Stoffwechselkrankheiten." Nachzulesen in einem Rechenbuch für Waldorflehrer für die ersten fünf Schuljahre.

Gesundheitsschäden will man natürlich vermeiden. Aber man hält es nicht für möglich: Nicht nur Gesundheit und Moral sind gefährdet – sogar auf die gesamte Weltgeschichte kann sich falsches Rechnen lernen auswirken! „Wenn wir nämlich verstanden hätten als Menschen, in den verflossenen Jahrzehnten die menschliche Seele in der richtigen Weise in den Rechenunterricht eintauchen zu lassen, hätten wir heute keinen Bolschewismus in Europa", sagt Herr Steiner.

Damit es der Schüler besser versteht, wird das Teilen und Bruchrechnen verknüpft mit Geschichte durchgenommen. Was gilt schon die nüch-

terne Zahlenwelt! Wurde vorher im „Geschichts"-Unterricht vom ägyptischen Gott Osiris erzählt, der von seinem bösen Bruder Seth getötet und in
14 Teile zerstückelt wurde, baut man in der Waldorfschule jetzt darauf das
Rechnen auf. „Macht nicht der Mythos das Geschehen, das in der Zer-
stückelung der Einheit in Bruchteile besteht, transparent?", steht im
Rechenbuch für Waldorflehrer, verfasst von Erich Bindel, einem Waldorflehrer der ersten Stunde. Und wenn man mit den „14 Leichenteilen" genug
gerechnet hat, folgt was? Natürlich wiederum eine Geschichte – so eine
Art mythische Zugabe zum kultischen Rechenunterricht.

Aus dem Netz der Märchen und Geschichten gibt es für ein Waldorf-
kind kein Entrinnen. Jeder Buchstabe des ABCs und sogar jede Zahl von 1
bis 10, die der Schüler lernt, werden mit einer kleinen Erzählung vorgestellt. Wie und vor allem was erzählt wird, ist kaum nachprüfbar und wird
in der Regel dem Klassenlehrer überlassen.

Der folgende Ausspruch eines Waldorflehrers in einem Elternabend,
der sicher als ironischer Seitenhieb auf die „Fernsehkinder" gedacht war,
deckt ungewollt die ganze Problematik des Geschichtenerzählens auf. Er
berichtete: „Als Klassenlehrer scheiterte ich mit meiner Art zu unterrichten bei Kindern, die zu Hause dem Fernseher ausgesetzt sind. Die suchen
dann bei mir immer nach dem Knopf für den Programmwechsel oder
schalten ab." Umschalten auf einen anderen Sender ist aber leider nicht
möglich. Hier ist der Schüler einem Non-stop-Programm hilflos ausgeliefert. Abschalten und Rückzug nach innen scheint daher für viele der einzige Ausweg zu sein, das zu überstehen.

Man ist entsetzt und fragt zurecht: Wollte Steiner denn nicht – so wie
wir Eltern – eine Schule für Kinder, damit sie Freude am Unterricht haben? Nein – das wollte er gar nicht! „Sogar Lehrer haben Tiraden angenommen: Der Unterricht müsse für die Kinder zur Freude werden", sagt
Steiner. Aber wo kämen wir da hin, denn „würde der Unterrichter den
Kindern lauter Freude machen wollen, so könnte sich beim Kind das
Pflichtgefühl nicht entwickeln."

Steiner schien sich durchaus bewusst zu sein, dass es Probleme mit
Schülern und mit den Eltern geben würde, wenn diese Erziehungsvorstel-
lungen offenkundig zu Tage treten würden. „Die große Frage der Erziehung ist diese: Wie wandeln wir dasjenige, was den Kindern zunächst
unsympathisch sein muss in Sympathie um?", überlegte er. „Du sollst
nicht merken", heißt hier offensichtlich die Devise.

Und darum merken Waldorfschüler nichts davon. Zum einen haben sie
in der Regel auch keine Vergleichsmöglichkeiten wie Unterricht und

Lehrinhalte in staatlichen Schulen aussehen, zum anderen wurden sie vom ersten Schultag an – die meisten bereits im Waldorfkindergarten – sorgfältig vorbereitet. Die Stationen dieses Vorbereitungsweges heißen: Ehrfurcht und Dankbarkeit, dann Liebe und schließlich Pflicht. Die Kinder sollen Ehrfurcht und Dankbarkeit dem Lehrer zeigen, sie sollen „aus Liebe" für den Lehrer lernen und sie haben die Pflicht, alles kritiklos zu glauben, was dieser ihnen erzählt. Die Schüler werden in die Pflicht genommen: „Ich will arbeiten, ich will lernen, ich will lernend arbeiten, ich will arbeitend lernen", steht in einem Schülerheft. Es ist anzunehmen, dass der Spruch von den Schülern im Chor rezitiert werden musste und dementsprechend nachhaltige Eindrücke hinterließ.

Der folgende Spruch von Martin Tittmann, aus dessen Repertoire bevorzugt die charakterisierenden Zeugnissprüche genommen werden, wurde im Sprachlehreunterricht einer 5. Klasse verwendet, um den Schülern beizubringen, wie „aus einem Verb ein Substantiv werden" kann, wie sich „Wörter wandeln" können. Nur Wörter, möchte man fragen oder auch Schüler?

„Lustigkeit passt nur zum Spiele,
Späße hindern uns am Schaffen,
Festes Sich-Zusammenraffen,
Ernstes Mühen führt zum Ziele.
Vorwärts Herz und Kopf und Hand!
Alle Kräfte angespannt. "

„Aus *sich zusammenraffen* wurde das *Sich-Zusammenraffen*, aus *mühen* wurde *das Mühen* und aus *schaffen, das Schaffen*", schrieb der Schüler (auf Anweisung des Lehrers vermutlich) als erklärendes Beispiel hinzu. Es waren übrigens die einzigen Übungsworte, die im Heft zum Unterrichtsstoff „substantiviertes Verb" aufgeführt waren und als grammatikalische Übungen demnach ausreichten. Hier dient Grammatik als Mittel, um moralische Inhalte zu vermitteln. „Gewöhnliche Grammatik" könne sogar gesundheitliche Schäden verursachen, behauptet Steiner. „Sie können zum Beispiel gegen die ganze gesundheitliche Verfassung des Kindes sündigen, wenn Sie es eine Stunde beschäftigen, mit dem, was man gewöhnlich Grammatik nennt", warnt er in einer Lehrerkonferenz und weist darauf hin: „Die Gedärmkrankheiten kommen sehr häufig von dem Unterricht in Grammatik."

Hören wir aber weiter, was Waldorflehrer ihren Schülern und Schülerinnen im Unterricht sonst noch alles beibringen.

Menschen-, Tier- und Pflanzenkunde (in der Regelschule Biologie genannt) als Epochenunterricht beginnt jetzt ebenfalls im 4. Grundschuljahr.
Hier soll dem Schüler klargemacht werden, dass der Mensch nicht nur mit
der Pflanze, sondern auch mit dem Tierreich zu vergleichen ist.

Epochenunterricht
Der so genannte Hauptunterricht (8.00 bis 9.45 Uhr) wird in Epochen-
form erteilt. Die Schüler beschäftigen sich drei bis vier Wochen lang
mit demselben Gebiet; das soll ein tieferes Erfassen des Stoffes ermöglichen.
In den unteren acht Klassen sieht das in der Praxis ungefähr so aus:
3 Wochen Rechnen – 3 Wochen Deutsch – 3 Wochen Malen –
3 Wochen Geschichte – u.ä.
Dann steht wieder einmal Rechnen im Hauptunterricht an – nach Gut-
dünken des Lehrers. Viele Schüler haben in der Zwischenzeit das
Gelernte längst vergessen (z.B. Rechnen und Grammatik) und darum
muss wiederholt werden – für neue Wissensvermittlung, so die Auskunft von Waldorfschülern, bleibt oft nur wenig Zeit.

Doch zuerst zum Menschen: „Der Kopf ist kugelförmig. Er bildet das
Himmelsgewölbe nach. Der Rumpf ist wie der Halbmond einer großen
Kugel. Die Gliedmaßen sind strahlenförmig und in den Rumpf gesetzt",
lese ich in einem Waldorfschülerheft. Und: „der Kopf gibt Kunde von der
Welt, der Rumpf erhält uns am Leben, die Glieder sind tätig für die Welt."
In welcher staatlichen Schule könnten Lehrer das ins Heft diktieren, ohne
dass die Eltern Sturm laufen? Wir Waldorfeltern haben diesen Unsinn
glatt geschluckt. Und doch sind genügend Mediziner in der Elternschaft
dabei. „Der Kopf ist eine Art Abbild des Kosmos", sagt Steiner und weil
nach seiner Erkenntnis der Kosmos rund ist, dürfen wahrscheinlich Waldorfschüler auch einen runden Ball nicht mit dem Fuß kicken. („Das Fuß-
ballspiel ist den Schülern auf dem Schulgelände verboten; es schädigt die
körperliche, seelische und geistige Entwicklung in den Schuljahren", wird
noch in der neunten Auflage 1996 von Caroline von Heydebrands *Vom
Lehrplan der Freien Waldorfschule* hingewiesen.)
   Aufbauend auf die vorherige Unterrichtsstunde wurde der Tintenfisch
durchgenommen. Denn, obwohl der Kopf sehr kompliziert gestaltet ist, ist
er eigentlich nur ein Tintenfisch, meint Steiner. „Innerlich betrachtet, steht
eine Auster dem menschlichen Kopf viel näher als ein Affe. Wenn man

ein schleimiges Tier, umgeben von einer Schale betrachtet, so ist das eigentlich die einfachste Form für einen menschlichen Kopf. So dass wir eine merkwürdige Gliederung des Tierreiches in Bezug auf die menschliche Organisation bekommen." Steiner setzt die Kopforganisation mit den niederen Tieren gleich! Die höheren Tiere werden mit der unteren Region (Stoffwechsel-Gliedmaßenorganisation) verglichen. Welche abenteuerlichen biologischen Vergleiche sind das! Nach der Steinerschen Dreigliederung wird der Mensch aber nochmals eingeteilt in oben – Adler, Mitte – Löwe; die Stierkräfte befinden sich im unteren Teil.

Steiners merkwürdiger Biologieunterricht dehnt sich nun auch auf das Pflanzenreich aus. Nach Steiners menschenkundlicher Erkenntnis ist die „Pflanze das Umgekehrte zum Menschen" und „die vollkommensten Pflanzen, die höheren Blütenpflanzen (z. B. die Rose) haben am wenigsten tierisches. Am meisten tierisches haben die Pilze und die niedrigsten Pflanzen, die man auch am wenigsten mit der menschlichen Seele vergleichen kann."

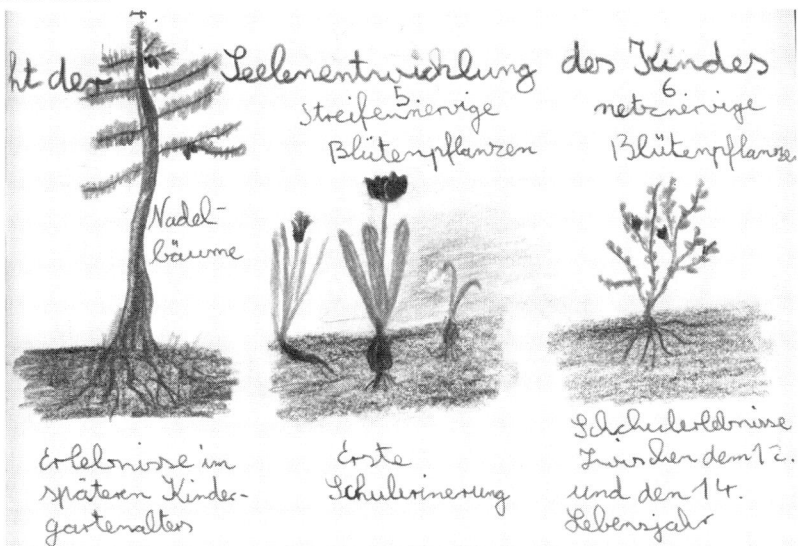

„Die Entwicklung der Pflanzen entspricht der Seelenentwicklung des Kindes" (Ausschnitt aus einem Hefteintrag „Pflanzenkunde", 5. Klasse)

„Bei den niederen Pflanzen muss man aufmerksam machen darauf, dass es Pflanzen gibt, z. B. die Pilze, die Ähnlichkeit haben mit dem Samen der höheren Pflanzen." Die Pilze werden übrigens dem Temperament der Phlegmatiker zugeordnet! Diese Dinge stehen durchaus ziemlich aus-

führlich in den Schülerheften und werden offensichtlich auch sehr einprägsam vermittelt. Erstaunt hörte ich, als eines meiner Kinder einmal
allen Ernstes kleine Kinder mit Pilzen verglich! Und auch andere Äußerungen, die eindeutig Steiners Ideologie erkennen lassen, bekam ich häufig (und bekomme ich gelegentlich noch heute) von ihnen zu hören.

„So konnten die Atlantier das beherrschen, was man Lebenskraft
nennt... So verstanden es die Atlantier, die Samenkraft der Lebewesen
in ihren technischen Dienst zu stellen. Wie wir Vorrichtungen haben,
um die in den Steinkohlen schlummernde Kraft in unseren Lokomoti-
ven in Bewegungskraft umzubilden, so hatten die Atlantier Vorrichtungen, die sie – sozusagen – mit Pflanzensamen heizten, und in denen
sich die Lebenskraft in technisch verwertbare Kraft umwandelte. So
wurden die in geringer Höhe über dem Boden schwebenden Fahrzeuge
der Atlantier fortbewegt. Diese Fahrzeuge fuhren in einer Höhe, die
geringer war als die Höhe der Gebirge der atlantischen Zeit, und sie
hatten Steuervorrichtungen, durch die sie sich über diese Gebirge erheben konnten."

Rudolf Steiner, *Aus der Akasha-Chronik*

Wie ist nun diese Aussage Steiners im geistigen Dialekt geschrieben zu
verstehen? In *Grundelemente der Esoterik* erklärt Steiner, die esoterische Definition für „Berg und Gebirge" sei „im Mysterium, im Inneren,
im Intimen". Das Esoterik-Lexikon von Barbara G. Walker wird da
etwas genauer: „Berg, Berge: Sie waren in jedem Land die Brüste, der
Bauch oder der Mons Veneris (Venushügel, als bildliche Anspielung
auf die weiblichen Genitalien)."

Ein kurzer Auszug aus Steiners ganz esoterischer Menschen- und Pflanzenkunde, die nicht für Schüler bestimmt ist, sondern sicherlich nur für
einen ganz bestimmten Hörerkreis (Eingeweihte): „Der Mensch ist die
umgekehrte Pflanze; sie hat die Geschlechtswerkzeuge der Sonne zuge-
kehrt, den Kopf nach unten. Beim Menschen ist es genau umgekehrt; er
trägt den Kopf nach oben, den höheren Welten zugewandt, um den Geist
aufzunehmen, die Geschlechtsorgane hat er nach unten. (...) Indem die
Pflanze ihre Fortpflanzungsorgane der Sonne entgegenhält, zeigt sie ihre
tiefe Verknüpfung mit der Sonne; ihr Fortpflanzungsprinzip ist okkult
verknüpft mit der Sonnenkraft."

Denn nach Steiners Wunschvorstellung, sollen die Menschen eines Tages wie die Pflanzen werden. Diese für ihn so erstrebenswerte Daseinsform soll durch ein „rhythmisches Leben" erlangt werden. Beginnend mit rhythmischem Atmen (nicht hektisch oberflächlich im Brustkorb, sondern tief unten im Bauchraum und regelmäßig), was durch Meditation erreicht werden könne. Würden nun alle Menschen Steiners rhythmische Atemgymnastik befolgen, so würde damit auch das Problem der Umweltverschmutzung (schlechte Luft) gelöst werden. Der (Pflanzen-) Mensch sorge durch seinen rhythmischen Atemvorgang für ständig gute Luft (Sauerstoff). „Während der Atem des gewöhnlichen Menschen tötet, bringt der Atem des gereinigten Menschen der Umwelt Leben", erklärt Steiner das und weist auf die gute reine Landluft hin. Denn die Luft in den Städten ist „voll Giftstoff durch die Unmoralität der Menschen", meint er. So einfach lassen sich anthroposophisch Umweltprobleme lösen!

Weil nun der Mensch die umgekehrte Pflanze sei, empfiehlt der erfahrene Menschenkunde-Doktor Stoffe aus den Wurzeln der Pflanze für alles dasjenige, was mit dem Kopf des Menschen zusammenhängt. Insbesondere Wurzelgemüse; Karotten, Sellerie und ganz beliebt in Waldorfküchen: Rote Beete. Kartoffeln gehören jedoch nicht dazu. Die Kartoffel gehe zwar auch in den Kopf hinauf, aber sie gehe in den Unterkopf hinein, wo man besonders kritisch wird, denkt. Daher habe es in früheren Zeiten weniger Zeitungsschreiber gegeben. Weil die Kartoffel noch nicht eingeführt war! „Ja, dieses viele Denken, das ist gar nicht notwendig – es ist viel zu viel...", meint Steiner.

18. Ab Klasse 5: Der tiefe Griff in die anthroposophische Kiste

> *„…aber wir dürfen nicht davor zurück-*
> *schrecken, bei den Kindern von dem*
> *atlantischen Land zu sprechen. Wir*
> *dürfen das nicht überspringen."*
> Rudolf Steiner

In der 5. Klasse ist nun der „eigentliche Geschichtsunterricht" angesagt. Die Märchen, Fabeln, Legenden und Sagen waren nur als Vorbereitung gedacht. Von Atlantis, dem sagenhaften Kontinent, bis zu den ägyptischen Tempeln wird den Schülern beigebracht, was die anthroposophische Schatzkiste zu bieten hat, nur nicht urkundlich erforschte Historie. Welches Geschichtsbild soll da wohl vermittelt werden? Das Weltbild der 12- bis 13-jährigen Schüler unterscheidet sich in wesentlichen Punkten von dem Weltbild ihrer Altersgenossen in öffentlichen Schulen. Und das ist auch so beabsichtigt. „Denn die Geschichtsschreiber selbst sind sich ja uneins", schreibt dazu Hans Rudolf Niederhäuser, und kritisiert, dass in dem Geschichtsunterricht der öffentlichen Schulen nur „dasjenige gelehrt wird, was diejenigen, die das Schulwesen in den Händen haben, bestimmen". Und da bestehe die Gefahr, so meint er weiter, dass „der Parteien Gunst und Hass in ein und derselben Persönlichkeit eine Offenbarung des Teuflischen oder Göttlichen sehe".

Und in einem aktuellen Prospekt (Jahresvorschau 2001) des anthroposophischen Studienhauses Rüspe, das unter anderem auch Weiterbildungskurse für WaldorflehrerInnen veranstaltet, ist zu lesen, dass Wissenschaftler und Privatgelehrte immer öfter zum Schluss kämen, „dass unsere Geschichte erfunden wurde, dass die Chronologie nicht stimmt, dass unsere Geschichtsbücher ganz anders geschrieben werden müssen. Die ganze Zeit vor 1650 wurde massiv gefälscht, künstlich verlängert und auf Länder übertragen, wo überhaupt noch keine Geschichtsschreibung vorhanden war. Von China bis nach England, von Skandinavien bis nach Rom und Athen stimmt die Geschichte nicht."

Ja, so denkt man in anthroposophischen Kreisen, und aus diesem Grund, richtet man sich bei dem Fach Geschichte nach „menschenkundlichen" Erkenntnissen. Herausgelesen aus der okkulten Akasha-Chronik von Herrn Rudolf Steiner; und darin beginnt nun mal der Ursprung alles Lebens auf Atlantis. Wie intensiv das Thema Atlantis in der Schule (nicht nur in unserer Schule) behandelt wurde, zeigten die Aktivitäten meiner Tochter, die die große Weltkarte abpauste und tagelang versuchte herauszufinden, wie bei einem Puzzlespiel, wo dieser versunkene Erdteil wohl gewesen sein mag.

Sagen und Mythen werden zwar auch in öffentlichen Schulen im Geschichtsunterricht durchgenommen (Atlantis allerdings nicht!). Wie ich aus einem Geschichtsbuch für Gymnasien entnehme, wird den Schülern erst einmal ausführlich und deutlich der Unterschied zwischen „Geschichte" und „Geschichten" erklärt. Anders bei Waldorf. Dieser Hinweis fehlte in den Epochenheften, die als Buchersatz für Waldorfschüler gedacht sind und genauen Einblick in den Unterricht geben müssten. Als Einführung wurde lediglich darauf hingewiesen, dass die durchschnittliche Lebenserwartung eines Menschen 66 Jahre betrage und „eine Generation = 33 Jahre" bedeute. Anschließend folgte ohne jede weitere Kommentierung der nachstehende Text:

Atlantis

Mehr als 500 Generationen müssen wir zurückgehen, um uns in die Zeit zu versetzen, von der uns Platon schildert. Jenseits der Säulen des Herakles (Gibraltar) gab es einen großen Kontinent, über den mächtige Könige herrschten: Atlantis. An einem schrecklichen Tag und einer schrecklichen Nacht sei dieser im Atlantischen Ozean versunken. In den Flutsagen vieler Völker finden wir dies Geschehen wieder. Die Atlantier konnten mit ihrer großen Willenskraft und Wort-Gewalt wilde Tiere zähmen und das Pflanzenwachstum beeinflussen. Dichte Nebel hüllten das von Wassern durchströmte Land ein. Die Burgen der Priesterkönige ragten golden strahlend in das Licht der Götter. Als die Menschen Ihre Macht missbrauchten und Unheil anrichteten, ließen die Götter die Insel in gewaltigen Fluten versinken.

Aus einem Schülerheft mit der Aufschrift: *Geschichte, 5. Klasse*

Dass hier eine „indirekte" Jahresangabe im Heft steht, mag auf den ersten Blick nicht auffallen. Aber es dürfte für einen aufgeweckten Waldorfschüler nicht schwierig sein, die konkrete Jahreszahl zu Atlantis auszurechnen. In den Geschichtsepochenheften, die mir vorliegen, kann man dann weiter von Manu lesen, dem Herrscher von Atlantis, den Gott Brahma vor der großen Sintflut rettete und der nach Indien kam.

„Manu und die heiligen Rishis ordneten das Leben der Menschen nach den Weisheitsgesetzen des Sonnenheiligtums. Vier Kasten benannten sie. Schicksal war es für jeden, welcher der vier Kasten er angehörte. Fast unüberschreitbar waren die Grenzen zwischen ihnen. Die Götter hatten die Gedanken zu den Kasten gegeben..." Überschrift dieses Hefteintrages: „Die Lebensordnung der Arier". Sehr eindrucksvoll wurden auf der nächsten Seite im Schülerheft die „Opferfeuer der Arier" mit bunten Wachsmalstiften aufgemalt und mit folgenden Worten beschrieben: „Vor Sonnenaufgang, zur Zeit der Morgenröte, opferten die Arier dem Gott: AGNI. Zumeist entzündeten sie drei Opferfeuer gleichzeitig. Sie vollzogen ihre Opferhandlungen unter freiem Himmel, auf einer Wiese, nahe bei einem See oder fließenden Gewässer."

Die Schüler erfahren, wie der Bodhisattva-Buddha seine Seele läuterte und seinen Körper durch Übungen (Meditation) und Fasten versuchte zu überwinden. Ein Klassenlehrer in unserer Schule ließ dazu die Schüler mehrmals vorzugsweise im Lotussitz auf dem Tisch Platz nehmen und meditieren. „Stellt euch eine Rose vor", sagte er zu den Schülern. Wer es schaffte, fünf Minuten zu meditieren, bekam einen Sonderpunkt. Auch in anderen Waldorfschulen soll dies üblich sein, erzählte mir eine ehemalige Waldorfschülerin. Dort sollten sich die Schüler ein Kreuz und eine Rose vorstellen. In esoterischen Kreisen ist dies als Rosenkreuzer-Meditation bekannt.

Die 5. Klasse hört dann auch von Zarathustra, dem Sendboten Ahura Mazdaos, der Gras in Korn verwandelte und das Volk durch heilige Gottesdienste zu einem ehrfürchtigen Leben führte. Von dem allerdings historisch nicht nachgewiesen werden kann, ob es ihn wirklich gegeben hat.

Zarathustra
Zehn Jahre lang bereitete sich Zarathustra darauf vor, die Stimme des Ahura Mazdao zu ertragen. Sieben davon verbrachte er in der Einsamkeit der Berge. Dann konnte ihn Vohu Mana, der Geist der guten Gedanken zum großen Sonnengott führen. Was er dort vernahm, verkündete er als die Lehre des Zend Avesta den Iranern. Er sprach ihnen vom Kampf zwischen Ahura Mazdao und dem finsteren Widersacher Angra Mainyu, der

stets das gute Werk verderben wollte. So verdanken wir den Persern den Ackerbau und unsere gezähmten Haustiere.

Aus dem Zend Avesta:
Zarathustra fragte: „Heiliger Schöpfer der sichtbaren Welt! Wo auf Erden dünkt es dich am besten?" Ahura Mazdao antwortete: „Wahrlich o Zarathustra, wo Getreide aufkeimt, Gras ergrünt und eßbare Früchte reifen, indem Wasser in die Wüste geleitet. Denn nicht ist die Erde glücklich, die lange ungepflügt liegt, ebensowenig wie die schöngewachsene Frau, die lange ohne Kind ist."

Aus einem Schülerheft mit der Aufschrift: *Geschichte, 5. Klasse*

Zarathustra, der in den Geschichtsbüchern öffentlicher Schulen nicht erwähnt wird, sei der Erretter (man beachte) der „Arya" gewesen, die unter den wilden Horden der „Turanier" zu leiden hatten, so lese ich in einem Waldorfschulheft. Und weiter heißt es dort: „Die Geschichte der Eltern des Zarathustra ist ganz ähnlich der von Joseph und Maria. Auch die Geburt des Zarathustra ist ähnlich beschrieben. Die Deven aus der Höllentiefe schrien bei der Geburt des Zarathustra und verkrochen sich in die entlegensten Winkel." Erstaunt frage ich mich, was soll den Kindern hier vermittelt werden? Oder mit den nachfolgenden Texten, die Waldorfschüler heute noch, laut Anweisungen von Steiner, unkritisch aufnehmen und verarbeiten müssen.

Zarathustra sei, so steht es hier geschrieben, ein Sendbote des Ahura Mazdao gewesen. Wobei noch zu erwähnen ist, dass Steiner laut dem Anthroposophen Bernard Lievegoed eine Inkarnation von Zarathustra gewesen sein soll. Wer ist nun aber dieser Ahura Mazdao, der auffällig oft (manchmal seitenweise), in den mir vorliegenden Geschichtsheften von Waldorfschülern auftaucht, besonders hervorgehoben in roter oder gelber Schrift? Es ist der Sonnengott, der für alles Gute und Wahre, die Sonne und das Licht steht, erfahre ich auch aus diesem Schülerheft. Und weiter steht dort: „Der Mensch hat [sic!] die Pflicht, für das Gute zu leben und durch Befolgung der Göttlichen Gebote und Lehren, durch Reinheit und Tugend für Ahura Mazdao zu kämpfen. Dann besiegt [sic!] er mit dessen Hilfe Angra Mainyu, den bösen Geist mit seinen Lügen und Finsternis und allen seinen Helfern, den dämonischen Deven. Dadurch lernt [sic!] er die Erde zu lieben. Ahura Mazdao hat [sic!] den Menschen viel Gutes gelehrt, den Ackerbau und die Züchtung der Getreidepflanzen sowie die Viehzucht und die Entwässerung."

Die anschließenden Seiten aus diesem Heft, die in einer Anbetung dieses Sonnengottes gipfeln, möchte ich den Lesern nicht vorenthalten:

O, großer Sonnengott Ahura Mazdao
Gib Regen zur Aussaat, gib Wind und Wogen,
gib Wärme zur Reife, gib Frucht auf dem Acker,
O großer Sonnengott, Ahura Mazdao, erhöre uns!
Ahura Mazdao
Wen wollen wir nennen beim Aufgang der Sonne,
verehren und preisen beim Anbruch des Lichtes?
Ahura Mazdao
Wer war in den Zeiten urältester Anfang
Der Herrscher des heiligen Weltwillens?
Ahura Mazdao
Wer schied das Licht von dem ewigen Dunkel?
Wer schuf die Sonne, die Strahlentragende?
Wer weist ihr den Weg vom Aufgang bis Niedergang?
Ahura Mazdao
Wer führt die Sterne auf die Bahn?
Wer wirkte das Wachsen und Schwinden des Mondes?
Wer gab dem Leben des Menschen das Maß?
Wer schenkte das Träumen, den Schlaf und das Wachen?
Ahura Mazdao
Wer spendet das Feuer, das heiligt und wärmt?
Das Wasser der Welle, der Flüsse und Meere?
Wer gab für den Acker den goldenen Pflug?
Ahura Mazdao
Dich wollen wir nennen beim Aufgang der Sonne
Verehren und preisen beim Anbruch der Lichtes!
Ahura Mazdao
Geboren ist der sterntragende Prophet
im Hause des Pourushopfa
Wie können wir ihn vernichten
Wie ihn töten den Erzfeind?
Er wird die Teufel bekämpfen,
er wird ihr geschworener Feind sein,
er ist ein Gegner der Lügengesten!
Schlecht geht es den Davens,
schlecht geht es den Davensdienern.

Waldorfschüler erfahren ebenso von Gilgamesch und Enkidu, die den Himmelsstier töten, und vom ägyptischen Priesterwesen. Nur die Priester durften schreiben. Aber wehe, wenn sie Fehler dabei machten! Wer sich beim Abschreiben der heiligen Worte verschrieb, der wurde zum Tode verurteilt! Das scheint für Waldorfschüler gleichzeitig als Mahnung oder Warnung gedacht zu sein, denn es ist in dem Schülerheft dick unterstrichen. Doch nicht jeder durfte in Ägypten Priester werden: „Nur furchtlose Menschen, die besonders gut hören und sehen konnten und einen starken Willen hatten, wurden aufgenommen. Wer die Mut-, Feuer- und Wasserprobe und die Probe der Selbstüberwindung nicht bestand, musste als Sklave im Tempel sein Leben fristen", heißt es in diesem Schülerheft.

Die Erziehung der Lemurier

Auf die Ausbildung des Willens (...) war es bei den Lemuriern abgesehen. Die Kindererziehung war ganz darauf angelegt. Die Knaben wurden in der kräftigsten Art abgehärtet. Sie mussten lernen, Gefahren bestehen, Schmerzen überwinden, kühne Handlungen vollziehen. Diejenigen, welche Martern nicht ertragen, Gefahren nicht bestehen konnten, wurden als keine nützlichen Mitglieder der Menschheit angesehen. Man ließ sie unter Strapazen zugrunde gehen. Was die Akasha-Chronik in Bezug auf diese Kinderzucht zeigt, übersteigt alles, was sich der gegenwärtige Mensch in der kühnsten Phantasie auszumalen vermag. Das Ertragen von Hitze bis zur versengenden Glut, das Durchstechen des Körpers mit spitzen Gegenständen waren ganz gewöhnliche Prozeduren. – Anders war die Mädchenzucht. Zwar wurde auch das weibliche Kind abgehärtet; aber es war alles übrige darauf angelegt, dass es eine kräftige Phantasie entwickele. Es wurde zum Beispiel dem Sturm ausgesetzt, um seine grausige Schönheit ruhig zu empfinden; es musste den Kämpfen der Männer zusehen, angstlos, nur durchdrungen von dem Gefühl für die Stärke und Kraft, die es vor sich sah. Die Anlagen zur Träumerei, zum Phantasieren entwickelten sich dadurch bei dem Mädchen; aber diese schätzte man besonders hoch. Und da ein Gedächtnis nicht vorhanden war, so konnten diese Anlagen auch nicht ausarten.

Rudolf Steiner, *Aus der Akasha-Chronik*

Auf strenge „Willenszucht", die in griechischen Mysterienschulen angewandt wurde, weist Steiner auch in seinen *Erziehungs- und Unterrichts-*

methoden auf anthroposophischer Grundlage hin: „Indem die Schüler durch Entbehrungen geführt worden sind, aber auch indem die Schüler durch lange Jahre hindurch angehalten wurden, in strengem Gehorsam zu folgen einer reinen Moral, die ihnen von den Weisheitslehrern vorgeschrieben wurde. Der Wille sollte streng in Zucht genommen werden, und diese Willenszucht sollte erstarken das Selbstbewusstsein." Sprach Steiner nicht auch einmal von Waldorfschulzucht?

Sagen-Ausdeutung

„Es gibt drei Ausdeutungen der Sagen: erstens die exoterisch-wörtliche, zweitens die allegorische – der Kampf der menschlichen Natur –, drittens die okkulte Bedeutung, wo wieder eine wörtliche Interpretation der Mythen eintritt."

Rudolf Steiner, *Tempellegende*

„Die Kinder fühlten bei den Mutproben der angehenden ägyptischen Priester lebhaft mit", erzählte ein Waldorfklassenlehrer in einem Mitteilungsheft für Eltern und wünschte sich: „Hätten wir doch mehr Möglichkeiten für Mutproben in unserer Welt für dieses Alter. So treten sie z. T. versteckt aber auch offen im Klassenverband auf." Es gibt also auch an Waldorfschulen versteckte und offene Gewalt unter den Mitschülern, wie dieser Lehrer zugab, nur werden sie hier darauf zurückgeführt, dass antike „Mutproben" nicht mehr möglich sind. Es wäre sicher empfehlenswert, diese durch mehr sportliche Aktivitäten der Schüler und Schülerinnen zu ersetzen.

Glücklicherweise gehören aber meines Wissens auch an Waldorfschulen heute gefährliche Abenteuer, wie sie die ägyptischen Priesterschüler bestehen mussten, um ihren Mut, ihre Ausdauer und ihren „Seelenadel" zu schulen, nicht zum Unterrichtsplan. So begnügt man sich mit anderen Errungenschaften aus dem alten Ägypten: dem Landvermessen, das in der 10. Klasse auf dem Lehrplan steht. „Die Menschen bebauten nicht nur den Boden, sondern hatten auch gelernt, ihn zu vermessen. Die Maße für die Erde wurden den Maßen des Himmels entnommen. So wie es oben ist, so ist es auch unten. Nach Sternenmaßen wurden Tempel und Pyramiden gebaut", lese ich in einem Schülerheft.

Ebenfalls im Fach „Geschichte" wird laut Waldorflehrplan von Isis und Osiris erzählt. Und man gewinnt den Eindruck, dass unter dem Begriff „Geschichte" anthroposophisch wieder nur „Geschichten" interpretiert werden. Ähnlich wie bei den Gebrüdern Grimm fließt auch hier wieder viel Blut. Der Herrscher von Ägypten, Osiris, wird von seinem bösen Bruder Seth getötet, in einen Schrein gelegt und in den Nil geworfen. Man holt ihn raus und Göttin Isis will ihn gleich beleben. Doch Seth kommt ihr zuvor, zerschneidet den Leichnam von Osiris in vierzehn Stücke, die er dann im Land verstreut.

Wohlgemerkt – hier handelt es sich um den Geschichtsstoff der fünften Klasse. Zur Auffrischung des Gedächtnisses wird dieser Teil des Unterrichtes laut Georg Hartmann wiederholt, und zwar in der Klasse zehn. „An der Darstellung der großen nachatlantischen Kulturperioden soll jetzt ersichtlich werden, wie die Impulse der Menschheitsführer unverändert oder metamorphosiert bis in unsere Gegenwart wirksam sind", so Hartmann. Das ist anthroposophisch rhythmisch – und das prägt sich ein.

Im sechsten Schuljahr werden die Römer durchgenommen und Physik steht auf dem Plan. Elektrizität und Magnetismus zeigt der Hefteintrag, und man spricht vom Kehlkopf. Der Kehlkopf ist ein wichtiges Organ, doch nicht allein zum Sprechen da, sagt Steiner. Denn nach Steiners tiefokkulter Schau in der *Akasha-Chronik* ist dieser Teil des Menschen noch für anderes bestimmt: „Viele können sich nicht vorstellen, dass je eine andere Fortpflanzungsart als heute da sein wird. Aber sie wird da sein, die Art der Fortpflanzung wird sich ändern. Alles, was heute Fortpflanzung ist und im Zusammenhang mit diesem Trieb steht, wird in Zukunft an ein anderes Organ übergehen. Dasjenige, das sich heute schon darauf vorbereitet, das zukünftige Fortpflanzungsorgan zu werden, ist der menschliche Kehlkopf."

Das Fach Sprachgestaltung in den Waldorfschulen und das Rezitieren der vielen Sprüche, Reime und Gedichte sorgen daher für ständige Massage, meint der ehemalige Waldorflehrer Wagemann ironisch zu dieser Unterrichtsstunde. Steiner prophezeit: „Der Mensch wird aus dem Menschen hervorgehen, der Mensch wird den Menschen ansprechen. Und das wird zukünftig die Geburt eines neuen Menschen sein, dass er ausgesprochen wird von einem anderen Menschen." Zynisch möchte man fragen, ob ein Sprechverbot als Verhütungsmittel da nicht künftig ausreicht?

Das erfahren Waldorfschüler jedoch nicht im Aufklärungsunterricht. Dieses Fach ist im Waldorfschullehrplan nicht vorgesehen. „Dass soviel geschwätzt wurde über die sexuelle Aufklärung, ist ein Beweis dafür, dass die Methoden des Unterrichtes nicht in Ordnung sind, sonst würde man die Elemente schon ganz früh geschaffen haben aus solchen keuschen, reinen Vorstellungen heraus wie den Erklärungen des Wachstumsvorganges im Zusammenhang mit Licht, Luft, Wasser und so weiter", meint Steiner dazu und außerdem: „Wenn davon gesprochen werden muss in diesen Jahren, so ist es an sich schon etwas Krankhaftes." Bis zum 20./21. Lebensjahr ist für ihn Aufgabe einer richtigen Erziehung, Sexualität und Erotik totzuschweigen.

Die Fortpflanzung wird an Waldorfschulen, so die Autorin Juliane Weibring, „wenn überhaupt, über die Biene oder den Klapperstorch, als Bild abgehandelt". Auch hier scheint man sich weiterhin streng an Steiners Anweisungen zu halten. Die Kinder werden zum Beispiel nicht angelogen durch das Storchenmärchen. „Es ist da nur ein Bild, das wahrer ist als das, was die heutigen Menschen den Kindern beibringen wollen, dass nämlich das Kind von Vater und Mutter stammt. Das Storchenbild oder irgendein anderes weist darauf hin, dass im Kinde etwas ist, was aus Wolkenhöhen herabkommt", sagt Steiner. Und genau so wurde uns dies auch in einem Elternabend empfohlen. Es überrascht sicher – aber niemand wagte damals, der erfahrenen Waldorfpädagogin zu widersprechen.

In der 7. Klasse soll dann bis zum Lehrsatz des Pythagoras das mathematisch-geometrische Verständnis der Schüler geweckt werden. Steiner war ja schon als 10-jähriger vom Lehrsatz des Mathematikers „bezaubert". Und die Zahlenmystik der Pythagoreer taucht im gesamten Waldorfunterricht auf. Die kosmische Zahl 7 ist auch die Grundlage von Steiners Altersgliederung. „Das Septenarsystem ist darum das esoterische Zahlensystem, dasjenige der Mysterienstätten", schreibt Erich Bindel.

Die 8. Klasse erhält durch das traditionelle „8-Klass-Spiel", wie es bei Waldorf genannt wird, eine besondere Prägung und Bedeutung. In diesem Jahr wird mit den Schülern und Schülerinnen ein klassisches Theaterstück eingeübt und am Schuljahresende den begeisterten Eltern (auch die Öffentlichkeit wird eingeladen) mit einer erstaunlichen Perfektion präsentiert. Die Auswahl des Stückes bestimmt – auch wenn die Schüler motzen (Klassensprecher gibt es in der Regel nicht) – der Lehrer, denn nur ein anthroposophisch cleaner Dichter kommt in Frage (bevorzugt wird, das liegt auf der Hand, Goethe). Die Rollenverteilung erfolgt natürlich nach Temperament und Charakter und wird vom Klassenlehrer eingeteilt. Das „8-Klass-Spiel" wird so aufwendig vorbereitet und geprobt, dass zum fachlichen – ohnehin nur spärlichen – Unterricht kaum noch Zeit bleibt. (Ebenso groß ist übrigens auch der Zeitaufwand für die Einübung und Ausrichtung eines Theaterstückes in der 12. Klasse. Spätestens jetzt sollte man sich einmal fragen: *Wann* erhalten Waldorfschüler die Möglichkeit, sich den erforderlichen Wissensstoff für bevorstehende staatlich anerkannte Prüfungen anzueignen und sich für diese vorzubereiten?)

Die 8. Klasse ist das letzte Klassenlehrerjahr und ein Härtetest für die Schüler und den Lehrer. Die Schüler befinden sich jetzt – nach anthroposophischer Menschenkenntnis – zu Beginn der Geschlechtsreife. (Das Wort Pubertät wird vermieden. Steiner kannte das noch nicht.) Hier kämpft der Lehrer oft ums Überleben, die Schüler auch. Manche Lehrer haben schon früher das Handtuch geworfen, viele Schüler ebenso. Meistens siegt jedoch der Pädagoge, denn in der 8. Klasse hat er die letzte Möglichkeit, seine Schäfchen (längst in Schafe und Böcke eingeteilt) nochmals fest an sich und die Schule zu binden.

Jetzt wird der Schüler regelrecht eingewickelt in einen Waldorf-Kokon, dem er kaum entkommen kann. Außerschulische Aktivitäten sind zu unterlassen für das ganze achte Jahr. (Wir wurden extra darauf hingewiesen.) Sogar Klavier- und Cellostunden mussten bei uns für die kurzfristig angesetzten Nachmittagsproben abgesagt werden. Der hohe monatliche Betrag für den Musikunterricht, den die Schüler häufig auf Anraten des Lehrers besuchten, schien da uninteressant zu sein. Auf sportliche Veranstaltungen in der Freizeit, von der Schule sowieso nicht gern gesehen, wurde keinerlei Rücksicht genommen. Und vor allem – die gesamte Klasse hatte bei allen Proben anwesend zu sein. Gleichgültig, welche Szene gerade geprobt wurde. „Wir sind eine Schule mit sozialer Ausrichtung, Sonderwünsche einzelner gelten nicht", wurde uns erklärt. Wer von uns Eltern hat das damals schon gewusst, dass sich bei Waldorf „soziale Ausrichtung" auf diese Weise definiert?

Als „krönender" Abschluss – ich vermute zur endgültigen Besiegelung der karmischen Gemeinschaft – wurde am Schuljahresende eine 14-tägige Klassenfahrt unternommen. Der Abschied vom vertrauten Klassenlehrer ist für einige Waldorfschüler eine Erleichterung. („Ich hatte manchmal den Eindruck, sie kennt meine Gedanken", sagte ein Schüler über seine Lehrerin.) In der merklich geschrumpften 9. Klasse beginnt das Fachlehrersystem, das heißt, die Lehrer haben jetzt eine Fachausbildung in Mathematik, Englisch, Französisch usw. Der Schüler wird nun mit „Sie" angesprochen. Er hat jetzt die Waldorf-Metamorphose durchgemacht: Die Raupe – der Erstklässler – hat sich sozusagen acht Jahre hindurch vom Klassenlehrer anthroposophisch einwickeln lassen. Jetzt kann er in der 9. Klasse frei als Waldorfschmetterling von Rose zu Rose – sprich: Waldorf-Lehrer – flattern, um weiterhin anthroposophischen Nektar zu naschen!

Im Lehrplan der Freien Waldorfschulen von Caroline von Heydebrandt hört sich das so an: „Der junge Mensch folgt nun nicht mehr allein der Autorität des Klassenlehrers, der ihn durch die acht Klassen der Volksschulzeit begleitet hat, er empfängt seinen Unterricht von einer Anzahl von Fachlehrern, unter denen er selbst seine Helden sich erwählen kann, denen er freiwillig folgt. War ihm vorher das, was der Lehrer schön und hässlich, gut und böse nannte, Gesetz seines Tuns, so schreitet er nun zum Handeln aus Pflichtbewusstsein vor und nähert sich der Stufe der Freiheit, wo Pflicht bedeutet: 'zu lieben, was man sich selbst befiehlt'."

Geläuterter Lehrer
Norbert Biermann, ehemaliger Waldorflehrer, ließ sich nicht „läutern" und verließ die Schule: „Ich hatte ein Gespräch mit dem Gründungslehrer unserer Schule – das ist der 'heimliche Schulleiter' –, in dem es darum ging, dass von mir erwartet werden könne, dass ich mich vollkommen umschmelzen lassen würde im Sinne der Anthroposophie, und ich die Freiheit meines individuellen Erkenntnisweges betonte. Mir wurde dann auf eine ganz eindrückliche Art und Weise deutlich, dass ich es mit einer Sekte zu tun habe, denn besagter Lehrer erklärte mir, dass man um das Jahr 2000 die Reinkarnation von Rudolf Steiner und Jesus Christus in einer Person erwarte und sich deswegen nicht leisten könne, Lehrer an der Schule zu haben, die sich nicht hundertprozentig in dem Sinne, wie es die älteren Kollegen vorgeben, 'umschmelzen' lassen würden."

Interview mit Norbert Biermann in *MIZ* 4/96

Eine junge Landschaftsgärtnerin – angesprochen von der neuen und andersartigen Architektur der Waldorf-Schulgebäude und -anlagen (die Besonderheit hier: Grasbepflanzung auf den Dächern) – bewarb sich bei einer norddeutschen Waldorfschule. Hinweis und Bedingung dieser Steiner-Schule: Eine Veränderung der jetzigen christlichen Einstellung innerhalb eines Jahres und Eintritt in die Christengemeinschaft. Die diplomierte Gartenbau-Ingenieurin (katholisch) zog daraufhin mit Befremden ihre Bewerbung zurück.

Viele Schüler sind gegangen. Der Rest wurde zumindest in unserem Fall ständig mit vielen neuen Lehrern konfrontiert – auch während des Schuljahres. Die Erklärungen der Schule dazu waren meist fadenscheinig. Sie passten nicht ins Lehrerkollegium, wurde beispielsweise gesagt. In der

Regel wurden aber gar keine Erklärungen abgegeben. Der wahre Grund, so nehme ich an: Diese Pädagogen zeigten kein geläutertes Denken; sie passten nicht zum Geist der Schule (Steiner-Ausdruck). Manche verschwanden sehr schnell wieder, andere hielten ein ganzes Jahr durch. Die Langjährigen waren entweder Anthroposophen oder hatten sich rein waschen (läutern) lassen. Die wesentlich geringere Klassenstärke in der Oberstufe wurde waldorfseits als „Umkipp-Phänomen" der Eltern bezeichnet. Zuerst sei man schnell begeistert, später um so schneller enttäuscht. (Natürlich zählten wir uns damals nicht dazu!)

Der ständige Lehrerwechsel in den oberen Klassen beunruhigt nicht nur die Eltern, sondern irritiert auch die Schüler. Denn plötzlich gibt es auch annähernd normalen Lehrstoff und umfangreiche Hausaufgaben. Manche Eltern, die fest auf die Lehrmethoden der Schule und des Klassenlehrers vertraut haben (Das kommt schon noch!), stellen bei ihrem Kind plötzlich fest: „Da ist so gut wie nichts vorhanden!" Damit diese Schüler mit dem neuen Lehrstoffangebot (meistens hapert's in den Sprachen) nicht überfordert werden, rät ein „verständnisvolles" Waldorfpädagogenteam auf den Verzicht der zweiten Fremdsprache. Der direkte Weg zum Abitur ist somit verbaut.

„Die Enttäuschung kommt dann in der Oberstufe, also in der 10., spätestens aber in der 12. Klasse, wenn Noten gegeben werden müssen", berichtet der ehemalige Waldorflehrer Paul-Albert Wagemann. „Hier ist dann auch oft der Zeitpunkt erreicht, wo sich die sonst bis zur Selbstverleugnung tolerante Elternschaft zu Wort meldet, ja protestiert. So hagelte es gerade zu der Zeit, als ich einen Fachlehrer ablösen sollte – ich war der fünfte innerhalb von sieben Jahren (!) – geharnischte Proteste von den Eltern, nachdem sie das Versetzungszeugnis ihrer Kinder von der 11. und 12. Klasse gelesen hatten."

Erfahrene Waldorfeltern haben vorgesorgt und schon längst begleitend Nachhilfe in Mathematik, Englisch und Französisch gegeben (auch wenn die Notwendigkeit dazu bei Waldorf vehement bestritten wird). Sie wussten es bereits: fremdsprachlicher Unterricht in Waldorfschulen ist nicht selten katastrophal! Die Fächer Englisch und Französisch (in manchen Schulen Russisch) in den Klassen 1 bis 4 sind nach meiner Erfahrung und Meinung überflüssig und lediglich ein Aufblähen des „Stundenplans". Der spätere Fremdsprachenunterricht in „Wort und Schrift" erfolgt ohne Aufbau und System.

Da keine Lehrbücher vorhanden sind (unter Umständen haben einige Schulen jetzt auf Druck der Eltern fremdsprachliche Lehrbücher eingeführt), ertrinkt der Schüler förmlich in einem Zettelchaos von schlechten Kopien und mehr oder weniger fehlerlosen Tafelabschriften. In den Fächern Mathematik, Chemie, Physik usw. ist es ebenso. Welche Ausgangsbasis für ein Abitur!

Das ist auf Waldorfschulen auch gar nicht so erstrebenswert. „Für das Leben brauchbarere Leute werden sie ohne Matura [Abitur], denn sie werden das, was sie für das Leben brauchen, ja hier finden", meint Steiner dazu. Wer für den Abiturzweig geeignet ist, entscheidet ein Lehrergremium. Ebenso wer letztendlich an der Abiturprüfung teilnehmen darf.

Fremdsprachen in der Waldorfschule (z. B. Vokabeln lernen)

Vom Standpunkt der Waldorfpädagogik aus, schreibt Johannes Kiersch in *Fremdsprachen in der Waldorfschule* (1992), werde man auf die „Gesundheitsschädlichkeit des Vokabeln Lernens" hinweisen. Steiner warne in diesem Zusammenhang vor einer schädlichen Beschleunigung des körperlichen Wachstums (Akzeleration), vor Blasswerden, Ängstlichkeit und einer Disposition für spätere Stoffwechselstörungen (Migräne, Sklerose). Er begründe dies folgendermaßen: „Wenn wir etwa in den Sprachen viel Vokabeln lernen lassen, wenn wir so das Kind durch dieses Auswendiglernen hindurchführen durch ein unbewusstes Mechanisches, dann ist das ein Prozess, der nach der Sumpfgasentwicklung im Kopf zu hingeht."

Auch der gewöhnliche Grammatikunterricht (im Sprachunterricht wie in Deutsch) sei gesundheitsschädlich, erklärt Waldorflehrer Johannes Kiersch. Denn Steiner sagte dazu im Februar 1923 in einer Sonderkonferenz: „Die Gedärmkrankheiten kommen sehr häufig von dem Unterricht in Grammatik."

Dass diese Auswahl nicht korrekt ist, wusste Steiner auch schon 1923. Das geringe Wissensniveau der Waldorfschüler war in der Lehrerschaft damals schon bekannt. „Wenn wir alle zulassen, riskieren wir, dass 60 Prozent durchfallen", bedenkt ein Lehrer. Steiner weiß, dass die Ablehnung durch das Lehrerkollegium keine rechtliche Bedeutung hat und sie eigentlich auch keinen Schüler anmelden können. „Rechtlich können nur die Schüler selbst das tun. Wir können keinen abhalten, dass er sich zum Examen meldet." Aber verhindern kann man es wohl! „Denen müssen wir unsererseits ein schlechtes Zeugnis geben", rät Steiner seinen Lehrern. „Dann lehnt die Behörde sie ab." Und noch eine andere Möglichkeit, das Abitur zu verhindern, kennt Steiner: „Je später wir Eltern fragen, ob ihr Kind

Matura [Abitur] machen will, um so eher können wir abraten." Welche Schüler dann doch zur Prüfung gelassen werden, ist eindeutig ersichtlich: „Wir werden nicht untreu, wenn sich die Kinder, die doch in Abrahams Schoß zurückkehren, staatlich prüfen lassen", gibt Steiner seine Zustimmung.

Eltern mit Weitblick schicken ihre Kinder bereits in der 10. Klasse ins Ausland, nach England, Kanada, Amerika für mehrere Monate oder sogar ein ganzes Jahr. (Bei uns war das so. Und es wurde sogar von Seiten der Schule angeregt.) Die anderen Schüler üben sich weiterhin in „intellektueller Bescheidenheit" (Steiner-Ausdruck). Nach der Steinerschen Reinkarnationslehre muss nicht alles in diesem Leben bewältigt werden und darum lässt man den Schülern so viel Zeit.

Mancher Schüler denkt sich da vielleicht „Humor ist, wenn man trotzdem lacht". Im Waldorflehrplan ist nämlich auch eine „Humorepoche" vorgesehen. Als Vorlage zu diesem Fach diente wahrscheinlich auch Pythagoras, denn dieser „richtete seine besondere Aufmerksamkeit auf den Gang und das Lachen. (...) Das Lachen, sagte er, offenbart den Charakter auf unzweifelhafte Art." Da lacht der Phlegmatiker ha, ha und der Choleriker he, he; ein Melancholiker macht hi, hi und ein Sanguiniker ho, ho, heißt es doch tatsächlich in einem Schülerheft.

Doch zum Lachen ist manchen Schülern wirklich nicht zumute, wenn sie nach zwölf Schuljahren quasi vor dem Nichts stehen. Die örtliche Presse berichtete über zehn Waldorfschüler einer 8. Klasse, die mit großen Schwierigkeiten zu kämpfen hatten, als sie in ein öffentliches Gymnasium übertreten wollten. Eine ehemalige Waldorfschülerin schrieb dazu einen Leserbrief, der im Februar 1997 im *Augsburg Journal* abgedruckt wurde: „Nach der 12. Klasse erhält man, wie vielleicht kaum einer weiß, einen sogenannten 'Waldorfabschluss', der keinem der staatlichen Abschlüsse gleichkommt, also folglich den Schülern nichts bringt. Ab der 12. Klasse wird die Klassengemeinschaft in Mittlere Reife- und Abiturgruppen unterteilt, wobei hier die Anzahl der Abiturienten schon der Minderheit entspricht! Ich für meinen Teil wollte das Abitur machen, war selbst in der 12. Klasse noch qualifiziert; doch an der eigentlich entscheidenden Zulassung zum Abitur im ersten Halbjahr der 13. Klasse musste ich scheitern. Was hat es mir letztendlich gebracht, aus jedem Schuljahr das Beste herausgeholt zu haben? Ich stand vor dem Nichts! Ich verspürte das erste Mal eine Angst, die mir schonend beibrachte, für nichts von Nutzen zu sein – Angst vor der Zukunft wäre wohl der passende Ausdruck! Üblicherweise sind die Lehrer auf einen zugegangen, wenn es irgendein Problem zu be-

wältigen galt. In diesem Fall wollte scheinbar keiner etwas damit zu tun
haben. Resultat war ein Brief, der meine Situation und Möglichkeiten in
Worte fasste. Mir stand die Entscheidung frei, ein Jahr zu wiederholen
oder in die Mittlere Reife-Gruppe überzuwechseln. Für das Letztere habe
ich mich schließlich entschieden. Einen zweiten Anlauf ohne Gewähr und
Sicherheit, es dann zu meistern, hätte ich schon allein psychisch nicht
mehr gepackt!"

Abschlüsse und Anerkennung sind regional verschieden. In einigen
Bundesländern wird der so genannte Waldorfabschluss nach der 12. Klasse als Fachhochschulabschluss oder auch Mittlere Reife anerkannt. Auf
staatlichen Schulen gibt es den nach der 10. Klasse. In Bayern wird auf
Waldorfschulen die Prüfung zur Mittleren Reife oder zum Abitur erst nach
der 13. Klasse abgelegt. Wer durchfällt, hat die Möglichkeit zu wiederholen oder erhält das Waldorf-Diplom. Es muss ja schließlich nicht alles in
diesem Erdenleben erreicht werden. „Einsichtige" Unternehmen erkennen
den Waldorfschulabschluss auch an, versichert die Schule. Ich vermute,
damit sind Biobauern, Bioläden und eventuelle andere Freunde der anthroposophischen Bewegung gemeint.

„Es ist die Frage, ob wir es wagen sollen, denen, die zu uns kommen,
von vorneherein zu sagen, wir bereiten ja gar nicht zu irgendeiner Matura
[Abitur] vor, und es ist jedes Schüler Privatsache, ob er dann zur Matura
[Abitur] kommen wird oder nicht", überlegte Steiner in einer Lehrerkonferenz vom 5. Februar 1924. Man entschloss sich wohl zu schweigen, denn
davon erfahren bis zum heutigen Tage die Eltern und die Schüler nichts.

19. Strafen in der Waldorfschule

„Was empfindet ein Waldorfkind als das Besondere seiner Schule? Es fühlt sich geborgen und anerkannt von seinem Klassenlehrer, der es von der 1. bis zur 8. Klasse begleitet."

Aus der Einweihungsschrift einer Waldorfschule

„Waldorfschüler müssen ihre Lehrer als höhere Wesen respektieren. Sie müssen Achtung vor ihnen haben und werden selbst nicht respektiert. Sie müssen Frieden und Harmonie bewahren, und werden selbst missachtet."

Charlotte Rudolph, ehemalige Waldorfschülerin

Verständnis und Schutz, Unterstützung und Förderung der Kinder erhoffen und erwarten Eltern, wenn sie der Waldorfschule ihre Kinder anvertrauen, ob es sich da um zarte, sensible Kinder handelt, Spätentwickler oder Aufgeweckte und Begabte oder einfach „ganz normale".

„Geben Sie Ihr Kind am Schultor ab. Vertrauen Sie der Schule und den Lehrern", wurde geraten, wenn ich kritische Fragen stellte. „Kinder haben eine blühende Phantasie und können zwischen Traum und Wirklichkeit nicht unterscheiden", erklärte man mir, wenn ich meinen Kindern glaubte und den Lehrer zur Rede stellte.

Bestrafungen von Schülern in einer Waldorfschule? Das scheint kaum glaubhaft! In dieser kindgerechten Schule, wo nur die Liebe zählt zum Kinde? Denn „Anthroposophie ... sie bildet und stärkt auch die Liebekraft zum Kind", heißt es bei Waldorf. Doch in Waldorfschulen scheint man heute noch das Jahr 1919 zu schreiben – in den Ansichten und Lehrinhalten, der Pädagogik und beim Strafen. Damals strafte man ja noch aus Liebe zum Kind.

Vielleicht sind es nicht gerade „Strafen wie im Mittelalter", wie das in einer Zeitung (*Augsburg-Journal* 2/97) zugespitzt formuliert wurde. Doch dass gestraft wird, steht fest. Das haben wir bzw. unsere Kinder erlebt und andere Waldorfeltern bzw. -schüler können ähnliches berichten. Gestraft wird individuell. Manche Lehrer strafen – manche nicht. Wie und wodurch, obliegt dem einzelnen Waldorfpädagogen. Da der Lehrer – wie Steiner auch besonders herausstreicht – „unternehmerisch" handelt, muss er das, was er tut, selbst verantworten. Im Klartext heißt das dann: Die Schule ist nie schuld. Wenn Verstöße bekannt werden, werden sie von Waldorfseite als „Ausrutscher einzelner Lehrerpersönlichkeiten" interpretiert.

Berichtet ein Schüler zuhause von einem dieser „Ausnahmefälle" (viele erzählen nicht einmal davon), haben die Eltern die Möglichkeit mit dem Lehrer darüber „zu reden". Das heißt: Schwierigkeiten und Differenzen können nur mit dem betreffenden Erzieher bereinigt werden. Schließlich ist die Waldorfschule eine Selbstverwaltungsschule; es gibt keinen Direktor, keine übergeordnete Schiedsstelle, an die man sich (Eltern oder Schüler) unter Umständen wenden kann. Eine Schulordnung wie in staatlichen Schulen, wo detailliert die Rechte und Pflichten von Schule, Lehrern und Schülern aufgeführt sind, gibt es in den Steinerschulen nicht und es widerspräche auch dem „freien" Schulprinzip. Gegebenenfalls versucht ein hinzugezogenes Kollegengremium Vorwürfe der Eltern zu klären. Sind Eltern allerdings so weit gegangen, um hier Verständnis und Recht für ihr Kind zu bekommen, so belastet dies – so sind meine Erfahrungen – erheblich das Verhältnis des Lehrers zum Schüler oder zur Schülerin – dem eigenen Kind. Es beginnt ein Leidensweg, der in unserem Fall nur durch einen Schulwechsel zu lösen war. Denn die Aufgabe guter Waldorfeltern ist es, die Autorität der Lehrkraft zu unterstützen und nicht sie zu kritisieren. Den Fauxpas, das staatliche Schulaufsichtsamt einzuschalten, das für alle „freien" Schulen und somit auch für die Waldorfschulen zuständig ist, begehen die Eltern erst gar nicht.

Viele „Einzelfälle" und „Ausrutscher" wurden mir in den letzten Jahren von Schülern oer Eltern berichtet: In welcher Schule stellt man Erstklässler noch vor die Tür, wo gibt es heute noch „In-der-Ecke-Stehen", sogar mit dem Gesicht zur Wand; wo setzt man Schüler, die nicht „brav" sind, ganz vorn auf eine „Eselsbank"? Wahrscheinlich nur noch in Waldorfschulen! Das haben meine Kinder und andere dort erlebt. Erfahren habe ich davon erst viel später. „Für uns war das normaler Schulalltag", berichteten sie mir nach Jahren. Wer zappelte, musste sich auf den Stuhl

stellen, unruhige Hände wurden mit Klebestreifen auf der Tischplatte fest-
geklebt (in unserer Schule angedroht, in anderen praktiziert). „Gute
Kinder" wurden mit Gold an die Tafel geschrieben, die bösen mit
Schwarz. Wer zu spät kam, musste mit dem schweren Schulranzen auf
dem Rücken vor der Klassentür stehen. Dass das Steiners Linie ist, steht
fest. Er selbst empfiehlt: bei fünf Minuten Zuspätkommen 20-30 Minuten
Stehen.

Störende Zweitklässler ließ man in der 1. Klasse (besonders peinlich)
Strafarbeiten anfertigen. Strafarbeiten waren ohnehin sehr beliebt bei den
Lehrern – und wurden wegen Kleinigkeiten erteilt. 150 mal sollte mein
Sohn in der dritten Klasse den Satz „Ich muss den Anordnungen meines
Lehrers Folge leisten!" abschreiben. Vielleicht erschien es dem Erzieher
dann doch zuviel, er rief mich an und schlug als Ausgleich Taschengeld-
entzug vor. So also sollen Elternhaus und Schule zusammenarbeiten.

Kleine Rechtskunde

„Körperliche Züchtigung ist in jedem Fall verboten. Gleichfalls unzu-
lässig sind auch andere herabsetzende oder diskriminierende Maßnahmen, wie z. B. das In-die-Ecke-Stellen eines Schülers, Kniebeugen-
machen-Lassen, mechanische Strafen wie seitenweises stumpfsinniges
Abschreiben von Texten oder vielfaches Schreiben desselben Wortes,
auch wenn es als Übungsarbeit deklariert wird. (...) Bei schulischen
Ordnungsmaßnahmen ist die kollektive Bestrafung einer Mehrzahl von
Schülern ohne Rücksicht auf das individuelle Fehlverhalten jedes einzelnen im Schulrecht aller Länder ausgeschlossen."

Jürgen Staupe, *Schulrecht von A-Z* (1996)

Selbst wenn das Nachsitzen spontan ausgesprochen wurde und die Eltern
ohne Benachrichtigung blieben, wurde von ihnen Verständnis für solche
Maßnahmen erwartet. Begründung unserer Schule bzw. des Lehrers: „Man
muss sofort handeln, sonst ist es wirkungslos." Uninteressant war da, dass
Schüler von außerhalb ihre Busse und Anschlüsse verpassten, Fahrgemeinschaften warten mussten, und Mütter besorgt nach ihren Kindern
Ausschau hielten. Auf welcher staatlichen Schulinstitution wäre das wohl
denkbar?

Doch schlimmer als Nachsitzen und Strafarbeiten sind Bloßstellungen,
Beleidigungen und verbale Disziplinierungen der schlimmsten Art, die
tiefe Wunden in den Kinderseelen hinterlassen. Steiner dazu: „Aber die

Strafe sollte er [der Lehrer, d. Verf.] schon von den Mitschülern ausführen lassen, indem diese bei ihren Kameraden das Gefühl der Beschämung erzeugen." Der Lehrer als „Vertreter im Auftrage der Götter" kann erhöhen: „Weil du so schön und schnell gearbeitet hast, darfst du die Klasse jetzt anführen", um (bei meinen Kindern) sofort zu erniedrigen: „Aber mit diesem hässlichen Pullover [es war ein Micky-Maus-Aufdruck darauf, d. Verf.] musst du als letzte gehen." Das war in der 1. Klasse. Ein paar Klassenstufen höher musste eine Schülerin ihr T-Shirt mit MM-Aufdruck umdrehen und von links tragen!

„Bei alledem soll der Lehrer nie genau sagen, warum er ein bestimmtes Verhalten des Schülers missbilligt", so Martin Erdmann, Dozent an der Neuphilologischen Universität Heidelberg. „Es soll immer ein Rest von Unklarheit bleiben. Eine jede gesellschaftliche Ordnung kennt ihre Mittel der Züchtigung, der Unterdrückung, die den Eigenwillen ihrer Mitglieder schwächen sollen. Doch zeichnen sich die Repressalien, die der Waldorflehrer gezielt einsetzt, durch ihre besondere Subtilität aus. So darf der 'auf Abwege geratene Schüler' nicht einmal genau wissen, warum er seine seelische Züchtigung erfährt. So muss er stets bemüht sein, die unausgesprochenen Wünsche des Lehrers zu erraten, um nicht von diesem, von der Klassengemeinschaft erneut verstoßen zu werden. Doch kann er nie genau wissen, ob er auch wirklich den geheimen Vorstellungen, der diskreten Autorität des Lehrers zu genügen vermochte. Das mag ein Gefühl der ständigen Verunsicherung erzeugen, welche die seelische Kraft des Schülers lähmen, ja brechen kann." Ist es unter diesen Gesichtspunkten wirklich zu weit hergeholt, hier von seelischer Kindesmisshandlung zu sprechen?

„Aber unter Umständen kann es auch einmal notwendig sein, dass man sogar ein bisschen prügelt", offenbart Steiner in seinem Erziehungskonzept. Mancher anthroposophische Waldorferzieher macht auch heute noch davon Gebrauch. Meister Steiner hat es ja nicht ausdrücklich verboten. Von Ohrendrehen, Ohrenziehen bis zum Einreißen, „Watschn" austeilen weiß ich aus eigener Waldorfzeit. Weil ein Schüler mehrmals widersprach, schüttete ihm ein Waldorfpädagoge die gesamte Schultasche aus. „Er musste sie ganz allein aufheben", erzählte betroffen mein jüngster Sohn. „Wir durften ihm nicht einmal helfen, obwohl er gehbehindert war."

Von einer anderen Waldorfschule berichtete mir eine Mutter, dass ihr siebenjähriges Kind dort von einem Lehrer mit der Faust auf den Kopf geschlagen worden sein soll. Erst als es über ständige Kopfschmerzen klagte, erzählte es stockend zuhause davon. Doch damit nicht genug. Ein anderes Mal soll ihm das Gesicht wegen eines nichtigen Vorfalles vom Lehrer mit roter Kreide bemalt worden sein und der Kleine musste diese Stigmatisierung während des gesamten Unterrichts tragen.

In einem Waldorfinternat wurde eine Siebenjährige eine Woche lang auf „Wasser und Brot" gesetzt. Auf die entsetzte Frage der Mutter, die erst Jahre später davon erfuhr, antwortete die Tochter: „Warum hätte ich mich darüber beschweren sollen, das war dort durchaus üblich so." Was immer die Kleine auch angestellt haben mag, es rechtfertigt in keiner Weise, ein Kind auf diese mittelalterliche und menschenunwürdige Art zu bestrafen.

Von so genannten „Ausflipps" einiger Lehrer schreibt nicht nur die ehemalige Waldorfschülerin Charlotte Rudolph, auch Paul Albert Wagemann, früher Fachlehrer an einer Steiner-Schule, berichtet über bizarre Strafmethoden. Da mag wohl gleich der Einwand kommen, auf öffentlichen Schulen und anderen Internaten passiere ja auch so allerhand – möglicherweise schon. Doch wer vermutet *das* bei Waldorf? Charlotte Rudolph geht noch einen Schritt weiter und weist die „Einzelfalltheorie" zurück: „Die heimliche Gewalt, die an Waldorfschulen stattfindet, ist kein Unfall und kein individuelles Vergehen von Lehrern, die sich anders nicht mehr zu helfen wissen. Die 'Ausflipps' gehören zum System."

Haben Waldorfschüler noch in den ersten Klassen Ehrfurcht oder gar Angst vor dem Lehrer, beginnt so ab der 6. Klasse der hochpolierte Lack des „göttlichen" Erziehers langsam abzubröckeln. Staatliche Pädagogen haben vielleicht nicht so viele Probleme damit, sie umgeben sich weniger mit der Aura der Unfehlbarkeit. Wir wurden auf den Elternabenden darauf vorbereitet: auf den Beginn der Pubertät (anthroposophisch heißt das Geschlechtsreife, bei Steiner gern „Erdenreife" genannt). Und „mit dem Eintritt in die Erdenreife wird unter Umständen ein Temperamentswechsel sichtbar", erfuhren wir. Da können melancholische Kinder cholerisch werden und besonders Mädchen sich in „eigenwillige, zornige, trotzige Choleriker verändern".

Als Buchempfehlung von der Schule wies man uns auf *Das zwölfte Lebensjahr* von Hermann Koepke hin. „Sie müssen rechtzeitig vorkehren, bevor solche Mädchen über alle Stränge schlagen", rät darin der Autor. Der bereits in neunter Auflage erschienene anthroposophische Dauerbrenner *Die Strafe in der Selbsterziehung und in der Erziehung des Kindes* wurde bei uns in einem Arbeitskreis behandelt. Die Kinder haben ein Recht auf Strafe, meint darin Verfasser Gabert. Ja, sie „lechzen" geradezu danach. Und das geschieht zum Seelenheil des Kindes, wurde uns gesagt.

Gabert weist zwar darauf hin, dass man „körperliche Züchtigungen"
möglichst vermeiden soll, „um so mehr je älter die Kinder werden", aber
es gebe eben auch Fälle, „wo keine Zeit zu verlieren ist, und es gibt Kinder, denen man vor allem anderen erst einmal imponieren muss, bei denen
man sich erst in Respekt setzen muss, ehe man überhaupt mit irgendwelchen erzieherischen Maßnahmen beginnen kann". Und er bringt folgendes
Beispiel: „Eine sehr ruhige, besonnene, ältere Lehrerin an einer Waldorfschule, allen groben Eingriffen gründlich abgeneigt, erzählte einmal, wie
sie eine völlig verwilderte Klasse von 9-10jährigen zu übernehmen hatte.
Später hing diese Klasse mit der größten Liebe an ihr und ließ sich mit
jedem Wink gut lenken." Die besonnene Lehrerin habe erklärt: „Aber im
Anfang war es fürchterlich; ich habe um mich geschlagen wie seit meinen
Kindertagen nicht mehr." Gabert resümiert: „Es kann also durchaus Not-
wendigkeiten geben für körperliche Strafen, und auch gute Resultate, die
daraus entspringen." Vermutlich wurden die Schüler durch die Lehrerin so
sehr eingeschüchtert, dass sie es nicht mehr wagten, „ungehorsam" zu
sein.

Im September 1998 berichtet die *Berliner Morgenpost* über einen Vorfall an einer Berliner Waldorfschule, der fast identisch ist: „Musiklehrer
.... hat vier Schüler der sechsten Klasse während des Unterrichts geschlagen." Nach Angaben der Mutter eines der betroffenen Schüler, habe der
Lehrer an seinem vierten Arbeitstag, „die sechste Klasse betreten, die Tür
hinter sich abgeschlossen und die Kinder – nachdem sie sich über ihn
lustig gemacht hätten – mit der flachen Hand geschlagen." Der Lehrer
bestätigte die Vorwürfe und gab an, überfordert gewesen zu sein. Ein
Ausrutscher, nur ein Einzelfall? Überraschend ist, wie sich die Bilder
gleichen. Liegt da nicht die Vermutung nahe, dass Gaberts Schilderung als
Anregung verwendet worden ist?

Aus gegebenem Anlass kam bei uns auf einem Elternabend auch das
Thema „Stehlen" zur Sprache. Sicherlich eine heikle Sache für Eltern und
Schüler, die es betrifft. Doch muss man gleich derart verfahren? „Wenn
Sie entdeckt haben, dass ihr Kind gestohlen hat, dann nehmen Sie es
(Kind und Diebesgut; Schokolade o.ä.) und zeigen es selber an." Das sei
dem Seelenheil des Kindes zuträglich, wurde uns dringendst empfohlen.

Steiner rät dazu: „Bei Kleptomanie wirkt es auch gut, wenn das Kind
zum Beispiel während einer Viertelstunde sitzen und die eigenen Füße, die
Zehen mit der Hand halten muss, als Strafe. Das ist auch vom Gesichtspunkt der Willensstärkung ein Mittel gegen Kleptomanie." Es wäre nicht

verwunderlich, wenn dies – bei der Steiner-Gläubigkeit verschiedener Lehrer – tatsächlich praktiziert würde!

Weit schlimmer noch als Diebstahl rangiert im Steinerschen Moralkodex die Lüge. „Daher gibt es ein okkultes Gesetz: die Lüge ist geistig gesehen ein Mord", sagt Steiner. Und so wurde (in unserer Schule jedenfalls) jedem kleinen Schülerschwindel gnadenlos nachgegangen. Mitschüler forderte man auf, den Verursacher zu nennen. Das sei kein Verpetzen. Letzte Maßnahme, wenn die Klasse eisern schwieg, war kollektives Nachsitzen – da stellten sich die Übeltäter meistens selbst. Ein geistiger Mord ist natürlich schon fatal, doch auch die Volksgesundheit sei dadurch bedroht! „So gibt es eine gewisse Form von Bazillen als Träger von Infektionskrankheiten, die von den Lügen der Menschheit herstammen. Sie sind nichts anderes als physisch verkörperte Lügendämone", weiß Dr. Steiner.

Wie weit ein Waldorfpädagoge sich befugt sieht, in den privaten familiären Bereich einzugreifen, zeigt der Fall einer Mitschülerin meiner Kinder: Die damals Zwölfjährige wurde zum „Abspecken" auf einen mehr als einfachen Öko-Bauernhof (kein elektrisches Licht und ein Plumpsklo, erzählten Schüler) geschickt, um „mit eigener Hände Arbeit ihr Brot zu verdienen" – so wurde gesagt. Sie sollte die gesamten Sommerferien und noch ein paar Wochen der beginnenden Schulzeit dort verbringen. Das wäre hier wohl ein Fall für Unicef gewesen, meinte ein Klassenkamerad dazu. Mit welchem Recht kann ein Lehrer dermaßen Einfluss nehmen auf das Privatleben eines Schülers, fragt man sich. Die Antwort findet sich – wie immer – bei Steiner. „Bei zu viel fetterzeugender Nahrung wird ihr Kopf abgegliedert vom Geistig-Seelischen" (was immer das auch heißen mag). „Man pfuscht tatsächlich dem Weltenprozess ins Handwerk, wenn man das Kind zu fett werden lässt", sagt er weiter.

Schüler, die gar nicht parieren, erhalten Heileurythmie. Gehasst von den meisten Schülern, aber beliebt bei den Lehrern. Ebenso gerne praktiziert wird das ständige Anrufen im Elternhaus wegen Lapalien in der Mittagszeit. Wenn das alles nichts hilft, wird den Eltern (meistens den Müttern) klargemacht, dass sie zur Kindererziehung ungeeignet sind, denn alle Fehlentwicklungen oder Schwierigkeiten werden auf eine falsche Erziehung im Elternhaus zurückgeführt. Dafür werden „gute Waldorfinternate" vorgeschlagen. Aus der Klasse meines Sohnes landeten dort auch drei Schüler.

„Es ist gleichgültig, wie der Waldorferzieher auch handelt, er fühlt sich allemal im Recht. Er reagiert nicht hilflos, bereut nicht, wenn er Kinder erniedrigt, sie mit seiner Moral unterdrückt, sie gegeneinander ausspielt

und für seine eigenen Zwecke einsetzt, er agiert geplant und verkörpert
eine nicht wankende Objektivität", schreibt Charlotte Rudolph in ihrem
Buch *Waldorf-Erziehung*.

Wenn Waldorfpädagogen strafen, dann nicht, weil ihnen hin und wieder „der Kragen platzt", was bei einer Klasssenstärke von fast vierzig
Schülern noch verständlich wäre. Für Waldorfpädagogen sei es eine
„höchste und strenge Pflicht" schreibt Erich Gabert. Denn nach der anthroposophischen Karmalehre wirken sich Normenverstöße der Kinder „in
einer zukünftigen Inkarnation" schädigend aus. So könne beispielsweise
„ein Hang zur Lügenhaftigkeit", in einem späteren Leben „unrichtig ge-
baute Organe" bewirken. „Antipathien gegenüber anderen Wesen, Kritik,
Herumnörgeln, sich zurückziehen" lassen den Leib in einem späteren
Leben möglicherweise „früh altern und mit Runzeln bedeckt sein", und
„Glaubenslosigkeit" führe möglicherweise zu „Stumpfsinn und zur Unfähigkeit, ein Wissen zu erwerben".

„Um diesen nach anthroposophischer Sinngebung karmisch bedingten
Schädigungen des Kindes und jungen Menschen möglichst vorzubeugen
oder sie korrigieren zu können und das Kind und den jungen Menschen in
ihren Entwicklungsmöglichkeiten sittlich-moralisch dem anthroposophischen Menschenideal näherzubringen, soll systematisch anthroposophisch
erzogen werden und bei Regelverstößen anthroposophisch gestraft werden", erklären Andreas Wolff und Michael Hoffmann, Professoren der
Hochschule der Künste in Berlin in einem Sonderdruck *Waldorfpädagogik, Die Pädagogik Rudolf Steiners – Okkultes und Inszeniertes*.

Der anthroposophische Erzieher straft mit dem Bewusstsein, dem Kind
etwas Gutes zu tun. Das legitimiert sein Handeln – anthroposophisch gesehen – und er erhält gleichzeitig Pluspunkte auf sein eigenes Karmakonto. Dazu Andreas Wolff und Michael Hoffmann: „Die Strafe soll nicht
nur der individuellen Wesensentwicklung des (gestraften) Kindes bzw.
Kindwesens (im Sinne seiner Läuterung) dienen, sondern ebenso der mo-
ralisch-sittlichen Entwicklung des (strafenden) Erwachsenen. Auch im
Strafen wird Erziehen – anthroposophisch interpretiert – zur Selbsterziehung für den Erwachsenen. Die Pflicht des Erziehenden zu strafen ist so
doppelt zu begreifen: dem Kindwesen und dem eigenen Wesen gegenüber."

So gesehen – anthroposophisch natürlich – müsste jeder Schüler seinem Lehrer eigentlich noch dankbar sein, dass er bestraft wird, zumal sich
der anthroposophische Erzieher bemühen soll, eine speziell auf das jeweilige Kind passende (gerechte) Strafe auszusuchen und zwar nach Tempe-

rament, Charakter und Schicksal. „Und die Phantasie des Strafenden wird sich nur anstrengen müssen, die innere Entsprechung möglichst genau und anschaulich auch in der äußeren Entsprechung von Tat und Folge herauskommen zu lassen", erläutert Gabert. Wie phantasievoll manche anthroposophischen Erzieher strafen, wurde vorher bereits beschrieben.

Bestrafungen, ob physischer oder psychischer Art, erscheinen allerdings völlig unverständlich im Kontext des anthroposophischen Karmagesetzes, das besagt, „dass für jede Schädigung, jeden Schmerz, den ein Mensch einem anderen und damit der Welt zugefügt hat, von ihm entweder noch in demselben, oder im folgenden Leben, oder in irgend einer späteren Verkörperung, unausweichlich ein Ausgleich geschaffen werden muss." Daraus könnte man nun schließen, dass anthroposophische Erzieher besonders darauf bedacht sein müssten, jegliche Bestrafung und somit jeden Schmerz und jede Schädigung der Schüler zu vermeiden, um ihr eigenes Karmakonto nicht zu belasten. Dieses Karmagesetz beinhaltet jedoch eine „Zusatzklausel" bzw. einen „kleingedruckten Passus", der auf den ersten Blick nicht erkennbar ist und im Zusammenhang mit Steiners Vier-Leiber-Lehre gesehen werden muss. Nach der anthroposophischen Lehre kommt der Mensch erst nach und nach auf der Erde an. Bei der natürlichen Geburt kommt zuerst der „physische Leib", nach sieben Jahren der „Ätherleib" und nach vierzehn Jahren der „Astralleib". Erst mit 21 Jahren, wenn das „Ich" oder der „Ich-Leib" in diese drei Leiber hineinschlüpft, ist der Erdenbürger ein vollständiger – vorher ein „werdender Mensch". Die logische Folgerung: Kinder sind keine (vollständigen) Menschen! Die obige „karmisches Gesetzeslage" scheint auf diese Altersgruppe somit nicht zuzutreffen.

20. Mädchenerziehung

Im Jahr 1919 stellte die Steinerschule als gemischte Lehranstalt eine fort-
schrittliche Schule und wahrscheinlich eine Provokation in der Öffentlichkeit dar. Das wird von der Waldorfschule heute noch betont. Doch mit
gemischten Gefühlen liest man, was es mit der emanzipatorischen Gleichstellung von Mädchen und Jungen, wie es sich Eltern heutzutage vorstellen, auf sich hat. Wer hätte das gedacht, als er seine selbstbewusste kleine
Tochter in den Waldorfunterricht gab?

Steiner empfiehlt seinen Lehrer darauf zu achten, dass den Mädchen,
das Sittliche, Gute und das Religiöse gut gefällt. Und darum „sollen wir
das Religiöse und Sittliche beim Mädchen bis ins Auge treiben, bei den
Knaben ist das Religiöse und Schöne in die Beherztheit, in das Kraftgefühl, das aus ihnen strahlt", zu treiben. Der nachfolgende Text stammt
nicht aus den Statuten einer Klosterschule (oder etwa doch?), sondern
findet sich in Steiners *Menschenkunde und Unterrichtsgestaltung*. So soll
„das Mädchen Gefallen haben an der übersinnlichen Durchsetztheit der
Welt und es soll besonders reichlich versehen werden in seiner Phantasie
mit Bildern, welche das Durchgöttlichtsein der Welt ausdrücken".

Hier wird bewusst unterschieden zwischen Mädchen- und Jungen-
erziehung. Zwar gibt es keine direkten Vorschriften, aber es wird „gern
gesehen", wenn Mädchen Röcke oder Kleider tragen. Bei Veranstaltungen
für die Öffentlichkeit wurden die Mädchen darauf hingewiesen, „Hosen-
mädchen" kamen in die letzte Reihe. „Nachgiebigkeit und Duldsamkeit"
sollen Mädchen walten lassen, (empfahl mancher Lehrer von unserer
Schule), wenn sie sich wieder einmal über derbe Jungenspäße beschwerten. Selbstbewusste Mädchen, die solche Attacken mit der Einstellung
Gleiches mit Gleichem vergalten, erhielten Lehrertadel.

Keinesfalls eine Gleichstellung von Jungen und Mädchen solle demonstriert werden, wenn Waldorfschüler zusammen Sportunterricht haben (die
schwierigen Übungen und höheren Geräte sind nur für Jungen bestimmt,

beschwerten sich einige Mädchen); wahrscheinlich sollen sie das Kraftgefühl und die Beherztheit der Klassenkameraden bewundern. Denn laut Steiner neige das Mädchen „mehr nach dem Kosmischen hin" und daher „müssen wir es mehr dadurch zum Ideal hinbringen, dass wir ihm die Taten von Helden erzählen, was die Helden tun".

Diese Art von Empfehlung klingt für mich wie „übergreifender Unterricht" aus Steiners *Akasha-Chronik* über die Mädchenzucht der Lemurier.

21. Das Lehrer-Schüler-Verhältnis

Der Waldorf-Lehrer ist kein gewöhnlicher Mensch. Alle „Lehrer an Waldorfschulen haben staatliche Unterrichtsgenehmigungen", schreibt Günter Altehage vom *Bund freier Waldorfschulen* in einem offenen Brief an die Mitgliedsverbände der *Arbeitsgemeinschaft der katholischen Verbände für die Erziehung und Schule* (AKVES) im Oktober 1988, nachdem die AKVES Waldorf scharf kritisiert hatte. Und weiter: „Sie haben eine staatliche oder eine als gleichwertig anerkannte Ausbildung absolviert und sind dadurch mit dem heutigen Stand der Erziehungs- und Fachwissenschaften vertraut. Darüber hinaus haben sie zumeist eine zusätzliche Ausbildung in Waldorfpädagogik durchlaufen. Eine weisungsbefugte Waldorfbehörde gibt es nicht." Und dann kommt der wohl entscheidende Satz von Waldorf selbst: „Jeder Waldorflehrer unterrichtet in der Art, die er als richtig erkannt hat, und nicht dem Druck von Anweisungen, auf die er 'verpflichtet' wurde." Deutlicher kann man das Ausgeliefertsein der Schüler, aber eben auch der Eltern, wohl nicht formulieren. Weiter: „Der vermeintliche Gegensatz zum heutigen Stand der Erziehungs- und Fachwissenschaften ist in der behaupteten Weise nicht vorhanden. Viele Anregungen der Waldorfpädagogik sind vielmehr umgekehrt vom staatlichen Schulsystem übernommen worden. Dies hat Gerichte in höheren Instanzen schon zu der Feststellung veranlasst, dass nicht unwesentliche Teile der in der Waldorfpädagogik erarbeiteten Erkenntnisse inzwischen Gegenstand der Erziehungswissenschaften geworden sind." Im übrigen forderten „die Waldorfschulen von ihren Eltern kein Bekenntnis zur Anthroposophie. Ein Unterrichtsfach Anthroposophie gibt es nicht." Das klingt zugegebenermaßen auf den ersten Blick alles ziemlich unverfänglich, frei und wunderschön liberal, wird aber schon dadurch regelrecht entlarvt, dass Altehage seine Ausführungen durch eine vielsagende Passage Steiners selbst ergänzt, die man gründlich lesen und in ihren Auswirkungen bedenken sollte: „Diese besondere Didaktik, die didaktische Kunst [des Lehrers, d. Verf.], ist durchaus verschieden von alledem, wovon die Menschen sich bisher Vorstellungen gemacht haben, weil sie sich bisher nichts anderes denken können als: Ich glaube an eine bestimmte Dogmatik, also ist es das Beste, den Kindern auch diese Dogmatik beizubringen. Das interessiert uns gar nicht, den Kindern eine Dogmatik beizubringen, weil wir wissen, dass das Kind eine Botschaft mitbringt, wenn es durch die Geburt ins Dasein tritt, und dass man diese Botschaft verderben würde, wenn man ihm eine Dogmatik entgegentrüge." Und ein anderes Zitat Steiners wird angehängt: „Wir könnten ja höchstens die Kinder zu Christen, zu Juden oder zu Katholiken oder Protestanten erziehen, in dem Sinne, wie wir es selber sind. Das muss aber aus jeder Erziehungskunst ausgeschlossen werden, dass wir das Bestreben haben, die Menschen so zu erziehen, dass sie werden wie wir selber sind." Die Anthroposophie vermittele dem Waldorflehrer Hilfen zum Verständnis der Entwicklungsgesetze des Menschen und befähige ihn so, auf den Schüler einzugehen und die rechten Unterrichtsmethoden zu wählen: „Anthroposophische Inhalte werden den Schülern nicht gelehrt, weil Anthroposophie ein Erkenntnisweg für Erwachsene ist, der eine besondere Kraft und Disziplinierung des Denkens erfordert, die dem Jugendlichen erst nach dem achtzehnten, neunzehnten Lebensjahr zur Verfügung stehen."

Hier wird mit anderen Worten zunächst der bisherigen Dogmatik von Erziehungszielen eine neue Dogmatik entgegengesetzt, die nämlich darin besteht, dass jeder Mensch qua Geburt festgelegt sei. Dann wird behauptet, dass man Kindern dazu nichts mehr beibringen müsse, weil das noch gar nicht gehe und schließlich wird als Ziel die Disziplinierung des Denkens beim Erwachsenen gefordert. Die Beschreibung ist deswegen so ungeheuer wichtig, weil jede Pädagogik, sogar die Waldorf-Pädagogik, natürlich durchaus weiß und auch einräumt, dass man Kinder nicht wertfrei aufwachsen lassen kann. Also muss man sie gleichsam dahingehend vorbereiten, dass sie, wenn sie alt genug sind, genau diese Werte erkennen und übernehmen. Man sucht also eine Wertevermittlung, ohne die Werte bereits selbst zu übernehmen. Das ist in der Tat Pädagogik, nicht waldorfspezifisch. Aber das bedeutet eben auch, dass man sich dann in einen

Widerspruch begibt, wenn man behauptet, es gäbe gar keine Hinorientierung auf die anthroposophischen Ziele. Diese werden vielleicht nicht direkt, offen und gezielt vermittelt, aber die Kinder werden, das entspricht dieser Selbstdarstellung, durchaus gezielt auf die Anthroposophie vorbereitet. Oder um es ganz offen zu sagen: Sie werden entsprechend „programmiert". Und damit es dabei keine kritischen Zwischenworte von außen, Störungen von kritischen Eltern gibt, die sich auf überprüfbare Lehrziele oder -inhalte berufen können, setzt man dem Lehrer keine Grenzen, sondern lässt ihn tun, was er für richtig hält.

Das mag dem Waldorf-geneigten Leser auf den ersten Blick befremdlich erscheinen, weil er nicht erkennen kann, wie solche Programmierung denn ablaufen könnte. Der Psychologe, Psychotherapeut und Dozent an der Hochschule der Polizei in Villingen-Schwennigen, Professor Adolf Gallwitz, legt dies aber in einem Interview für dieses Buch anschaulich offen. Dass ABC-Schützen in vielen Waldorfschulen ihre ersten Kurven und Striche an Hand von Pentagrammen, Runen-Zeichen und ähnlichen mystischen Symbolen lernen, kommentiert er so: „Durch diese Symbole entsteht beim Kind eine Fixierung. Als Erwachsener wird es dann mit diesen Zeichen viel alltäglicher umgehen, wie ein Mensch, der nicht auf diese Weise erzogen wurde. Es ist sogar durchaus vorstellbar, dass man davon regelrecht angezogen wird, sich vertrauter fühlt, möglicherweise auch sehr empfänglicher, aufgeschlossener und interessierter für den Einstieg in irgendeine Sekte oder Organisation, die mit diesen Zeichen arbeitet. Denn wenn man vertraute Dinge wiedererkennt, fühlt man sich hingezogen, ohne ein gesundes Misstrauen oder eine gesunde Vorsicht zu haben. Das heißt, die Kinder werden auf eine Veralltäglichung im Umgang mit diesen Symbolen vorbereitet, sie werden geöffnet, empfänglicher gemacht, durchaus programmiert, für solche Dinge als Erwachsene später ansprechbar zu sein. Man erreicht also eine Art geistige Eingliederung solcher Symbole (und später deren Inhalte) in den geistigen Lebensalltag. Später ist man dann nicht mehr in der Lage, solche Dinge mit einem anderen Blick als etwas Besonderes zu sehen, geschweige denn kritisch zu beurteilen. Der Einstieg in solche Bereiche, ich denke hier an magische und satanistische Zirkel, wird hier vorbereitet."

Mit anderen Worten: Es findet genau das statt, was der Vertreter des *Bundes freier Waldorfschulen* oben beschrieben, aber verschleiernd gemeint hat: Die Kinder werden vielleicht nicht offen indoktriniert, aber sie werden „programmiert", um später für andere Einflüsse und Führungen offen zu sein. Ist es wirklich das, was die wohlmeinenden Eltern für ihre

Kinder wollen, denen sie den angeblichen Druck staatlicher Schulsysteme ersparen wollten? Einerseits wird die Empfänglichkeit für Symbole gepflegt, andererseits Kritikfähigkeit wenig geschätzt, ja sogar negativ bewertet. „Man versündigt sich gegen diese [Kinder, d. Verf.]", schreibt Steiner, „wenn man in der Zeit, in der es auf die Bildung des Gedächtnisses ankommt, den Verstand zu sehr in Anspruch nimmt. Der Verstand ist eine Seelenkraft, die erst mit der Geschlechtsreife geboren wird, auf die man vor diesem Lebensalter nicht von außen wirken sollte." Abgesehen davon, dass diese pädagogischen Amateur-Kenntnisse jeder modernen Pädagogik widersprechen, muss hier wohl auch die kritische Frage angefügt werden, ob man nicht gezielt versucht, keine Kritikfähigkeit aufkommen zu lassen, damit schon die Kinder nicht lernen, irgendetwas zu hinterfragen, was ihnen die dominierende Lehrer-Persönlichkeit auftischt. Und noch weitergehend: Wird hier nicht ganz gezielt die Bindung an eine Führer-Persönlichkeit eingeübt?

Statt mit kritischer Auseinandersetzung werden die Kleinen dann mit Sagen, Märchen, Trollen und Zwergen groß. Welche Gedankenschemata entstehen da bei den Schülerinnen und Schülern? Adolf Gallwitz: „Durch das Nebeneinander von magischen Symbolen und blutigen Märchen, Sagen und Schilderungen werden beide miteinander verknüpft. Da liegt es nahe zu vermuten, dass ein derart abnormales Tun den Erwachsenen an die Kindheit erinnert anstatt die eigene Kritikfähigkeit wachzurufen. Hier werden Fantasien für später bereit-, als etwas Normales hingestellt. Wir wissen aus der Arbeit mit Menschen, die abnorme sexuelle Fantasien im Kopf haben, dass diese ja irgendwo herkommen. Sind sie erst einmal da, beeinflussen sie das Denken, Handeln und Wollen. Und dann käme es eigentlich darauf an, wie solche Menschen diese Impulse unter Kontrolle haben. Wir wissen nicht, aber wir ahnen, wo Sexualstraftäter ihre Fantasien herhaben. Und wenn diese Bilder dann nicht unter Kontrolle sind, weil sie in der Kindheit eingeimpft wurden, können sie leicht zur schweren Schädigung der Umgebung oder des Betreffenden selbst werden."

Dass kritische Distanz nicht erwünscht wird, dass die Unterordnung unter eine dominante Persönlichkeit (Lehrer) eingeübt und fixiert wird, liegt offenbar im Waldorf-Schulmodell. Welche Auswirkungen hat diese Fixierung auf eine Person? Gallwitz: „Hier wird eine Allmachtsposition aufgebaut und dadurch die Gewissensbildung des Kindes schon sehr früh abgeschaltet. Alles hat diese eine Figur zu bestimmen, die zwischen gut und schlecht unterscheidet für die Kinder. Und dadurch, dass diese Person dann auch noch in der Lage ist, die eigenen Eltern zu bevormunden, wird das Kind einmal die Integrität der Eltern in Frage stellen und zum anderen mit dieser einen Person eine große Machtposition verbinden, die einer Lehrerperson nicht zusteht. Sie bringt die Kinder in ein letztlich unlösbares Abhängigkeitsverhältnis, da diese Person in der Lage ist, sämtliche Lebensbereiche des Kindes zu kontrollieren. Das Kind wird sich von den eigenen Eltern entfernen, weil auch die sich ja dieser Person unterordnen müssen. Die Entwicklung einer eigenen Persönlichkeit wird dadurch erheblich beeinflusst, gehemmt und geschwächt." Hinzu komme, so der Experte weiter, dass die Waldorf-Lehre der angeblichen Ganzheitlichkeit überaus „autoritär vermittelt wird, was ebenfalls nur kritisch zu sehen ist. Steiner gilt als absoluter Wahrheitsträger, den man nicht kritisieren darf."

Die Frage, welche Konsequenzen das auch später auf einen politisch-demokratisch denkenden Menschen hat, wird später noch zu beantworten sein.

22. Wie haben unsere Kinder reagiert?

Die Waldorferziehung ghettoisiert Kinder nicht
nur. Sie raubt ihnen auch einen Teil des Lebens.
Charlotte Rudolph, ehemalige Waldorfschülerin

Begabte Schüler mit schneller Auffassungsgabe, die problemlos lernen, sind eine Freude für Eltern und Lehrer und eine Bereicherung für jede Klasse – ein Satz, der sicher für öffentliche staatliche Schule gilt. Und bei Waldorf? Solche Kinder seien soziale Eigenbrötler und einseitig gebildet, sagte man uns. Deshalb brauchen diese so genannten „Super-Intellektuellen" dringend die freie Waldorfschule. Und was macht man dort mit diesen Schülern? Ihre Begabungen unterstützen? Individuell fördern? Dürfen sie sich frei entfalten?

Bereits mit zwei Jahren sprach unser Sohn von sich mit „ich". Tausend Fragen stellte er und war an allem, besonders an Technik, sehr interessiert. „Ich bin ich", sagte er mit sieben und weigerte sich im Fremdsprachenunterricht, einen französisch klingenden Namen anzunehmen. Doch „ich" und „nein" in frühen Jahren passten nicht ins Steinersche Erziehungskonzept. Und zu viele Kinderfragen – das heißt Denken – sind auch nicht gut, wie wir erfuhren. Schon gar nicht, sie erschöpfend zu beantworten. Wir waren stolz auf unsere selbstbewussten Kinder. Doch der Begriff Selbstbewusstsein, unter dem im allgemeinen Sprachgebrauch die Überzeugung vom Wert der eigenen Person verstanden wird, erhält in der Anthroposophie eine eigene Definition, heißt in erster Linie, dass man sich selbst bewusst ist, dass man gar nichts ist.

Ist das Ich beim Kind schon stark entwickelt, haben wir nach Dr. Steiner hier das melancholische Temperament. Auch die Augenfarbe, Name, Kopfform und sogar das Sternzeichen (Steinbock, Löwe usw.) verraten dem Waldorfpädagogen, wie hier verfahren werden muss. Die Klassenlehrerin stufte unseren Sohn unwiderruflich als Melancholiker ein, behandelte und beurteilte ihn danach. Groteskerweise verhielt er sich eines Tages auch so. Zum Ausgleich erhielt er von ihr darum den Zeugnisspruch vom Licht, das erlischt, „wenn ich träge und träumend verweile und brennt um so heller, je wacher ich eile". Die ersten Jahre bemühte er sich um Anerkennung und Lob. Doch sie fand andere genial (Anthroposophenkinder) und gab ihm im nächsten „Zeugnis" den Rat: „Wer mühend sich zur Erde bückt, darf frei das Haupt erheben."

Er zog sich immer mehr zurück, fischte sich nur das (wenige) wissenswerte Lernmaterial heraus und versuchte, das Unterrichtsgeschehen mit entsprechenden Zwischenbemerkungen kurzweiliger zu gestalten. Man reagierte prompt: „Gelingt es uns, zusammen mit den Eltern, die erzieherische Aufgabe zu lösen, dann wird es sicher ein gutes 7. Schuljahr", stand in der Jahres-Schülercharakteristik. Von Geigen- und Flötenspielen (mehr künstlerisches wurde dringend angeraten) gar nicht angetan, verlegte er seinen Wunsch nach Leistung und Anerkennung in den sportlichen Bereich – und das mit viel Erfolg. Wahrscheinlich die richtige Möglichkeit für Heranwachsende, nach Waldorfschulvormittagen einen gesunden Geist in einem gesunden Körper zu behalten. Das tägliche Training und ein eigener Freundeskreis – weit ab vom Waldorfareal und -einfluss – ließen ihn zehn Jahre Steinerschule überstehen.

Selbstbewusstsein (anthroposophisch)
„Anthroposophisches Selbstbewusstsein bedeutet: eine Entmechanisierung der alltäglichen Handlungen.

Das heißt anthroposophisch erklärt: Unser Wille ersetzt die Zufälligkeit, und die Hinlenkung des Willensimpulses in die Tätigkeit meiner Hand oder des Fußes oder sonst eines Gliedes bewirkt in meinem Innern, dass mir die Tat – bewusst – wird, sie wird so durch den geistigen Willen entmechanisiert.

Ich führe statt schnell und oberflächlich und denkleer die gleiche Bewegung aus: langsam, denkerfüllt, von innen bewusst."

Kurt Heynicke, *Der Weg zum Ich* (1922)

In der 10. Klasse teilte uns die Schule mit, dass er für das Abitur nicht geeignet sei. Natürlich waren wir enttäuscht. Was war da schief gegangen? Hatten wir die Fähigkeiten unseres Sohnes überschätzt? Andere schafften in Waldorfschulen doch auch ihr Abitur! Vielleicht hätten wir strenger mit ihm sein müssen? Wir waren ratlos. Die Waldorfpädagogen zuckten die

Achseln. „Der gute Waldorfschulabschluss bleibt ihm ja und – ein gutes Handwerk ist schließlich auch nicht zu verachten", sagte man uns. Im 4. Schuljahr unseres Sohnes schien (für uns) alles noch in Ordnung zu sein. Da gaben wir das zweite Kind am großen Waldorfschultor ab. Die Tochter kam und sah, aber sie durfte nicht siegen! Sie wollte alles wissen, lernen war für sie ein Kinderspiel. Was Leistung und Mitgestaltung im Unterricht betraf, war man voll des Lobes. „Mit freudigem Interesse; stets zuverlässig; aufmerksame Zuhörerin" und dergleichen mehr hieß es in der „Jahresbeurteilung", dem Waldorf-Zeugnis. Und der Klassenlehrer bescheinigte ihr „schöne und reiche Anlagen". Buchstabierten andere noch stockend einen Satz, las sie bereits im zweiten Jahr Selma Lagerlöfs Klassiker *Nils Holgerson*. Mühten sich die meisten beim Rechnen ab, wünschte sie sich echte Herausforderungen. Ihre Bilder und Hefte wurden „Vorzeigematerial" bei Stippvisiten für den Schulrat und andere wichtige Persönlichkeiten. „Ein Paradebeispiel, wie gut und schön Waldorfschüler arbeiten." Die Durchschnittshefte wären weitaus aufschlussreicher!

Einem problemlosen Weg zum erfolgreichen Abitur schien eigentlich nichts im Wege zu stehen (mit der individuellen Förderung der Schüler wird ja geworben). Staatliche Schulen hätten bei soviel Begabung und Lerneifer einer Schülerin ihre helle Freude gehabt. Nur – das hier war eine Waldorfschule.

„Vernünftige Kinder probieren und drucksen herum, um etwas herauszubekommen", meint „Superpädagoge" Steiner. Die anderen, die Schnelldenker und Alleskönner seien nichts als „intellektualistische Taugenichtse". Und dazu zählte also unsere Tochter!

Wenn das Temperament ausartet, muss etwas geschehen. Diese anthroposophische Grundregel ist uns ja jetzt bekannt. Welches Temperament der Klassenlehrer für sie aussuchte, hat er nicht verraten; in welche Schublade er sie zu pressen versuchte, ist mir erst heute klar. Verständlich, dass ein sehr guter Schüler auch Lob für gute Leistungen erhalten will. Doch er gab ihr den Zeugnisspruch: „Es ziert die Nachtigall durch ihren Sang und Schall den Frühlingshain; im schlichten Blütenkleid Bild der Bescheidenheit nur will sie sein..."

Weil das schlaue und fixe Köpfchen auch noch hübsch war, wurde mir empfohlen, „alle Spiegel aus dem Hause zu verbannen". Es war die Lehrerin der Eurythmie, die mir den Rat erteilte, und nicht Schneewittchens böse Stiefmutter (oder vielleicht doch?). Solche Schüler brauchen dringendst eine Therapie. Der Waldorflehrer versteht sich nämlich auch als Arzt. „Wenn man bei Kindern beobachtet, dass sie neidisch sind oder ehrgeizig sind", lässt man sie „mit Inbrunst" bestimmte Eurythmieübungen machen, rät Dr. Steiner. Und empfiehlt die Übungen ebenfalls „bei schwachsinnigen, bei minderwertigen [!] Kindern".

Unsere Tochter mochte keine Eurythmie – obwohl sie gerne ins Ballett ging. Sie konnte stundenlang zu Hause Bücher lesen – Märchen, Mythen, Sagen lehnte sie ab. Und das erscheint in Waldorfkreisen höchst verdächtig. In Rudolf Steiners *Lehrerkonferenzen* von 1919 (heute noch die Grundlage jeder Waldorflehrerausbildung) wird ein Fall besprochen, der fast identisch ist. Dr. Steiner, der Spezialist für alle Lebensfragen, weiß gleich Bescheid und sagt: „Da wird irgendeine recht schlimme Verwickelung da sein mit dem ganzen Inneren. Da wird auch nicht viel zu machen sein. Das sind diese Fälle, die immer häufiger vorkommen, dass Kinder geboren werden und Menschenformen da sind, die eigentlich in Bezug auf das höchste Ich keine Menschen sind, sondern die ausgefüllt sind mit der nicht der Menschenklasse angehörigen Wesenheiten. Seit den neunziger Jahren [1890, d. Verf.] schon kommen sehr viele ich-lose Menschen vor, wo keine Reinkarnation vorliegt, sondern wo die Menschenform ausgefüllt wird von einer Art Naturdämon. Es gehen schon eine ganze Anzahl alte Leute herum, die eigentlich nicht Menschen sind, sondern naturgeistige Wesen und Menschen in Bezug auf ihre Gestalt. Man kann nicht eine Dämonenschule errichten." Ein Rechenfehler im Kosmos sei schuld daran, fügt er hinzu. Mit welchen Augen wurde unsere Tochter hier angesehen und beurteilt, ja verurteilt?

Der Wunsch, die Schule zu wechseln, kam in der 3. Klasse auf. Doch leider gaben wir nicht nach. „Sie ist sehr ernst geworden", fiel einer Fachlehrerin im dritten Jahreszeugnis auf. Im 4. Schuljahr machte unsere Tochter ihren Standpunkt klar und weigerte sich, ins anthroposophische Schablonentum hineingepresst zu werden. Sie wollte die eigenen Aufsätze in ihr Heft schreiben und nicht die diktierten Second-hand-Elaborate von Klassenkameraden. Die vorgemalten Tafelbilder farb- und detailgetreu zu übertragen, war ihr nicht kreativ genug. Sie wollte selber malen und gestalten und illustrierte die Geschichte dann allein zu Hause. (Es handelte sich um Adler, Kuh/Stier und Löwe sowie andere Tiere mit esoterischer Bedeutung.) Folgsame Waldorfschüler tun das nicht und tadelnd wurde das im Zeugnis auch erwähnt. Wer sich nicht fügt und nicht brav ist, wird bestraft. Das ist Waldorfschul-„Gesetz" – und davon wurde rigoros Gebrauch gemacht!

Im Menschen- und Tierkundeheft der vierten Klasse steht ein Spruch auf der ersten Seite:

Das größte Wunderding ist doch der Mensch allein
Er kann, nachdem ers macht „Gott" oder „Teufel" sein.

Für welche Rolle sich der Hüter der anthroposophischen Erziehungsgesetze entschieden hat, bekam meine Tochter zu spüren. Der Eintrag auf der letzten Seite ihres Heftes lautet:

„Wie frei ist Waldofschool?" – Wenn ein zehnjähriges Mädchen eine solche Frage stellt, ist sie damit eigentlich auch schon beantwortet.

Betroffen lese ich den Hilferuf – doch leider erst drei Jahre später. Zu spät. „So etwas nennt man bei uns den Versuch eines Befreiungsschlages", sagt mir der Sektenbeauftragte der katholischen Kirche in der Diözese Augsburg, Hubert Kohle, heute.

Doch das schien erst der Anfang einer angelegten Erziehungskampagne (ich würde es Läuterungsversuch nennen) zu sein. Im nächsten Waldorfzeugnis fand sich der Satz: „Sie passte sich dem Klassentempo nicht an – es ging ihr meist zu langsam voran." Jetzt wurde der „Vertreter der Götter" (Waldorflehrer) zum wahren (Erziehungs-) Künstler. Es wurde abgehobelt, was herausragte; verformt, was sich nicht anpasste; still gemacht, was nicht im Klassenrhythmus klang. Eine Überbegabung und demzufolge extreme Unterforderung? Der Klassenlehrer schüttelte den Kopf. Das war ihm nicht aufgefallen und hätte es bei Waldorf auch noch nicht gegeben! Vorrücken in eine höhere Klasse wäre leider auch nicht möglich (aus karmischen Gründen, wie ich jetzt weiß). Kleinere und größere Bestrafungsaktionen folgten – meist wegen Eurythmie. Ständige Anrufe der Lehrer, später auch Briefe, brachten nicht nur unsere Tochter durcheinander, sondern belasteten die ganze Familie. Häufige Besprechungen zwischen Eltern und Lehrer fanden statt. Eine so genannte Schüler-Besprechung im Lehrerkollegium hatte die Auswirkung, dass nun alle Lehrer meine Tochter als Zielscheibe missbrauchten (ein auch von anderen Eltern beobachtetes Verfahren für Schüler, die auf der „Abschussliste" stehen, wie ich später erfuhr). Bei der letzten Besprechung zwischen Eltern, dem „Vertrauenslehrer" (ohnehin ein Duzfreund des Klassenlehrers), dem Klassenlehrer und dem Schularzt sollten wir ein Schreiben unterzeichnen, das die Lehrer befugt, unsere Tochter zu bestrafen ohne unsere Einmischung! Eine ungeheuerliche Forderung! In welcher Erziehungsanstalt befanden wir uns da? Natürlich lehnten wir entrüstet ab. Ein Schulwechsel im kommenden Schuljahr war für uns beschlossene Sache. Doch bis dahin dauerte es noch lange.

Was nun folgte, grenzte schlicht an Terror: Ich wurde aufgefordert, täglich in der Schule anzurufen, um nachzufragen, „ob man mit ihr zufrieden" war. Am dritten Tag fand ich das reichlich blöd und stellte die Nachfragen ein. Interesselosigkeit gegenüber der Schule wurde mir dann vorgeworfen!

Weinend berichtete unsere Tochter von neuen Schikanen. „Das ist alles frei erfunden", stritt der Klassenlehrer ab. Sie habe zu viel Phantasie. Doch sie erinnert sich noch heute daran. Zu verbalen Disziplinierungen, Beleidigungen („Du kannst hier verschwinden, auf deinen Platz warten genügend andere!"), Drohungen („Wenn du dich nicht anpasst, wird dein kleiner Bruder in der Schule nicht aufgenommen.") kamen noch andere Bosheiten hinzu, die ganz offensichtlich darauf abzielten, die Kinderseele zu verletzen. Um nur einige Beispiele zu nennen: Ein Lehrer verbot ihr das Naseputzen während des Unterrichts – obwohl sie Schnupfen hatte. Spielfreude und Talent auf der Bühne wurden zwar im Zeugnis lobend erwähnt – doch bei öffentlichen Monatsfeiern musste sie in der letzten Reihe Flöte spielen oder erhielt in Theaterstücken eine Statistenrolle. Der Klassenlehrer wusste von ihrer Lebensmittelallergie und versprach, im Schullandheim darauf zu achten. Anstelle des Mittagessens konnte sie sich einen Apfel (!) nehmen. Damit sie sich – falls einmal notwendig – etwas zu essen kaufen konnte, bekam sie von uns ausreichend Taschengeld mit, was mit dem Klassenlehrer abgesprochen war. Dieser erlaubte ihr zwar einzukaufen, aber auf eine besonders perfide Weise wusste er es doch zu verhindern. Denn die Erlaubnis dazu erteilte er ihr immer erst kurz vor Geschäftsschluss. Sie rannte los – um dann enttäuscht vor der bereits geschlossenen Ladentür zu stehen.

Doch das schien noch nicht auszureichen, um aus einem kleinen lebensfrohen Mädchen ein braves angepasstes Waldorfkind zu machen. Ein Lehrer, der die Pausenaufsicht hatte, zerrte sie so heftig am Arm, dass ich die Fingernägelabdrücke mittags noch erkennen konnte. Wochenlang verfolgte er sie auf dem Schulhof, lauerte ihr ständig in der Schule auf und kam sogar überraschend in den Eurythmieunterricht hinein, „um noch etwas zu bereden". Ich nenne so etwas Psychoterror!

Sie bekam panische Angst vor ihm, litt unter Einschlafstörungen und Alpträumen, wurde immer öfter krank und immer stiller. Starke Kopf- und Bauchschmerzen, die sie hatte, waren keine Ausnahme, sondern häuften sich auffallend. Wir konsultierten mehrere Ärzte, die allerdings keine ernsthafte Erkrankung feststellen konnten. Trotzdem verschlimmerte sich ihr Gesundheitszustand in bedenklichem Ausmaß. Ein Arzt riet, die Mandeln entfernen zu lassen. Nur langsam erholte sie sich von der Operation. Genesungswünsche aus der Schule? Fehlanzeige. „In der Schule habe ich oft den Auftrag vom Lehrer bekommen, einen Klassenbrief mit Grüßen an kranke Mitschüler und Mitschülerinnen zu schreiben, weil ich eine besonders schöne Schrift habe. Und mir schreiben sie nicht", sagte sie enttäuscht.

Kaum war sie eine Woche wieder in der Schule und noch recht schwach, da traf schon wieder einer der bekannten Waldorfbriefe ein. Das war der Tropfen, der das Fass zum Überlaufen brachte. Sie wollte nicht mehr und sie konnte nicht mehr. Am nächsten Morgen stand sie nicht mehr auf. Sie schaute mich bittend an und sagte: „Ich muss da raus, Mama!" Als ich zum Klassenlehrer ging und fragte, welchen Eindruck er in letzter Zeit von ihr hatte, bekam ich die Antwort: „Sie war ruhig, sie war unauffällig; ich war jetzt sehr zufrieden mit ihr."

Jetzt endlich wurde ich wach – verdammt spät! Ein privates, aber staatlich voll anerkanntes Gymnasium gab ihr die Möglichkeit, die Aufnahmeprüfung zur weiterführenden Klasse zu machen. Viel Wissensstoff in Englisch und Mathematik war nachzuholen. Sie weigerte sich, die Waldorfschule noch einmal zu betreten, nicht einmal in die Nähe wollte sie gehen. Angstvoll verkroch sie sich im Auto, wenn ich an der Schule vorbeifahren musste. Alles, was sie noch daran erinnerte, entfernte sie aus ihrem Zimmer. Wie weh muss man ihr dort getan haben!

Und diesmal hörte ich auf meine Tochter. Wir haben einen verständnisvollen Arzt, der sie bis zum Schuljahresende krank schrieb. Wir fanden auch eine gute Lehrerin für Nachhilfe in Mathematik und Englisch (mit häuslichen Übungen hatten wir schon vor Monaten begonnen). Zwei Jahre Schulstoff waren nachzupauken – und das in nur drei Monaten. Doch es gelang – dank ihrer mathematischen Begabung, ihres enormen Willens und ihres immensen Lerneifers. Sie schaffte es – eine ungeheure Leistung! Und am darauffolgenden Schuljahresende zählte ihr Zeugnis mit zu den besten. Der Waldorfwissensstand in Französisch von sechs (!) Jahren war übrigens bereits nach drei Wochen aufgebraucht.

Auf unser Drängen hin entschloss sich dann unser ältester Sohn, den Absprung zu wagen. „Auf der Waldorfschule hat man uns immer Angst gemacht vor den staatlichen Schulen und Schülern." Er war überrascht und begeistert von der freien und lockeren Atmosphäre auf der neuen Schule und bedauert es heute, diesen Schritt nicht früher gewagt zu haben. Doch nach zehn Jahren Waldorfdumpfheit war der Rückstand zum Gymnasium so groß, dass er durch Nachlernen nicht mehr aufgeholt werden konnte. Er wird seinen Weg trotzdem schaffen – diesmal wirklich frei und mit unserer vollen Unterstützung.

Unser Kleinster besuchte nur eineinhalb Jahre die Waldorfschule. Auch bei ihm traten kurz nach der Einschulung die gleichen Symptome wie bei unserer Tochter auf: Kopf- und Bauchschmerzen und häufiges Kranksein. Der vorher quirlige kleine Kerl wurde zunehmend stiller. Als wir ihn abmeldeten, konnte er kaum Lesen und Schreiben. „Er ist ein Extremlegastheniker", gab uns die erfahrene und betagte Waldorfpädagogin (80) schriftlich. Sie war die Spezialistin für den „Waldorf-Förderunterricht". Eine nette und verständnisvolle Klassenlehrerin der Regelschule und zusätzlich nachmittags eine Nachhilfelehrerin schafften es, dass er das Versäumte aufholte. „Er ist kein Legastheniker", versicherte mir die Lehrerin. Ihm fehlte beim Lesen und Schreiben nur der logische Aufbau.

„Diese Sache wäre also erledigt", bemerkte der Waldorfklassenlehrer, als wir die letzten Sachen unseres Sohnes abholten. Zufall, Freudscher Versprecher – ich bin überzeugt: Nein, das hier hatte System! Mit etwas Abstand betrachtet, erscheint mir vieles verständlich und klar. Zehn Jahre bestand die Schule und für dieses zehnte Jahr ist bekannterweise eine Neustrukturierung vorgesehen. „Wir haben unser eigenes Konzept gefunden", äußerte man sich gegenüber der örtlichen Tageszeitung. „Wir sind jetzt eine Schule mit sozialer Ausrichtung", erfuhren die Eltern. Die Integrationsphase hatte begonnen. Die Eltern hatten die Vorarbeit geleistet, nun übernahmen vermutlich „die höheren Welten" das Ruder. Im Zuge dieser Neuordnung fand dann wohl eine Tempelreinigung statt. Und da passten wir natürlich nicht rein:

* Wir waren nicht zur Läuterung bereit, keine Anthroposophen.
* Unsere Spendenfreudigkeit hielt sich in Grenzen.
* Unsere aktive Mitarbeit war nach 10 Jahren Mitgliedschaft drastisch gesunken.
* Einflussreiche Posten oder Verbindungen konnten auch nicht vorgewiesen werden.
* Die Kinder passten sich nicht an, die Mutter stellte unbequeme Fragen.

Für Waldorf waren wir nicht tauglich! Materialistische Taugenichtse also. Materialistisch ist hier das Gegenteil von spirituell und heißt: Man glaubt nur, was man sieht. Und ist nicht mit einer materiellen Ausrichtung und Fixierung aufs Ökonomische zu verwechseln, wie das häufig getan wird. Kapitalkräftige Anthroposophenfreunde sind bei Waldorf durchaus gern gesehen. Es gibt kein klares, offenes Gespräch, das zu verstehen gibt: Ihr passt hier gar nicht hin! Da hat man doch viel feinere Methoden: Man ekelt raus.

So ist das also! Da heißt es Waldorf wisch und weg. Viele Jahre hat man nun mitgearbeitet, mitgeholfen und gezahlt, unendlich viel Zeit, Geld und Hoffnung in einen „Traum von einer Schule" investiert. Am Ende war es ein Alptraum für die gesamte Familie. Für seine Kinder hat man das getan – und keinesfalls für die Institution Schule oder gar die ganze Waldorforganisation. Jahrelang lassen sich Eltern nur aus diesem Grund als Zugpferde einfangen und vor den Waldorfkarren spannen.

Zuerst atmeten wir einmal auf. Keine Anrufe, keine Briefe, keine Vorschriften, kein Druck – und auch kein schlechtes Gewissen mehr. Trotzdem fanden wir uns nur langsam im normalen Schulalltag zurecht. Die ungeheuren Wissensrückstände aufzuholen, war die erste und wichtigste Aufgabe. Mit einer Aufnahmeprüfung allein war es nicht getan. Von Chemie, Physik und Erdkunde bis hin zu Biologie und Geschichte, sogar Musik, lagen erschreckende Defizite vor; Basiswissen fehlte! Ständige Nachhilfe und zusätzliches Lernen waren unbedingt erforderlich und hielten uns viele Monate lang auf Trab, von den Kosten ganz zu schweigen.

Richtlinien und Belehrungen, die wir fast täglich seit der Waldorfkindergartenzeit erhielten, waren nicht so leicht abzuschütteln. Unsicher fragte man sich da zum Beispiel: „Muss es denn schon wieder Cola und McDonalds sein? – Nimmt das Fernsehen nicht überhand? – Videospiel und Gameboy, muss das wirklich sein?" Und man schluckte, wenn auf der

Geburtstagsparty die Zehnjährigen „rappten". Doch es „normalisierte"
sich alles und frischer Wind kam ins Haus. Neue Schulen, neue Lehrer,
neue Klassenkameraden und Freunde gaben neue Gesprächsthemen. Vielfältige Freizeit- und Interessengestaltung brachte vielfältige und interes-
sante Unterhaltungen in die Familie. Es ging aufwärts! Wir hatten viel
nachzuholen.

Das leidige Thema Waldorf war so gut wie abgeschlossen, da entdeck-
te ich in einer Buchhandlung rein zufällig ein kritisches Buch über die
Waldorfschule. Ich las es und plötzlich war mir klar: Wir sind ja gar kein
Einzelfall. Das war kein Zufall – das Ganze hatte System!

23. Kein Zeugnis – oder doch?

Zu den wirklich entscheidenden Punkten und den Eigenarten der Waldorf-schule gehört der Verzicht auf ein Zeugnis. Stattdessen gibt es Beurtei-lungen, die nicht zuletzt aufgrund der pseudopsychologischen Einordnung der Kinder erstellt werden. Diese Papiere sind nur zur Information der Eltern gedacht, es geht nicht um Berechtigungsabschlüsse, da ja niemand sitzenbleiben kann. Die Eltern erhalten darin eine Art Überblick über den Entwicklungsstand ihres Kindes, gleichsam „eine kleine Biographie", wie es offiziell ausgedrückt wird. Für die Kinder enthalten diese Papiere einen „Zeugnisspruch", der dem Kind Klarheit über und Hilfe für seine Persön-lichkeitsentwicklung geben soll. Die Frage, ob als Grundschullehrer quali-fizierte Kräfte, die im Rahmen einer Waldorf-Zusatzausbildung auf Linie gebracht wurden, die psychologische Fachkompetenz zu einem derart umfassenden Gutachten haben, stellen sich überraschenderweise viele Eltern gar nicht. „Überraschenderweise" deshalb, weil ja viele Eltern von Waldorfschülerinnen und -schülern aus akademischen und therapeutischen Berufen kommen, also wissen müssten, wieviel Qualifikation erforderlich ist, um eine derart umfassende Persönlichkeitsanalyse zu erstellen. Aber nein, bei Waldorf glauben auch sie offenbar eher an die mystisch-übersinnliche Eingabe von oben.

Tatsache ist, dass die oben aufgezeigte Allmachtstellung der Lehrer, denen das Kind nicht einmal zu den Eltern entfliehen kann, weil der Leh-rer auch diese dominiert und ungefragt in deren Lebensablauf eingreifen darf, durch die, den Zeugnissen nicht unähnlichen Gutachten-Papiere noch verstärkt wird. Über die Qualifikation solcher Ausführungen befindet der Psychotherapeut Adolf Gallwitz: „Das Kind wird durch solche Beurtei-lungen noch stärker dem System und der Bezugsperson Lehrer ausgelie-fert. Dieses System macht es dem Lehrer noch leichter, die absolute Machtkontrolle zu erringen bis hin zur völligen Verfügungsgewalt vor allem psychischer Art über das Kind. Er kann den Kindern seinen Willen

widerspruchslos diktieren. Da es keine Kontrolle gibt oder Kritik nicht zugelassen ist, greift man ganz erheblich in die psychische Entwicklung des
Kindes ein. Eine Absicht, sicher aber eine Folge, ist eine erlernte oder an-
trainierte Hilflosigkeit. Das heißt, man lernt (oder wird dazu angehalten),
die Verantwortung für das eigene Leben anderen zu übertragen. Man löst
soziale Kontakte oder ist erst gar nicht in der Lage, soziale Kontakte
außerhalb solcher Gruppierungen zu knüpfen. Im Kern geht es damit um
den Aufbau von Ängsten und Abhängigkeiten, ein Übergang von einer
Waldorf- zu einer staatlichen Schule wird erheblich erschwert, ebenso ein
Ausscheren aus dem System. Es entsteht eine Orientierungslosigkeit, die
dann auch später Erwachsene immer nach einer starken Führer-Persönlichkeit suchen lässt und sie in die Arme von Sekten treiben könnte, weil
diese ja sicherzustellen scheinen, dass eigene Fragen von anderen beantwortet und Probleme gelöst werden. Aus fachlicher Sicht ist die Persön-
lichkeitsbeurteilung ein absoluter Schwachsinn, gleichgültig, ob wie hier
die griechische Typologie verwendet wird oder der Kretschmersche Per-
sönlichkeitsaufbau, der teilweise immer noch in Bücher Eingang findet.
Auf der einen Seite werden Stereotypen aufgebaut, auf der anderen Seite
geht es dann um diese sich selbst erfüllenden Prophezeiungen. Denn wenn
ich bestimmte Vermutungen habe, dann suche ich natürlich auch nach
bestimmten Indizien, warum dieses Temperament eine Erklärung für das
ist, was ich schon erkannt habe. Ich halte es von der psychologischen
Grundlagenforschung her für absolut unsinnig, in der Schule Persönlich-
keitsprofile zu erstellen und daraus bestimmte Konsequenzen abzuleiten.
Die eigentliche Triebfeder für solche Praktiken ist wohl eher der Versuch,
eine pseudowissenschaftliche Grundlage zu schaffen, die letztlich dem
System nur noch mehr Macht gibt und es absichert, falls da mal irgendwelche Psychologen kommen könnten und Mängel in diesem Ausbil-
dungssystem kritisieren."

Die Kinder werden also auf die Lehrerperson fixiert und dann mit entsprechenden Symbolen und angeblichen Lehrinhalten derart programmiert, dass sie später leicht für radikale Strömungen aller Art und für das
System Anthroposophie anfällig werden. Die sublimen Botschaften der
anthroposophischen Erziehung fallen spätestens dann auf einen fruchtba-
ren Boden. Kritik von außen wird nicht zugelassen, die Eltern haben ihre
Bedeutung als kontrollierende Zufluchtsinstanz für das Kind verloren. Es
ist hilf- und wehrlos dem System und dem dieses System repräsentieren-
den Lehrer ausgeliefert, der dann mit seinen so genannten Inhalten los-
legen kann.

Welche sublimen Botschaften sind das? Adolf Gallwitz: „Ein Lehrer führt über viele Jahre hinweg die Kinder, gewinnt eine Monopol- und Vormachtstellung gegenüber allen anderen Erziehungsberechtigten und ist auf diese Weise in der Lage, intensiv Einfluss auf die Entwicklung der Kinder zu nehmen. Der Schüler wird langsam, aber subtil an diese anthroposophische Geistesrichtung herangeführt. Und da diese Anthroposophie eine beträchtliche Sensibilität für gesellschaftliche Bedürfnisse und Defizite hat – das geht ja bis hinein in den Bereich der homöopathischen Medizin, kein Leistungsdruck, alles Dinge, die in der Gesellschaft als wichtig angesehen werden –, ist es leicht, sich als Erkenntnisweg zu präsentieren. Sie soll sich dabei nicht mit den Kirchen decken, was ja eine durchaus vernünftige Alternative wäre, sondern man wählt den anderen Weg, indem man den Kindern, aber eben auch den Erwachsenen, ständig irgendwelche eindeutigen Lehren und Antworten bzw. ganz klar umrissene Denk- und Verhaltensmuster dieses Systems anbietet. Dadurch entsteht im Laufe der Zeit eine starke extreme Abgrenzung von der Umwelt, weil der Eindruck erweckt wird, dass man nur hier Sicherheit, Anerkennung, Antworten und Geborgenheit finden kann. Alle Inhalte, die in der Waldorfschule gelehrt werden, finden sich in der anthroposophischen Menschenkunde. Der Zwiespalt, der für junge Menschen aufgebaut wird, ist leicht nachvollziehbar: Hier die Scheinwelt, da die restliche Welt. Die Eltern sollten wirklich genau prüfen, ob ihr Kind geistig und von seiner Persönlichkeit her in der Lage ist, dass es einer solchen Waldorf-Erziehung ausgesetzt werden kann. Vor allem müssen sich die Eltern darüber Gedanken machen, ob sie selbst bereit sind, ihr Kind derart aufzugeben. Ich warne davor, die Folgen der jahrelangen Einflussnahme auf die Kinder zu unterschätzen. Es ist falsch, hier nur einen Hort der Freiheit und des Lebens ohne Druck zu sehen. Tatsächlich steckt da eine Menge Indoktrination dahinter.“

Große Wahrheiten machen abhängig, schwächen das Selbstwertgefühl, haben eigentlich noch nie dazu geführt, dass am Ende profilierte Menschen mit Verantwortung für sich und andere, die auch eine gesunde Frustrationstoleranz mit sich bringen, entstehen. Das Gerede von der großen Freiheit bei Waldorf ist letztlich in vielen Fällen eine Mogelpackung. Gallwitz steht mit seinem Urteil da keineswegs alleine. Eine Vielzahl von Psychologen und Pädagogen, Soziologen und eben auch Waldorfkennern bestätigt diese Darstellungen. Waldorf-Experte Paul Oswald fasst die Situation in seinem Aufsatz „Die Waldorfschule und ihr anthroposophischer Hintergrund“ mit den Worten zusammen: „Die pädagogische

Konzeption Steiners ist gleichsam ein geschlossenes System. Die Kinder sind zutiefst nicht erst einmal die je einmaligen personalen Wesen, sondern sie sind gleichsam Typen einer bestimmten Phasenhaltung, eines bestimmten Temperaments, einer bestimmten Reinkarnationsstufe usw. apriorisch fixiert durch die Rasterung des Systems."

Solche Sicht der Kinder ist systemimmanent. Denn nach anthroposophischem Menschenbild hat der Lehrer ja nicht einen einzigartigen, neuen Menschen vor sich, sondern ein Menschenwesen, das kraft Seelenwanderung schon viele Erdenleben durchlaufen und weitere Inkarnationsstufen vor sich hat. Wie sich dies konkret auf den Unterricht auswirkt, beschreibt Steiner selbst: „Bei einem Kind, das fest auftritt, kann man sehen, dass es fest im Leben drinsteckte in seiner vorhergehenden Inkarnation, dass es sich für alles interessierte im vorangegangenen Erdenleben. Man wird daher bei einem solchen Kind darauf sehen müssen, dass man die Dinge aus dem Kinde herausholt, denn es bringt ja viel mit aus jenem anderen Leben. Anders sind die Kinder, die trippeln, mit der Ferse kaum auftreten, denn die haben in flüchtiger Weise das vorige Erdenleben verbracht. Man wird bei ihnen nicht viel herausholen können." Nanu? Ist das die große Freiheit, die auf die in *jedem* Kind angelegten Fähigkeiten und Eigenschaften so uneigennützig eingeht?

Der Erziehungswissenschaftler Franz Joseph Wehnes von der Universität Essen ging vor der Vollversammlung des Diözesanrates der Katholiken in Freiburg vor einigen Jahren noch einen Schritt weiter: „Erziehungswissenschaftliche Kategorien sind hier [bei Waldorf, d. Verf.] nicht maßgeblich, sondern allein kosmisch-übersinnliche Gesetze bestimmen die Behandlungsweise des Schülers. Insofern versteht sich der Waldorflehrer als ein entscheidender Mitgestalter am Karma des einzelnen Menschen und am Geschehen im Weltenkosmos. Steiner hat betont: 'Dass man in aller Erziehung eine Art Fortsetzung der vorgeburtlichen, übersinnlichen Tätigkeit bewirkt. Dies gibt allem Erziehen die nötige Weihe, und ohne diese Weihe kann man überhaupt nicht erziehen. Wir wollen uns bewusst werden, dass wir durch Erziehung nur das fortzusetzen haben, was ohne unser Zutun besorgt worden ist von höheren Wesen.' Von hierher ist es nur noch ein kleiner Schritt zum Lehrer als 'Priester mit missionarischem Auftrag'. Daher sagt Steiner auch: 'Der Erzieherberuf muss sich umwandeln lassen zum ganz wahrhaften Priesterberuf, der dasteht, wenn die göttliche Gnade die Menschen herunterschickt in das irdische Leben.'"

Fazit: Schüler sind keine Menschen, sie sind formbare Wesen, die Karma haben, schon ein paar mal da waren und noch ein paar mal zurückkehren werden. Nur der Lehrer kann wissen, was zu tun ist. Niemand sonst. Weil der Lehrer eine Art priesterlichen Auftrag formuliert und die Eltern und die Kritiker sowieso noch keinen genügenden Erkenntnisstand haben. In diesem Glauben, setzt Wehnes fort, an „einen 'priesterlichen Sendungsauftrag', d.h. in einem Dienst am Karma des einzelnen Schülers und der kosmischen Weltordnung, ist das in der Tat große Engagement der Waldorf-Lehrer begründet".

24. Die Politik der Anthroposophen

Wer Eliten (Elite heißt nichts anderes als Auswahl) bildet, muss sich fragen lassen, mit welchem Ziel er das tut. Die Geschichten über Waldorfschulen klingen ja mehr nach einem angstfreien Erziehungsparadies denn nach autoritärem Druck oder gar nach Indoktrination. Inwieweit ist eine derart ausgrenzende, durch magisch-mystische Begriffe verklausulierte Auswahl-Erziehung eigentlich geeignet, einen demokratisch denkenden Menschen auszubilden? Oder anders gefragt: Wie nah sind sich eine auf Auswahl und Selektion gerichtete anthroposophische Waldorf-Erziehung und die ebenfalls auf Auslese ausgerichtete faschistische Ideologie? Oder noch anders: Wie rassistisch ist Waldorf? Eine an dieser Stelle überraschende Frage? Eigentlich nicht, denn die systematische Absonderung der Waldorf-Kinder von den übrigen Kindern, die unmerkliche Selektion der Waldorf-Eltern von den anderen Eltern dürfte kaum ein Zufall sein. Es ist wohl nicht zu weit gegriffen, wenn hier von einer sozialen und emotionalen Lenkung der Eltern gesprochen wird, auf die die Waldorf-Bewegung dann umso leichter und – nebenbei gesagt – ungestörter Einfluss ausüben kann. Insofern muss man sich sehr wohl der auf den ersten Blick unglaublichen Frage stellen, welche gesellschaftliche Ideologie im Hintergrund steht oder als Ergebnis erreicht wird.

Schon bisher ist fast erschreckend deutlich geworden, wie massiv Waldorfschüler vom Kindergarten an auf eine Führer-Persönlichkeit hin ausgerichtet werden. Die lange und ausschließliche Fixierung auf eine Person, die auch noch Zugriffe auf jene Menschen hat, die das Kind bisher als Autorität kennengelernt hat (Familie, Eltern), macht den Waldorf-Erzieher zu einem Halbgott, der alle ändern und alles bestimmen kann, was das Kind als Umwelt hat: von der Kleidung über das Spielzeug bis zur Freizeitgestaltung. Dass Kinder für eine Woche vom Unterricht ausgeschlossen werden, weil sie am Wochenende an einem Sport-Wettkampf teilgenommen haben (so geschehen 1997 in einer Waldorfschule in

Kempten/Allgäu) und dass Eltern dies auch noch stillschweigend hinnehmen, macht nicht nur „normal denkende" Mitmenschen fassungslos, sondern signalisiert den Kindern eben auch, wie wenig ihre Vorlieben, ihre Fähigkeiten akzeptiert werden. Vor allem aber bekommen sie zu spüren, dass nichts zählt außer dem Willen des Lehrers. Sie sind ihm in jeder Hinsicht hilflos ausgeliefert. Das ist keine Erziehung zur Mündigkeit oder gar zur höheren Erkenntnis, sondern schlicht zum willfährigen Objekt.

Die latente Botschaft besteht aber nicht nur darin, dass man sich stets zu fügen, zu unterwerfen hat, sondern eben auch darin, dass man nicht selbst sein Verhalten regeln darf, sondern immer nach dem Willen einer höheren Ordnung, die in diesem Fall der Lehrer verkörpert, fragen muss. Viele Eltern sind nach der Waldorf-Einschulung zutiefst überrascht, wie massiv der Druck und die Einwirkung der Waldorf-Erzieher auch auf das Familienleben sind. Hörigkeit heißt die Botschaft, nicht Erziehung zur Freiheit. Was anfangs so gut klang, die Erziehung ohne Druck, ohne Noten, ohne Zwang, kehrt sich in der Praxis ganz rasch ins Gegenteil um. Da wird geherrscht, bestimmt, angeordnet. Manchmal mit latent-zwanghafter Freundlichkeit, sehr viel öfter aber mit massiven Androhungen. Die implizite Ausgrenzung von Waldorf-Familien findet nicht erkennbar, sondern in kleinen Schritten und sukzessive statt. Aus dem willigen Engagement für den Kindergarten, für die Schule, aus Elternabenden und ständigen Treffen wird langsam ein soziales Netz geknüpft, das bald keine Zeit mehr für Waldorf-Fremde lässt. Eine derart von anderen Einflüssen isolierte Familiengemeinschaft ist am Ende total auf das System hin ausgerichtet. Zunächst aus zeitlichen Gründen, weil man vor lauter Aktivitäten für die Schule (man sagt natürlich für das Kind) zu nichts anderem mehr kommt. Aber dass diese Bindung vielleicht Strategie sein könnte, deren Ziel das Nicht-mehr-Infragestellen des Systems ist, wird nur denen klar, die sich einen letzten Freiraum erhalten. Derart ausgegrenzt und abgeschottet sind alle Tore offen für einen blinden Gehorsam, den man auch noch gerne auf sich nimmt, weil man ja das Gefühl pflegen kann, etwas Anderes (soll heißen: etwas Besseres) zu sein. Dass sich, wenn man von den druckvoll durchgesetzten Leitlinien abweicht, nur noch schlechtes Gewissen breitmacht, weil man seine Persönlichkeit plötzlich im Geheimen ausleben muss, wird zwar von vielen so erlebt, aber nur von wenigen zugegeben. Kein Wunder: Man müsste ja offenbaren, dass man sich für diese, selbst gewählte Elite offenbar noch nicht qualifiziert hat. Auf diese Weise erhält und reguliert sich das System selbst und zwar auf die denkbar perfideste Weise: Es nutzt nämlich das offenbar bei vielen Eltern vorhandene

Bedürfnis nach gesellschaftlicher Sonderstellung, um sie erst hineinzu-
ziehen und dann dafür zu sorgen, dass man nicht mehr herausfällt, weil
man sich eingestehen müsste, für eine solche Elite ungeeignet zu sein.
Und da einem ständig vorgehalten wird, dass man nur für die höhere Erkenntnis geeignet ist, wenn man funktioniert, und da ja niemand bisher
wirklich weiß, wie der Weg dahin verläuft, ordnet man sich gehorsam und
widerspruchslos unter, lässt sich dirigieren und indoktrinieren – ein Vorwurf, den alle Waldorf-Anhänger selbstverständlich strikt von sich weisen
werden. Alles ist ihre eigene freie Entscheidung. Dass sie damit nur deutlich machen, wie sehr sie von der Sekten und Geheimbünden ähnlichen
Struktur bereits vereinnahmt wurden, wird ihnen schon nicht mehr klar.
Das System hat sie bereits erfolgreich umwoben. Der Gradmesser dafür ist
nicht nur die Unvorstellbarkeit, sich aus diesem System zu lösen, weil
man Bekannte, Termine, Engagement etc. verlieren würde. Der Gradmesser ist auch die Unfähigkeit, sich ein Leben ohne dieses System vorzu-
stellen. Denn es geht ja auch tatsächlich nicht mehr. Ein Kind mitten aus
einer Waldorf-Laufbahn herauszuholen, macht es ihn jeder Hinsicht orien-
tierungslos, weil es an einer staatlichen Schule zunächst in ein tiefes Loch
fallen würde. Und angesichts der Perspektive einer solchen Halt- und
Orientierungslosigkeit erscheint die Alternative einfacher, eigene Zweifel
und Gewissensbisse zu übergehen, zu schweigen und weiter mitzuspielen
notfalls auch gegen den letzten Rest eines eigenen Willens. Dass der harte
Kern der Waldorf- und Anthroposophen-Bewegung genau darauf setzt,
kann derjenige, der im System steckt, nicht erkennen. Dazu müsste man
sich etwas außerhalb aufhalten. Was das System mit Erfolg und Druck,
mit latenten Drohungen und geschicktem Aufgreifen latenter Bedürfnisse
nach gesellschaftlichem Prestige (Wie, Ihr Kind geht auf eine Waldorfschule? Toll!) verhindert. Wenn es wirklich so etwas wie eine „bewun-
dernswerte" Leistung dieses Waldorf-Systems gibt, dann ist es die Ver-
tuschung der Wirklichkeit vor und des sich selbst erhaltenden Drucks nach
dem Eintritt. Später ist das eigene Denken ohnehin längst soweit abgeschaltet, dass ein Leben außerhalb gar nicht mehr realisierbar erscheint.
Waldorf, um es einmal ganz klar zu sagen, haben viele als ein in sich geschlossenes System zur schrittweisen Entmündigung von Kindern und
Erwachsenen unter dem Deckmäntelchen einer höherwertigen Erziehung
erlebt, die geschickt gesellschaftliche Bedürfnisse nach Orientierung und
emotionaler Geborgenheit und Schutz auffängt. Von außen mag das
System wie eine Insel im sozialen und gesellschaftlichen Nahkampf erscheinen. Von innen wird es wie ein System der Indoktrination, der Be-

vormundung, der Lenkung von oben empfunden sowie als Lehre mit einem durch und durch rassistischen Menschenbild, dem ein politisches System entspricht, das radikal diktatorisch auf eine Führer-Figur hin ausgerichtet ist, der sich die Anhänger willig, hörig und fraglos unterzuordnen haben.

25. Von Steiner zu Hitler

Dass viele Nationalsozialisten esoterischen Inhalten nahe standen und recht dankbar auf die anthroposophische Vorarbeit zurückgriffen, reicht als Beleg für die These großer Nähe braunen und anthroposophischen Gedankengutes noch nicht aus. Dass das Hakenkreuz in der anthroposophischen Symbolik schon früh eine Rolle spielte, mag ein Indiz für die geistige Verwandschaft sein – reicht aber auch noch nicht aus. Und dass rassistische Einstellungen auf manchen Elternabenden von Waldorfkindergärten und -schulen mit manchmal erschreckender Aggressivität und Offenheit gepflegt werden, reicht ebenfalls nicht aus, um eine direkte Linie zwischen dem braunen Gedankengut und den anthroposophischen Kinderschützern zu zeichnen. Obwohl solche Auffassungen von angeblich liberal denkenden Menschen oft mehr Nähe als Distanz zum braunen Umfeld der Neonazis zeigen. Nein, es ist Steiner selbst, der keineswegs nur zwischen den Zeilen, sondern mit ungeschminkter Offenheit einen Rassismus pflegt, der – das belegen zahlreiche Untersuchungen – so etwas wie der geistige Boden für das spätere Denken eines Adolf Hitler war. Aus der Tatsache, dass beide – Steiner wie Hitler – aus der gleichen Gegend Österreichs kommen, dass beide im gleichen Umfeld des Wien der 20er Jahre groß werden, einen Rückschluss zu ziehen, mag dünn erscheinen. Aber es ist eine Parallele. Dass aber Hitler in einigen Reden nahezu wortgleiche Zitate verwendet, wie sie Steiner einige Jahre zuvor in seinen Büchern und Aufsätzen darlegt, lässt sich schon deutlich schwerer vom Tisch wischen. Es geht hier keineswegs darum, pauschal alle Faschisten als Anthroposophen oder alle Anthroposophen als Faschisten hinzustellen. Aber das Menschenbild beider und damit auch die Erziehungsideale der Waldorfianer weisen eine derart verblüffende Parallelität, wenn nicht Deckungsgleichheit auf, dass man nicht umhin kommt, die Anthroposophie als so etwas wie einen der geistigen Nährböden des Faschismus zu bezeichnen. Ein Eindruck, der noch dadurch verstärkt wird, dass die Waldorf-Erziehung wie oben gezeigt auf Prinzipien und sublimen Botschaften beruht, die Berührungspunkte mit dem politischen Bild nazistischer Rassisten aufweist. Was hier – mit anderen Worten – geschieht, ist die Unterwanderung der Demokratie, indem ihre gedanklichen Grundlagen in Frage gestellt werden, die Herausbildung einer Generation, die dem politischen System einer Führer-Diktatur näher steht, als dem einer von politischen Mehrheiten gelenkten Demokratie. Insofern kann man schlechterdings nicht umhin, als den Anthroposophen den Satz, ihnen ginge es nicht um Politik, schlichtweg nicht abzunehmen. Sie vermitteln vom Kindergarten an ein System, das nach den Regeln funktioniert, die auf einen Führer ausgerichtete Diktaturen praktiziert haben. Und das ist keineswegs ein Zufall. Im November 1996 verabschiedete die Bielefelder *Initiative zur Anthroposophie-Kritik* (IzAK) eine Resolution, die darauf hinwies, dass die Anthroposophie „mit einer demokratischen Verfassung, dem Grundgesetz der Bundesrepublik Deutschland, der UN-Konvention über die Rechte des Kindes von 1989 und der Allgemeinen Erklärung der Menschenrechte vom 10. Dezember 1948 nicht vereinbar sei". Konkret wird da attackiert, dass eine „autoritäre Sekte, die an Reinkarnation und Karma, an 'Äther-', 'Astral'- und andere Leiber glaubt, die Entwicklung der Menschheit von irrsinnigen 'Planetenzeitaltern' ableitet", durch höchste Regierungsstellen anerkannt und aus Steuermitteln gefördert werde. Der Deutsche Bundestag, das Europa-Parlament, UNESCO und UNICEF wurden unter Vorlage einer Dokumentation über „Steiners Irrlehre" zu sofortigem Handeln aufgefordert.

Frappierend an dieser Dokumentation ist, dass sie keineswegs auf personelle Querverbindungen oder Sekundär-Literatur aufgebaut ist, sonderr sich ausschließlich an Original-Töne Steiners anlehnt. Hier einige dieser Steiner-Sätze, die in der Tat blanken Rassismus predigen:

„Aber mit der Zeit verliert sich die Blondheit, weil das Menschengeschlecht schwächer wird. Und die Erdenmenschheit würde vor der Gefahr stehen, dass die ganze Erdenmenschheit eigentlich dumm würde, wenn nicht das kommen würde, dass man eine Geisteswissenschaft haben wird, eine Anthroposophie, die nicht mehr auf den Körper Rücksicht nimmt, sondern aus der geistigen Untersuchung selbst heraus die Gescheitheit wieder holt, wenn ich so sagen darf. (...) Die blonden Haare geben eigentlich Gescheitheit. Geradeso wie sie wenig in das Auge hineinschicken, so bleiben sie im Gehirn mit ihren Nahrungssäften, geben sie ihrem Gehirn die Gescheitheit. Die Braunhaarigen und Braunäugigen, und die Schwarzhaarigen und Schwarzäugigen, die treiben das, was die Blonden ins Gehirn treiben, in die Haare und Augen hinein... Wir haben nicht zum Spaß diesen Bau, das Goetheanum, hierher gebaut, sondern auf das hin, was aus dem Menschengeschlecht wird, wenn nicht aus dem Geiste heraus nachgeholfen würde dem, was aus der Natur heraus verschwindet." (Rudolf Steiner in *Über Gesundheit und Krankheit, Grundlagen einer geisteswissenschaftlichen Sinneslehre*)

Dann greift die Resolution ein Zitat über Farbige in Afrika auf: „Diese Schwarzen in Afrika haben die Eigentümlichkeit, dass sie alles Licht und alle Wärme vom Weltenraum aufsaugen. Sie nehmen das auf. Und dieses Licht und diese Wärme im Weltenraum, die kann nicht durch den ganzen Körper hindurchgehen, weil ja der Mensch immer ein Mensch ist, selbst wenn er ein Schwarzer ist. Es geht nicht durch den ganzen Körper, sondern hält sich an der Oberfläche der Haut, und da wird die Haut dann selber schwarz. (...) Überall nimmt er Licht und Wärme auf, überall. Das verarbeitet er in sich selber. Da muss etwas sein, was ihm hilft bei diesem Verarbeiten. Nun sehen Sie, das, was ihm hilft bei diesem Verarbeiten, das ist namentlich sein Hinterhirn. Beim Neger ist daher das Hinterhirn besonders ausgebildet. Das geht durch das Rückenmark. Und das kann alles das, was da im Menschen drinnen ist an Licht und Wärme, verarbeiten. Daher ist beim Neger namentlich alles das, was mit dem Körper und dem Stoffwechsel zusammenhängt, lebhaft ausgebildet. Er hat, wie man sagt, ein starkes Triebleben, Instinktleben. Der Neger hat also ein starkes Triebleben. Und weil er eigentlich das Sonnige, Licht und Wärme da an der Oberfläche seiner Haut hat, geht sein ganzer Stoffwechsel so vor sich, wie wenn er in seinem Innern von der Sonne selber gekocht würde. Daher kommt sein Triebleben. Im Neger wird das drinnen fortwährend richtig gekocht, und dasjenige, was dieses Feuer schürt, ist das Hinterhirn. (...) Wenn die Neger ... nach Westen auswandern, dann können sie nicht mehr so viel Licht und Wärme aufnehmen wie in ihrem Afrika. (...) Daher werden sie kupferrot, werden Indianer. Das kommt davon her, weil sie gezwungen sind, etwas von Licht und Wärme zurückzuwerfen. Das glänzt dann so kupferrot. (...) Das kupferrote glänzen können sie nicht aushalten. Daher sterben sie als Indianer im Westen aus, sind wiederum eine untergehende Rasse, sterben an ihrer eigenen Natur, die zuwenig Licht und Wärme bekommt, sterben an dem Irdischen. (...) Die Weißen sind eigentlich diejenigen, die das Menschliche in sich entwickeln. (...) Die weiße Rasse ist die zukünftige, ist die am Geiste schaffende Rasse." (Rudolf Steiner Gesamtausgabe, Vortrag vom 3. März 1923)

Über die Erziehung der Völker heißt es: „Nicht etwa eine physiologi-
sche oder rein naturwissenschaftliche Betrachtung soll hier geboten werden, sondern eine Betrachtung aus der geistigen Weltanschauung heraus,
und da dringen wir am besten in jedes Ding ein, wenn wir uns zunächst
bewusst werden, welches die Bedeutung eines uralten Satzes, der als
Grundsatz aller Geisteswissenschaften gilt, der der hermeneutische Grundsatz genannt worden ist, und der heißt: Es ist oben alles wie unten. (...)
Große Fragen drängen sich in unserer Zeit an den Menschen heran, Fragen
der Erziehung, nicht nur des jungen Menschen, sondern Fragen der Erziehung ganzer Völker; und auch die große Erziehungsfrage, die die Zukunft
an die Menschheit stellen wird, und die jeder erblicken muss, wenn er auf
die großen sozialen Umwälzungen, die überall auftreten – seien sie verkörpert in der Frauenfrage, in der sozialen Frage, in der Friedensfrage
usw. –, sein Auge richtet: alles das tritt vor unsere sorgende Seele. Alle
diese Fragen werden hell und klar, wenn wir dasjenige erkennen, was als
geistige Wesenheit hinter dem Blute liegt. Wer wollte leugnen, dass mit
dieser Frage auch die Rassenfrage zusammenhängt, die bezeichnenderwei-
se auch in unserer Gegenwart auftritt? Wir verstehen die Rassenfrage aber
nur, wenn wir das geheimnisvolle Wirken des Blutes und der Blut-
mischung unter den Völkern verstehen. (...) Die Frage, auf die hier hinge-
deutet wird, ist die Kolonisationsfrage. (...) Derjenige, der nicht weiß,
unter welchen Bedingungen ein Volk steht, ob in auf- oder absteigender
Linie der Entwicklung, ob dies oder jenes durch sein Blut bedingt ist, der
vermag nicht den richtigen Weg zu finden, um irgendeine Kultur bei
einem Volke einzuführen." (*Blut ist ein ganz besonderer Saft*, Nachschrift
eines Vortrags von Rudolf Steiner, erschienen im Philosophisch-Anthro-
posophischen Verlag, Berlin 1922)

Wie bemächtigt man sich eines Menschen? „Was sich deshalb eines
Menschen bemächtigen will, das muss sich seines Blutes bemächtigen.
Das muss berücksichtigt werden, wenn man im praktischen Leben vor-
wärtskommen will. Man kann z.B. ein fremdes Volk in seiner Eigenart
töten, wenn man kolonisierend seinem Blute zumutet, was dieses Blut
nicht vertragen kann." (an gleicher Stelle)

Und über den Ursprung einer Rasse: „Im Blute liegt das Prinzip für die
Ich-Werdung. Ein ‚Ich' kann nur da zum Ausdruck kommen, wo ein
Wesen die Bilder, die es von der Außenwelt erzeugt, in sich selbst zu
gestalten vermag. (...) Das Blut steht so in der Mitte zwischen der inneren
Bilderwelt und der lebendigen Gestaltenwelt des Äußeren. (...) Die Ab-
stammung stellt uns dahin, wo wir, wie man es gewöhnlich nennt, durch

das Blut stehen. Der Mensch wird herausgeboren aus einem Zusammenhang, einer Rasse ... und dasjenige, was aus seinen Vorfahren sich auf ihn
vererbt, findet seinen Ausdruck im Blute. Im Blut wird gleichsam zusammengefasst, was sich aus der materiellen Vergangenheit des Menschen
herausgebildet hat; es wird aber im Blute auch vorgebildet, was sich für
die Zukunft des Menschen vorbereitet." (an gleicher Stelle)

Außer diesen Zitaten, die von der Initiative zusammengestellt wurden,
gibt es freilich weitere, mit denen Steiner sein Denken entlarvt. Da heißt
es beispielsweise in der *Akasha-Chronik*: „Die Vorfahren der Atlantier
wohnten auf einem verschwundenen Landesteil, dessen Hauptgebiet süd-
lich vom heutigen Asien lag. Man nennt sie in theosophischen Schriften
die Meurier. Nachdem diese durch verschiedene Entwicklungsstufen
durchgegangen waren, kam der größte Teil in Verfall. Er wurde zu ver-
kümmerten Menschen, deren Nachkommen heute noch als so genannte
wilde Völker gewisse Teile der Erde bewohnen. Nur ein kleiner Teil der
lemurischen Menschheit war zur Fortentwicklung fähig. Aus diesen bildeten sich die Atlantier. Auch später fand wieder etwa Ähnliches statt. Die
große Masse der atlantischen Bevölkerung kam in Verfall, und von einem
kleinen Teil stammen die so genannten Arier ab, zu denen unsere gegenwärtige Kulturmenschheit gehört."

Von der Journalistin Jutta Ditfurth stammt der Satz: „Wer Steiner liest,
muss sich mühsam durch gedanklichen Schrott kämpfen. Grundlage des
anthroposophischen Weltbildes ist die 'Wurzelrassenlehre', wie sie rassi-
stischer und menschenverachtender kaum sein kann." Und der Psychiater
Wolfgang Treher verweist auf folgendes Zitat Steiners: „Die Weiterent-
wicklung der Erde geschieht nun so, dass sich aus dem reinen Stoffzu-
stand zwei bilden. Es scheidet sich gleichsam eine dichtere aus und lässt
eine dünnere Stofflichkeit zurück... Was luftartig geworden ist, leistet der
Arbeit der Astralmenschen zunächst Widerstand. Es nimmt nicht alles an,
was an Anlagen in den vollkommenen Astralmenschen enthalten ist. Die
Folge davon ist, dass sich die astralische Menschheit in zwei Gruppen
teilen muss. Die eine Gruppe ist eine solche, welche die luftförmige Stofflichkeit bearbeitet und darinnen ein Abbild von sich selbst schafft. Die
andere Gruppe vermag mehr. (...) Diese zweite Gruppe der Astralmenschen hat diese ihre höhere Fähigkeit aber nur dadurch erworben, dass sie
einen Teil – die erste Gruppe – der astralischen Wesenheit ausgeschieden
und zu niedriger Arbeit verurteilt hat. Hätte sie die Kräfte in sich behalten,
welche diese niedrige Arbeit bewirkten, so hätte sie selbst nicht höherstei-
gen können. Man hat es hier also mit einem Vorgang zu tun, der darin

besteht, dass sich etwas Höheres auf Kosten eines anderen entwickelt, das
es aus sich ausscheidet."

Und Treher knüpft die Anmerkung an: „Dieses Zitat bringt das zentrale Motiv von Steiners chronischer schizophrener Prozesspsychose in die
Form eines Lehrsatzes. Sein Inhalt deckt sich mit Adolf Hitlers Programm,
wenn man darunter nicht das 25-Punkte-Programm seiner Partei von 1920,
sondern seine wahre 'Weltanschauung' und 'Idee' versteht. Die Teilung
der Menschen in zwei Gruppen (Nichtarier und Arier), die Verurteilung
der einen Gruppe zu niedriger Arbeit und das ursächlich darauf bezogene
Aufsteigen der anderen Gruppe, die sich durch Ausscheiden der 'niederen
Kräfte' innerlich reinigt und veredelt, damit ist nicht nur Steiners, sondern
auch Hitlers innerster Lebensnerv herauspräpariert. Konzentrationslager
mit Zwangsarbeit und Judenmord stellen eine Praxis dar, deren Schlüssel
vielleicht in den 'Theorien' Rudolf Steiners zu finden ist."

Steiner predigt einen ungeschminkten Rassismus, die Herrschaft der
einen über die andere Rasse, er benutzt als Terminologie, was die Nazis
aufgreifen, wofür zwar Steiner nichts kann, aber seine Nachfolger haben
sich bis heute von derart irrwitzigen Theorien ihres geistigen Erkenntnis-
lehrers nicht gelöst. Sie gelten nach wie vor. So wie Steiners Pädagogik
mit ungeschminkter Ursprünglichkeit praktiziert wird. Und dazu gehört
eben auch jene rassistische Auslese, die man aus diesem diffusen Gedan-
kenwirrwarr herauslesen muss und die letztlich die Form eines ideologischen Wahnsystems annimmt.

Anfang 1998 legte eine Untersuchungskommission der Anthroposophen (!) in den Niederlanden eine Studie darüber vor, ob Steiners 89.000
Seiten umfassendes Gesamtwerk rassistische Äußerungen enthalte. Das
Ergebnis: Es gebe durchaus einige (allerdings wenige) Stellen, die, würden sie heute so ausgesprochen wie sie in den Vortragsnachschriften gedruckt sind, geeignet wären, Menschen wegen ihrer Rassenzugehörigkeit
zu diskriminieren. Sie wären deshalb nach niederländischem Recht vermutlich strafbar. Weitere 50 Stellen könnten, aus dem Zusammenhang
gerissen, missverständlich sein und eine diskriminierende Wirkung haben
oder zeugen von einer minderen Art der Diskriminierung. Angesichts der
Tatsache, dass diese durch und durch anthroposophische Untersuchungskommission nur 150 Zitate durchleuchtet hat, hat diese Erkenntnis sehr
wohl Gewicht.

Wie dezidiert Steiner den späteren nazistischen Wahngehirnen Muni-
tion liefert, wie genau er die Welt seiner „Jünger" einteilt, lässt sich noch
an anderen Dingen ablesen. Über die Engländer sagt er, sie hätten kein

Verständnis für objektive Wahrheitsliebe. „Sie sind die Vertreter des schnöden Industriell-Kommerziellen, das durch sie eine ungesunde Vorherrschaft" in der von Steiner so genannten „5. Nachatlantischen Kulturepoche" erhielt. Dabei zeige schon das objektive Gesetz der Lautverschiebung, dass die englische Sprache weit weniger entwickelt sei, als die deutsche. In der Gesamtausgabe heißt es dazu, die englische Sprache sei auf der Stufe der Gotik stehengeblieben. Beispiel: griechisch treis, gotisch/ englisch: three, neuhochdeutsch: drei. Er setzt die Liste mit anti-angelsächsischen Agitationen fort, die er als „Tatsachen und keine Stimmungsmache" verstehen will: „Das ist nicht aus irgendwelchen patriotischen oder völkischen Gründen gesagt, sondern eine Wahrheit, wie die, dass man weiß, dass der Eisbär weiß ist." Dazu passt, dass für Steiner die Welt nur am deutschen Wesen genesen kann: „Wir wissen als Anthroposophen: Im deutschen Geiste ruht Europas Ich. Das ist eine objektive okkulte Tatsache." Denn Mitteleuropa ist ja der Repräsentant des „Allgemein-Menschlichen" und wer würde nicht einsehen, dass das etwas weit Wertvolleres ist, als der britische Merkantilismus! Und wo ist die Theorie des „Allgemein-Menschlichen" zu finden? Sie ist uns zum Glück „eben in der anthroposophisch orientierten Geisteswissenschaft gegeben". Und zwar allein und „objektiv" dem Okkultisten Steiner. Dass Okkultisten in anderen Ländern (darunter auch die von Steiner abqualifizierten) existieren, beweist für ihn letztlich nur, wie sehr diese moralisch verdorben sind. Oder sich in den Dienst böser geistiger Mächte gestellt haben: „Wenn unter den Okkultisten der Theosophischen Gesellschaft etwas anderes behauptet worden ist, zum Beispiel, dass in den Amerikanern dieses Zukunftselement für die sechste Unterrasse steckt, so beweist das nur, dass diese Okkultisten kein Okkultisten waren oder sind, oder dass sie anderes erreichen wollen als dasjenige, was in den Tatsachen vorgesehen ist."

In diesem Wahnsystem wird ein Führer als Herrscher antrainiert, der die Auslese zwischen den Rassen durchführt, der die Arier von den Nichtariern trennt. Dass die Anthroposophen dennoch im Dritten Reich Probleme bekamen und verboten wurden, wie sie selbst gerne feststellen, hatte offenbar ganz andere Gründe. Unter Verweis auf Thomas Divis kommt Jutta Ditfurth zu dem Schluss: „Das hatte mehr mit ideologischer Konkurrenz und internen Meinungsverschiedenheiten der Nazis zu tun als mit den Inhalten der Anthroposophie oder gar der antifaschistischen Standfestigkeit ihrer AnhängerInnen, zumal 'man in Rudolph Heß, der sich für den biologisch-dynamischen Anbau begeisterte, einen Fürsprecher gefunden hatte'. Auch z.B. die Theosophische Gesellschaft (TG), die die

Machtübernahme der Nazis begeistert begrüßt hatte, wurde verboten. SS-Hauptsturmführer Siegfried Rascher war in seiner Eigenschaft als Stabsarzt der Wehrmacht an Menschenexperimenten im KZ Dachau beteiligt. Rascher war Waldorfschüler, sein Vater ein bekanntes Mitglied der Anthroposophischen Gesellschaft und Mitglied der Freien Hochschule für Geisteswissenschaft in Dornach. Rascher verwendete 'naturkundliche Frostschutzcreme im Rahmen seiner Unterkühlungsversuche'. Die Creme stammte von der anthroposophischen Firma Weleda AG. Die Unterkühlungsversuche, über die Rascher an Himmler berichtet, sind durch Alexander Mitscherlichs Buch *Medizin ohne Menschlichkeit* zu trauriger Berühmtheit gelangt. Ein Foto zeigt den Arzt Rascher neben einem Wasserbecken, in dem sich ein angebundener Gefangener in eiskaltem Wasser befindet. Ziel der Forschung war herauszufinden, wann ein Mensch stirbt, der über einen bestimmten Zeitraum in Wasser (er)friert."

Faschismus hat inzwischen viele Gesichter bekommen. Neben dem Neofaschismus brauner Couleur sind Ökofaschisten in vielerlei Formen entstanden. Bildungseinrichtungen, die sich über Zulauf aus der grünen Öko-Szene erfreuen und zugleich das braune Eck bedienen, stehen gleichzeitig für anthroposophische Fortbildungsveranstaltungen. Die Koalition wird breiter, weil man inzwischen aus dem gleichen esoterischen Gedankengut lebt. Die Grenzen zwischen der so genannten New Age- und Esoterik-Bewegung verschwimmen, zum Teil auch aufgrund der beteiligten Personen, die auf allen Seiten eine Rolle spielen. Eine bislang unveröffentlichte, umfangreiche Privat-Dokumentation über das dichte esoterische Netzwerk belegt einen überaus engen Schulterschluss zwischen Vertretern der New-Age-, Anthroposophie und Rechtsextremismus-Szene. Und dass bestimmte Geheimbünde und okkulte Riten dabei eine große Rolle spielen, liegt nicht nur auf der Hand. Es lässt sich über ein sie vereinendes Symbol nachweisen: das Pentagramm.

26. Im Zeichen des Pentagramms

Mit dem Pentagramm benutzen die Anthroposophen seit jeher eine Insignie, die keineswegs nur aus dem alten Mesopotamien stammt, von den Griechen als Vorbild für goldene Proportionen übernommen, vom Gnostizismus benutzt und den Druiden wiederentdeckt wurde: das Pentagramm. Dieses Symbol wurde schließlich von der Inquisition als Zeichen für den Teufel genutzt. Seither taucht das Pentagramm, mal gedreht oder auf den Kopf gestellt, aber eben immer Pentagramm, in satanistisch orientierten, okkulten Kreisen auf. Sowohl der O.T.O. wie auch die Theosophische Gesellschaft nutzen es, der Satanismus-„Papst" Aleister Crowley greift es auf und in seiner Folge die satanistischen Kulte bis auf den heutigen Tag. Es „schmückt" nach wie vor die Titelseite der *Schwarzen Bibel des Satan*, einem in jeder Hinsicht irrwitzigen Werk des als Satanisten-Chef gefeierten Anton Szandor LaVey, der im Oktober 1997 verstarb, was die ganze Gemeinde in einen regelrechten Schockzustand versetzte, weil ihr plötzlich die Führerfigur fehlte. Hinter diesem Titelblatt werden nicht nur die genauen Anweisungen für schwarze Messen dargelegt, sondern auch der sexuelle Missbrauch von Frauen, Kindern und Tieren, freilich alles kultisch geschönt und sakral angehaucht. Da werden reale Blutopfer und Tierschlachtungen sowie der Verzehr von Innereien verlangt. Die reale Satanisten-Szene schreckt längst auch vor Menschenopfern nicht zurück, wobei zwar nicht immer Menschen, aber immer wieder deren Gesundheit und Existenz geopfert werden. Alles unter dem Zeichen jenes Pentagramms, an das Waldorf-Kinder von kürzesten Kindesbeinen an herangeführt werden. Dies kann man nicht nur wissen, dies muss man wissen und deshalb muss den Waldorfianern unterstellt werden, dass sie es wissen und damit weit mehr als nur die Absicht verfolgen, ein Symbol einzuführen, mit dem man erste Schreibübungen macht. Um die Aussage des Psychotherapeuten Gallwitz aufzugreifen: Werden hier Kinder gezielt suggestiv so beinflusst, dass ihnen ein derart fremdes Symbol vertraut wird, damit die Hemmschwelle zu den Inhalten, für die das Symbol steht, als Erwachsene nicht ganz so hoch liegt und Kritik nicht mehr aufkommt? Es ist die gedankliche Eintrittskarte für einen esoterisch-okkulten Satanismus-Bereich (im Zeichen der jüngsten Jugend-Kultur des Internet muss man noch ergänzen: für den Gothic-Bereich), der freilich von rassistischen und faschistoiden Einstellungen geprägt ist.

Nein, es geht nicht darum, Anthroposophen, Waldorf-Eltern oder Lehrer als Rassisten oder (potentielle) Faschisten zu verunglimpfen. Es geht nur darum, die Augen dafür zu öffnen, dass im Sinne der Erziehungsgespinste Rudolf Steiners Lehrinhalte vermittelt werden, deren tiefere sublime Botschaften genaue jene rassistische und rechtsradikale (=undemokratische) Einstellung heraufbeschwören. Der Versuch, dieser These dadurch zu widersprechen, dass man ausgerechnet besonders prominente Demokraten oder Wirtschaftler anführt, die allesamt Waldorf-Schüler waren – Freimut Duve, Mitglied des Deutschen Bundestages, Hans Otto Pöhl, ehemaliger Präsident der Deutschen Bundesbank, die Kinder von Klaus von Dohnayi, dem ehemaligen Oberbürgermeister von Hamburg, die Kinder von Schriftsteller Martin Walser, Kinder von Strauß-Tochter Monika Hohlmeier – zieht nicht. Man könnte ebenso eine Reihe von Namen finden – Sandra Bullock, Paul Newman und andere –, die sich heute der des totalitären Gedankenguts verdächtigen Scientology-Sekte verschrieben haben. Und wenn da am Ende wirkliche Demokraten herausgekommen sind – und genau dafür stehen die oben genannten Namen –, dann nur deshalb, weil sie sich von ihrer Herkunft gelöst haben.

Das Problem liegt an ganz anderer Stelle. Die sublimen Botschaften der anthroposophischen Erziehung, die – auch wenn das explizit nicht so gesagt wird: Anthroposophie ist kein Lehrfach, sondern eine Einstellung, was für die Inhalte keinen Unterschied macht – Waldorf durch und durch bestimmt, färben Menschen ein. Und das gilt besonders für Kinder. Man muss, um dies zu zeigen, gar nicht den Bogen bis zu den heidnisch-esoterischen Kulten der Nazis wie Hitler oder Himmler spannen. Und man muss genau genommen nicht einmal Steiner selbst zu Wort kommen lassen. Man muss sich eigentlich nur genauer anschauen, was da Tag für Tag an Märchenarbeit in den Waldorf-Grundschulen angeboten und durchgearbeitet wird.

27. Mystik pur – von Runenmagie, Astrologie und Zahlenmystik

> *„Etwas spitz formuliert könnte man sagen:*
> *Der Schwindel ist so geschickt als Original-*
> *Menschenliebe getarnt, dass man an ihm*
> *jahrelang vorbeigehen kann, ohne die Fäl-*
> *schung zu erkennen."*
>
> Peter Brenner, *Öko-Journal*

Am Eingang steht der Name „Freie Waldorfschule". Und mit diesem Wort „frei" und „Freiheit" werden heute noch wie vor fast achtzig Jahren viele Eltern getäuscht (anthroposophisch steht das Wort „Freiheit" für etwas anderes) und sehen hier die ideale Alternative zur staatlichen Schule. Bereits 1923 – und das wusste auch Rudolf Steiner damals schon – verbanden die Eltern zum großen Teil mit dem Waldorfschulgedanken, „dass die Kinder genauso Prüfungen machen können wie sonst, nur dass es in einer Waldorfschule zehnmal leichter sein soll". Die esoterischen Hintergründe dieser Pädagogik erfuhren die Eltern damals ebenso wenig wie heute. Prüfungen und Anpassung an staatliche Schulen waren nie geplant und widersprechen sogar dem ursprünglichen Waldorfschulgedanken. Alles andere waren Kompromisse, die Steiner einging, um das Projekt Waldorfschule nicht zu gefährden. Dazu gehörten sowohl die Duldung des evangelischen und katholischen Religionsunterrichtes, als auch das Zugeständnis für die höheren Klassen (ab Klasse 9) staatlich geprüfte Lehrer einzustellen, was Steiner gar nicht gerne tat.

„Das, wodurch wir die Möglichkeit des Bestehens haben, das ist eine Lücke im württembergischen Volksschulgesetz gewesen, dass man Schulen einrichten konnte ohne staatlich genehmigte Lehrerschaft. Das hätten wir nicht erreichen können, wenn wir eine Mittelschule hätten errichten wollen. Die Behörden hätten dann in Württemberg geprüfte Lehrer verlangt." Da es sich bei der Waldorfschule um eine reine Privatschule bzw. um eine „Schule in freier Trägerschaft" (so die korrekte Bezeichnung), handelt, darf auch heute noch jeder (laut Johannes Kiersch 1991), der Realschulabschluss und eine abgeschlossene Berufsausbildung hat, das bedeutet hier „eine gleichwertige Ausbildung", in den unteren acht Klassen unterrichten. Nur das Land Bayern macht Einschränkungen und Auflagen. (Es scheint allerdings auch dort Ausnahmen zu geben; die Lehrergenehmigungen werden von „Fall zu Fall" entschieden.)

„Wir leben von einer Lücke im Gesetz", sagte Steiner 1923 zu seinen Lehrern, „die bestand vor der 'Befreiung' Deutschlands, im alten Regime. (...) Jetzt duldet man uns, weil man sich geniert, uns nicht zu dulden." Wahrscheinlich hätte Steiner nie eine Genehmigung für seine Schule erhalten, denn nach Emil Molts Aussage wurde die Schule vom Kultusministerium auch nur erlaubt auf das Renommee der Waldorf-Astoria hin. Und wie steht es heute um diese Lücke im Gesetz?

Seit der Gründung der ersten Waldorfschule hat sich offensichtlich nichts geändert. Damals wie heute ergeben sich durch die unterschiedliche Deutung der Waldorf-Werbeparolen Schwierigkeiten mit Schülern und Eltern über den Unterrichtsstoff und die Behandlungsweise in Waldorfschulen. Schüler rebellierten damals schon dagegen und tun es heute noch; Eltern beschwerten sich in der ersten Steiner-Schule über ähnliche Vorkommnisse wie heute. 1922 gingen bereits Klagen über „die Zucht in der Waldorfschule" beim Oberschulrat in Stuttgart ein. Doch von Waldorfseite wird stets versucht, diese Dinge zu verbergen. Steiner gibt den Lehrern zu verstehen, „möglichst nicht unsere Schulangelegenheiten in die Öffentlichkeit hinauszutragen [in diesem Fall ging es um Ohrfeigen, d. Verf.]. Schweigen wir über alles das, was wir handhaben in der Schule. Halten wir eine Art Schulgeheimnis." Auch innerhalb der Schule soll mit den Eltern nur über die eigenen Kinder geredet werden.

Wie ehedem sind auch noch jetzt bei Schwierigkeiten entweder die Schüler untauglich oder die Erziehung der Eltern ist Schuld, über die Steiner gern ungeniert in den Lehrerkonferenzen herzieht. Eine Schülermutter bezeichnet er zum Beispiel als „Salonspinne", die sich für eine geistvolle Dame hält, aber „Kohl redet"; eine andere sei die „organisierte Verlogenheit". Bei einem Schüler sind die Eltern „nicht aufgewachte Menschen", der Vater sowieso „eine Schlafmütze". Ein anderes Mal sind Vater und Mutter „total innerlich verlogen". Eine Schülermutter, die sich beschwert, ist für ihn „unberechenbar" und kann demzufolge auch keine Kinder erziehen.

Von keiner feinen Lebensart deuten übrigens auch seine öffentlichen Bemerkungen über Andersdenkende. So ist ein Wissenschaftler für ihn ein „Mondkalb" und die zeitgenössischen Philosophen haben für ihn einen „blöden, psychischen Blick". Dieses Steiner-Bild ist in der Öffentlichkeit unbekannt und soll es wohl auch bleiben. Die Geheimniskrämerei der Waldorfschulen kennt keine Grenzen. Nicht nur die Lehrziele, sondern auch die Lehrinhalte werden verschleiert. Die übliche Aussage, „Anthroposophie ist kein einzelnes Unterrichtsfach", erweist sich bei genauem Hinsehen als perfekte Täuschung. Anthroposophie braucht auch gar nicht gesondert ausgewiesen zu werden, sie ist in jedem Fach vorhanden. „Sie müssen die Anthroposophie auf die Stufe der Kinder umsetzen", rät Steiner seinen Lehrern. Hier wird sie also kindgemäß serviert, wohldosiert – in kleinen Häppchen. Eine schwer verdauliche Kost, wie sich herausstellt. Und das vom ersten Schultag an. Professor Hofmann vom pädagogischen Zentrum, Berlin, meint dazu: „Es ist zu vermuten, dass – im Sinne Steiners – anthroposophisch interpretierte Sinn- und Funktionszusammenhänge vermittelt werden sollen und auch vermittelt werden, und zwar in den unteren Klassen 1-8 in weitaus größerem Umfang als in höheren Klassen." Auch Klaus Prange vermutet das und schreibt: „Es ist insofern ganz irrig, wenn die Meinung besteht, in der Waldorfschule ergäben sich das Lernen und die Themen des Lernens vom Kinde aus; sie ergeben sich aus der Sicht auf das Kind, und die ist anthroposophisch bis in das Detail der Präsentationen von Legenden oder Biographien, Mineralien oder Blumen oder Geschichten. So gesehen, wird in der Waldorfschule zur Anthroposophie erzogen und zwar um so nachhaltiger, als sie nicht direkt und kontrollierbar gelehrt, sondern gleichsam eingeflößt wird."

Und so merken die Eltern auch nichts davon und können den esoterischen Hintergrund nicht einmal erahnen. Hätte mir damals ein Außenstehender erklärt, dass unsere Kinder auf eine esoterische Erziehungsanstalt mit mystisch-okkulten Lehrinhalten gehen, hätte ich es auch nicht geglaubt. Denn ist man erst einmal im Netzwerk des anthroposophischen Einflussbereiches gefangen, scheint man für Zweifel und Kritik von außen kaum noch zugänglich zu sein. Eventuell auftretende Zweifel an den Lehr- und Textinhalten, die durchaus zwischenzeitlich einmal vorhanden waren, wurden von den Lehrern insbesondere auf den Elternabenden „logisch" erklärt und geschickt beseitigt. Kritik von außen wird anthroposophischerseits von Waldorfexperten – wie Christoph Lindenberg – mit der Begründung zurückgewiesen, hier handele es sich eben um eine notorische Kinderfeindlichkeit und eine unpädagogische Umwelt, die einfach keine „kindgemäße Erziehung" haben will.

Also malen viele Waldorfschüler am ersten Schultag eine „Gerade" I und dann eine „Krumme" C. Die Buchstabenkombination IAO und ein großes ICH findet man anschließend im Schülerheft. Die besondere Förderung des Selbst- und Ich-Bewusstseins vermutet man da anfangs vielleicht erfreut. Doch weit gefehlt. Hier denkt man – wie so oft, wenn man den Namen Waldorf hört – falsch. Denn wir sind nicht in einer normalen Schule mit normalen Begriffen. In dieser „anthroposophischen Erziehungsanstalt" ist Esoterik Trumpf und „Mystisch-Okkultes" prägt daher den gesamten Unterricht vom ersten Tag an.

Was ist Esoterik eigentlich? Ursprünglich bezeichnet Esoterik jede Geheimlehre oder Geheimwissenschaft, die vor Außenstehenden sorgfältig abgeschirmt wurde. Geheimwissenschaft wird synonym mit Anthroposophie und mit „Geisteswissenschaft" bezeichnet. Das Wort „Geheimwissenschaft" gebrauchte Steiner früher auch synonym mit „Okkultismus", erfahren wir aus dem *Anthroposophen-ABC für jedermann*.

Zu den neuen Gebieten der modernen Esoterik zählen unter anderem „Alchemie, Anthroposophie, Astrologie [nicht zu verwechseln mit Astronomie, die ist rein wissenschaftlich, d. Verf.], Edelsteinmedizin und Farbtherapie, Hexenwesen und Kabbala, Kräutermedizin (einschließlich Zauberkräutern), Magie, Mystik, New Age-Bewegung, Tarot, Theosophie und Zahlenmystik u.a.m.", steht im *Lexikon der Esoterik*. Befremdend stellt man fest, in welcher höchst merkwürdigen Gesellschaft sich hier die Anthroposophie befindet. Und doch greift man ins richtige Regal! Bei genauerem Hinsehen, findet man von allem etwas in der Steiner-Anthroposophie – der Grundlage der Waldorfpädagogik. Einen esoterischen Cocktail könnte man das nennen.

Esoterik beinhaltet auch eine Geheimsprache; Steiner sprach stets von einem „geistigen Dialekt". Einen „Eingeweihten" braucht man heutzutage nicht mehr unbedingt zum Entschlüsseln, denn esoterische Literatur überschwemmt zur Zeit den Büchermarkt. Spezielle Esoterik-Lexika sind hilfreich zum Verstehen von geheim-okkulten Zeichen und Begriffen. Viele solcher seltsamen Formen, Zeichen und esoterischen Symbole findet man in Waldorfschülerheften wieder!

„Esoterik ist dazu da, dass man sie nicht sieht!", erklärt Steiner seinen Lehrern, als einer von ihnen diese Dinge zu direkt in den Unterricht hineinbringt. Wer von den Eltern weiß schon, dass zum Beispiel die beiden ersten Buchstaben im Heft ihres Kindes I und C anthroposophisch gesehen

„Sendboten der Seele" sind und im Esoterischen das männliche (I) und das weibliche (C) Element bedeuten, dass IAO die drei „Urvokale" des Schöpfungswortes und eine geistige kosmische Wahrheit darstellen! Und auch das „ICH" im Epochenheft hebt nicht das Selbstbewusstsein des Schülers hervor, denn es handelt sich hier um ein anthroposophisches „ICH", das geistige ICH des Menschen, eine ICH-Wesenheit, die ihn von oben aus den Höheren Welten her lenkt – wie eine Marionette. Die bei Waldorf so beliebten Marionettenspiele weisen (ganz esoterisch natürlich) darauf hin. „Ich hatte das Gefühl, die anderen Mitschüler hängen alle an unsichtbaren Fäden fest und können von sich aus nichts alleine machen. Jeder Schritt, jeder Handgriff, Kopfnicken – alles schien irgendwie gelenkt", erinnert sich heute immer noch angstvoll meine Tochter. „Ich wollte das nicht!" Den Zugriff von oben demonstriert auch das „Stehpuppenspiel" während der Kindergartenzeit. Nicht versteckt, wie es bei „Kasperle-Spielen" üblich ist, sondern für die Kinder sichtbar, führt die Erzieherin die Puppenfiguren durch das Spiel. Vermutlich soll hier den Kindern „der Griff von oben", der sie auf den „richtigen Platz" stellt, gezeigt werden.

Nicht nur die Buchstaben I und C werden mystisch gedeutet. Am gesamten Alphabet von A bis Z und sogar an den Zahlen klebt okkulter Hintersinn. Das Alphabet sind die heiligen Urlaute der Urzeit! So hat in der Waldorfschule jedes Detail seine besondere Bedeutung – ob auf dem Schulhof oder innerhalb des Schulgebäudes. Ob im Unterricht, in den Heften bis hin zu den Wandfarben der Klassenzimmer, die nach den Vorgaben Steiners vom ersten bis achten Schuljahr an den Spektralfarben in der Richtung von Rot (1. Klasse Rosa) über Gelb, Grün, Blau bis zu Violett orientiert sind. Für das mythische Denken gibt es nichts Zufälliges, allem und jedem wohnen kosmische Kräfte inne. Alles hat Verbindung zu kosmischen Gefilden, ist verknüpft mit Urzeit und Antike. Waldorfschüler lernen nicht sachlich/abstrakt das Alphabet für einen logischen Schreib- und Leseaufbau. Die Schüler sollen die „Ursprache" erahnen, die Götter den Menschen gaben, ebenso die Schrift. Die Ägypter bekamen die Bilderschrift, die „Hieroglyphen". Es war der Mondgott Toth, der sie dem König im Allerheiligsten des Mysterientempels gab, erfahre ich aus einem Waldorfschülerheft. Also muss der Waldorfschüler die Buchstaben erst einmal „ermalen". Das heißt: Der Lehrer malt an die Tafel, haargenau malt der Schüler ab. So soll ein Waldorfschüler auch „das Künstlerische" erfahren. In der 5. Klasse werden die Hieroglyphen ausführlich erklärt.

In unseren Breitengraden war es Odin, der nach dem Genuss des Göttertrankes Suttungsmet den nordisch-germanischen Völkern das Sprechen beibrachte, weiß Steiner aus okkulter Schau. Auch die Runenschrift gab Odin den Germanen. Die lateinische Schrift passt da schlecht ins anthroposophische Konzept. Man kann annehmen, dass Waldorfschüler deshalb während der gesamten 3. Klasse in der „deutschen Schrift" schreiben müssen, die der Runenschrift am nächsten kommt. „In der 3. Klasse wussten wir kaum noch, wie man richtig schreibt", erzählten mir meine Kinder. Dafür wurden anschließend in der 4. Klasse die Runen durchgenommen und das Thrymslied aus der Edda ständig rezitiert.

Runen sollst du lernen
und rätliche Stäbe,
Stäbe gar stark,
Zeichen voll Zauberkraft,
wie sie zog der Zauberherr
wie sie wirkten Weihgötter,
wie sie ritzte der Ratefürst.

Das Schlauste ist,
du schweigst.

Aus dem Waldorflesebuch *Kristallkugel*

Nicht in der Rätselecke einer Wochenzeitschrift, sondern in Steinerschriften kann man über die Verbindung von den Konsonanten zum astrologischen Tierkreis lesen. So ist zum Beispiel Steinbock = L, Fische = N, Krebs = V und F, Löwe = T (Tao), Wassermann = M, usw. Vokale ordnet Steiner Planeten zu (Ägypter und Griechen machten das vor Urzeiten auch schon so): AU ist demnach die Sonne und EI der Mond, die Venus ein A und der Mars das E. Dieses kosmische ABC wird selbstverständlich eingeübt – eurythmisch natürlich bei Waldorf. Neunzehn Waldorfschüler (zwölf Konsonaten und sieben Vokale) schweben dann mehr oder weniger leicht in vorgegebenen Formen über das Parkett; „Planetentanz" heißt diese ko(s)mische Steiner-Choreografie. Nach dieser Endlos-Einübung der Buchstaben von irdischer und kosmischer Seite her müsste eigentlich jeder Schüler im Handumdrehen Wort und Schrift beherrschen. Doch ähnlich wie bei den Spartanern – Steiner hatte eine besondere Vorliebe für antike Erziehungsmethoden – lässt man den Schülern beim Lesen und Schreiben lernen viel Zeit. Und man lernt auch spartanisch wenig. Die meisten Schüler scheinen mit dieser esoterischen Didaktik ihrer Lehrer nicht zurechtzukommen. Die Hefteinträge weisen in den unteren Klassen katastro-

phale, in den höheren immer noch mangelhafte Orthografie auf. Auch
Goethe konnte erst mit neun Jahren Lesen und leistete sich ständig Recht-
schreibefehler, verteidigt Steiner das. „Eine Systematik oder gar Sinnzu-
sammenhänge lassen sich beim Schreiben lernen fast nicht ausmachen.
Der Versuch, aus den ersten Heften etwas nachlernen zu wollen, ist restlos
zum Scheitern verurteilt. Den Unterrichtsgang aus den Heften der ersten
Klassen rekonstruieren zu wollen, ist ein mühsames Unterfangen", so
Paul-Albert Wagemann.

Besondere Bedeutung misst man in der Waldorfschule dem Rechenunterricht bei. Es hat den Anschein, dass man hier den „Staatsschülern"
eine Nase voraus ist. Vom Lehrsatz des Pythagoras hören Waldorfschüler
bereits etwas im siebten Schuljahr. Staatliche Gymnasien warten damit bis
zu 9. Klasse. Wird hier vielleicht doch der Intellekt geschult, wagt man zu
fragen? Leider nein! Hier geht es zwar um „höhere Mathematik", aber die
kommt aus den „höheren Welten". „Die Wissenschaft von den Zahlen ist
eine Wissenschaft von Lebensenergien im Kosmos." Zahlen sind demnach
nicht einfach mathematische Zeichen und Größen, sondern „selbstständige
Wesenheiten mit gestaltbauender Kraft". Diese Zahlenmystik und -magie
ist zurückzuführen auf Pythagoras und hat erheblichen Einfluss auf den
Rechenunterricht in Waldorfschulen.

Doch fahren wir weiter in Steiners Geisterbahn, denn Wesenheiten und
Geister scheinen sich auch im Physikunterricht zu tummeln. So schreibt
die ehemalige Waldorfschülerin Charlotte Rudolph: „Im Physikunterricht
der Oberstufe lernt der Schüler (...) die Unterschiede der Lichtquellen und
ihre physikalischen Funktionen kennen. Gleichzeitig lernt er, (...) dass die
Qualität des Lichtes einer Kerze, einer Glühfadenbirne und einer Neonröhre sehr unterschiedlich ist, nämlich darin, dass in der Kerze gute Wesenheiten zu Hause sind, und in der Neonröhre der menschlichen Seele
sehr schadende dämonische Geister sich wohl fühlen und dass man darauf
achten soll, in wessen Lichtreichweite man sich befindet."

Diesen blanken Unsinn konnte ich in den Heften meiner Kinder zwar
nicht finden. Aber ähnlichen. So heißt es in einem Chemie-Epochenheft,
dass Erze nicht nur in ihrer chemischen Zusammensetzung betrachtet
werden können, sondern auch vom Kosmischen beeinflusst werden, was
auch für das Pflanzenwachstum gilt, wie ein Hefteintrag im Gartenbau-
Unterricht der 9. Klasse zeigt: Die Elemente als Wirksamkeit der Sternbilder: „Die Sternbilder haben einen Einfluss auf das Wachstum der Kultur-
pflanzen [sic!]. Ihre Kraft wird durch Sonne, Mond und Planeten vermit-

telt. Diese wirken über die Elemente Wärme, Licht, Luft, Wasser und Erde."

Nun kann es sicher niemanden mehr verwundern, wenn man erfährt, dass auch der Mensch bzw. die menschlichen Organe mit bestimmten Planeten in Verbindung stehen sollen. Aus einem Heft der 7. Klasse mit der Aufschrift „Menschenkunde Gesundheitslehre": „Seit altersher wissen die Menschen, dass Leber, Nieren und Milz mit bestimmten Planeten in Beziehung stehen. Die Leber wird seit ältesten Zeiten auf den Planeten Jupiter bezogen. Er ist der bedeutendste und glanzvollste Planet mit einer Umlaufzeit von 12 Jahren. Die Nieren sind der Venus (Morgen- bzw. Abendstern) zugeordnet. Die Umlaufzeit um die Erde beträgt fast zehn Monate, etwas länger als die Kindesentwicklung im Mutterleib. In der Milzfunktion spiegeln sich die Saturnkräfte, die in Tod und Verjüngung wirksam sind." Die Säfte der vier Leibesdrüsen (Galle, Leber, Nieren, Milz) haben Einfluss, laut Hefteintrag, auf das „temperierte" Seelenleben des Menschen. „Im Melancholiker wirkt ein wenig mehr die Gallenflüssigkeit, im Phlegmatiker strömt ein wenig zu viel Schleim. Der Sanguiniker lebt mehr im Atem (Luftikus), dem Choleriker steigt leicht das Blut in den Kopf (Heftigkeit)."

Unterrichtsinhalte und Lehrtexte haben mit „normaler" Unterrichtsvermittlung wie an staatlichen Schulen so gut wie nichts gemeinsam. „Wenn ein Waldorfschüler von seinem Wissen als einem selbstverständlichen Bildungsgut ausgeht, muss er feststellen, dass seine Selbstverständlichkeiten außerhalb der Waldorfschule kaum jemandem verständlich sind. Viele Waldorfschüler kommen sich nach ihrem Schulabgang besonders dumm vor, wissen nicht mehr, was sie glauben sollen und können. Sie müssen die ihnen in zwei Denksystemen und in zwei unterschiedlichen Weltbildern erklärten 'Tatsachen' entmischen", weiß Charlotte Rudolph nach dreizehn Jahren Waldorfschulerfahrung.

Erzählungen und Texte für die ersten Klassen sind nicht aus dem Umfeld oder Alltagsleben der Schüler entnommen und weisen wie in der staatlichen Regelschule humorvolle, lustige oder spannende Geschichten auf. Moralisches, Religiöses, Mystisches und Schreckliches bekommen Waldorfschüler während ihrer ganzen Waldorfschulzeit zu hören. Nachweisbare historische Geschichte ist in Waldorf-Schülerheften bis zur Oberstufe kaum zu finden. Doch die darin vorhandenen Texte zeigen stattdessen eine auffallende Ähnlichkeit mit Steiners *Okkulter Geschichte* (Ereignisse der Weltgeschichte); die Ausführungen über Atlantis bringen sachliche Übereinstimmungen mit Steiners *Akasha-Chronik* – und das ist nun mal lupenreine Anthroposophie!

„Man könnte die Liste des Skandalösen, das die Waldorfschule mit sich führt, beliebig fortsetzen", schreibt Klaus Prange. Fahren wir also fort, zum Beispiel mit Steiner-Sprüchen, die täglich im Unterricht rezitiert werden müssen, wie der Morgenspruch und der für jeden Schüler zugeschnittene Zeugnisspruch. Diese in stetem Rhythmus aufgesagten Verse dienen als „Mantram" oder Meditationsspruch. „Es ist dabei nicht unbedingt erforderlich, dass der Gedanke des Mantrams von Anfang an ohne weiteres verständlich ist", heißt es im *Anthroposophen-ABC für Jedermann.* „Die Kinder werden die Worte nicht verstanden haben", sagt Steiner, „aber das macht nichts. Wir wissen, dass es sich nicht darum handelt, dass nur das herangebracht wird, was Kinder verstehen, sondern manches, was später in den Seelen lichtvoll aufgeht." Was Steiner da beschreibt, das nenne ich schlicht Infiltration!

Rudolf Steiners Sprüche für jeden Morgen für alle Waldorfschüler auf der ganzen Welt

1. – 4. Klasse

Der Sonne liebes Licht,
Es hellet mir den Tag;
Der Seele Geistesmacht,
Sie gibt den Gliedern Kraft;
Im Sonnen-Lichtes-Glanz
Verehre ich, o Gott,
Die Menschenkraft, die Du
In meine Seele mir
so gütig hast gepflanzt,
Dass ich kann arbeitsam
Und lernbegierig sein.
Von Dir stammt Licht und Kraft,
Zu Dir ström Lieb und Dank.
In Seelentiefen, drinnen. -
Zu Dir, o Gottesgeist,
Will bittend ich mich wenden,
Dass Kraft und Segen mir
Zum Lernen und zur Arbeit
In meinem Innern wachse.

5. – 13. Klasse

Ich schaue in die Welt,
In der die Sonne leuchtet,
In der die Sterne funkeln;
In der die Steine lagern.
Die Pflanzen lebend wachsen,
Die Tiere fühlend leben,
In der der Mensch beseelt,
Dem Geiste Wohnung gibt;
Ich schaue in die Seele,
Die mir im Innern lebet.
Der Gottesgeist, er webt
Im Sonn- und Seelenlicht,
Im Weltenraum, da draußen,

Und sicherlich ist es auch gut, wenn die Schüler manche Texte nicht verstehen. In einem Hausaufgabenheft eines Waldorfschülers aus der 5. Klasse findet sich folgende Erzählung: „Eines Tages machte sich im Himmel eine Seele bereit, um auf die Erde zu steigen. Die Götter suchten ein Ehepaar, bei dem die Seele einziehen kann. Die Götter fanden einen König mit Namen Schuddodaum, seine Frau hieß Maya. Eines Tages sagte seine Frau zu ihm: 'Ich möchte mich zu Gott versenken.' Der König ließ ein Zimmer im obersten Turmstübchen herrichten. Als seine Frau einzog, da war der Boden mit Kräutern und Blumen bestreut. Als alle fort waren, versank sie in einen Traum. In diesem Traum sah sie einen silbernen Elefanten mit sechs goldenen Stoßzähnen, und sie merkte, wie der Elefant in sie hineinging. Als sie wieder erwachte, ließ sie ihren Mann holen und sagte zu ihm: 'Wir werden ein Kind bekommen.' Da freute sich der König, sie gebar nach sieben Monaten einen Sohn. Doch die Mutter starb nach sieben Tagen. Der Sohn wuchs heran und er wurde von allen Kranken und Armen ferngehalten. Als er auf die Schule kam, fragte er seinen Lehrer, 'welche von den 64 Sprachen willst du mich lehren?' Der Lehrer erschrak, denn er konnte nur wenige von ihnen, doch Gautama kannte sie alle ... usw."

„Sehr schön und fleißig", schrieb dann der Waldorflehrer unter diesen Schüleraufsatz. Nachdem der Text fehlerfrei im Heft stand, kann man davon ausgehen, dass er von der Tafel abgeschrieben wurde. Waldorfschüler können in der Regel in der 5. Klasse weder flüssig noch fehlerfrei selbstständig Texte verfassen. Möglicherweise verstehen Waldorfschüler nicht, was sie da geschrieben haben, aufgeklärte Elfjährige in staatlichen Schulen in der Regel schon. Und man sollte nie vergessen, dass diese Inhalte immer eine esoterische Auslegung haben, die Steiner mit Sicherheit wusste und die anthroposophischen Lehrern bekannt sein müsste. „Buddha wurde von der Jungfrau Maya und dem Elefantengott Ganesha gezeugt", verrät mir ein esoterisches Lexikon und der Elefant galt als Symbol übermäßiger sexueller Potenz. Ein schlechter Witz? Ganz sicherlich und trotzdem Lehrinhalt in Waldorfschulen!

In einem anderen Heft einer 5. Klasse findet sich folgender Eintrag, der den Schülern diktiert wurde: „Der Mensch soll in seinem Erdenleben nicht danach streben, möglichst schnell vom Erdenleid [?] befreit zu werden, wie bei den Indern, sondern er soll die Erde lieben. Pflanzen, Tiere und die Erde soll er pflegen, damit sie dem Sonnengeist [!] erhalten bleiben und nicht in die Macht der Finsternis fallen. Zarathustra verkündete für die Zukunft, dass der große Heiler des Lebens auf die Erde kommen werde, der schon seit Urbeginne die Menschen auf ihrem Schicksalsweg begleitet und am Ende der Welt die Seelen richten werde." Man sollte Texte mit so unverblümt weltanschaulichen Inhalten einmal Schülern staatlicher Schulen diktieren. Wie würden hier die Schüler reagieren und die Eltern, wenn sie das Diktat unterschreiben? Hier ein Diktat ebenfalls aus der 5. Klasse, das vom ägyptischen Totenkult handelt: „War der Pharao gestorben, so musste sein Leichnam vor dem Zerfall geschützt werden. Er wurde etwa 40 Tage in Salz gelegt und dann mit Ölen und Balsam eingerieben. Damit der tote Körper die alte Form behielt, umwickelte man ihn mit Binden. Auf das Gesicht wurde eine Goldmaske gesetzt. Reich geschmückt und mit vielen Gaben wurde die Mumie in ihrem Grab beigesetzt. Nun konnte die Seele (Ka) immer wieder in den Leib zurückkehren." Diese drastische Schilderung wie ein Pharao zur Beisetzung vorbereitet wurde, ist besonders einprägsam und wirkungsvoll, wenn sie langsam Wort für Wort diktiert wird. Befällt mich beim Durchlesen dieser Inhalte auch ein ungutes Gefühl, einen Waldorfschüler schockt das nicht mal mehr. „Für uns waren diese Dinge alltäglicher Schulstoff und nichts Besonderes", kommentieren meine Kinder solche Passagen.

Ein beliebtes und immer wiederkehrendes Thema in Waldorfschülerheften ist die Lehre vom Weiterleben der Seele nach dem Tode und den wiederholten Erdenleben. An und für sich nichts Schlimmes, mag da mancher denken. Doch erstens wollte man sicherlich eine Schule mit weltanschaulicher Neutralität (wir jedenfalls), zweitens sind Reinkarnation und anthroposophisches Karma unlösbar miteinander verbunden. Und da bekommt diese Lehre einen ganz anderen Aspekt. „Schau die Pflanze! Sie ist der von der Erde gefesselte Schmetterling. Schau der Schmetterling! Er ist die vom Kosmos befreite Pflanze!", heißt es in den Schülerheften; es ist eine Steiner-Dichtung. Der Schmetterling versinnbildlicht die Inkarnation und ist das esoterische Symbol der Göttin Psyche. Um das den Schülern besonders eindringlich klarzumachen, ließ ein Lehrer die Schüler Raupen sammeln und ins Klassenzimmer bringen. Dort konnten sie dann erleben, wie sich der Schmetterling (die Seele) aus der Raupe (dem Körper) befreit. Sicherlich ein interessanter Anschauungsunterricht, doch der Hintergrund und somit die unbewusste Beeinflussung der Schüler dürfen nicht vergessen werden.

„Es gibt gewisse Bilder, Symbole, die durch Linien hergestellt oder durch Farben aneinander gefügt werden. Solche Symbole stellen eine ganz bestimmte okkulte Zeichensprache dar", erklärt Steiner. Zum Beispiel den „Wirbel", der in jedem Waldorfschülerheft mehrfach zu finden ist. „Das

(a) ist eine Figur, die auf dem Astralplan bei allen möglichen Bildungen vorkommt. Wenn Sie diese Figur verstehen, begreifen Sie durch sie auch, wie eine Menschenrasse sich in eine andere verwandelt. Beim Entstehen der ersten Unterrasse unserer gegenwärtigen Hauptrasse stand die Sonne gerade im Zeichen des Krebses. Damals schlang sich also eine Rasse in die andere hinein; deshalb hat man für den Krebs das okkulte Zeichen (b). So sind die Tierkreiszeichen alle okkulte Zeichen. Man muss nur ihre Bedeutung kennenlernen und verstehen."

Steiners Wegweiser in die höheren Welten

Auf diese Symbole und Zeichen wird in Waldorfschulen auch besonderer Wert gelegt. Sie laufen unter dem Namen „Formenzeichnen" und werden als Formenübung und Vorbereitung zum besseren Buchstaben- und Zahlenschreiben vorgestellt. Doch mit Schwung- und Schreibübungen wie in der Regelschule haben diese Formen nichts gemeinsam. Hier werden Runen, Spiralen, „Heilige Achten" oder Lemniskate eingeübt und höchst kompliziert zu zeichnende esoterische Knoten gemalt. Dass dies mit kindgerechtem Malen nichts mehr zu tun hat, bestätigt auch der Bielefelder Kunstpädagoge Helmut Diedrich, der viele Schulhefte von Waldorfschülern genau durchgesehen hat und dabei zu folgendem Endergebnis gekommen ist: „Im Endeffekt ist die Kunstpädagogik in der Waldorfpädagogik eine Form der Disziplinierung und der Vermittlung, ja fast eines formalen Gewissens. (...) Das heißt also, eine Folge wäre, dass also ein Schüler, der durch die Waldorfschule gegangen ist, im nachhinein einmal kein kritisches Bewusstsein entwickeln kann, weil sein formales und inhaltliches Gewissen fest ist." (*Versteinerung – Die Waldorfschulen als Schicksalsgemeinschaft*, Hessischer Rundfunk, 12.8.1998). Formenzeichnen wird die ersten Jahre vor jeder neuen Unterrichtsepoche in einem speziell dafür vorgesehenen Heft geübt. Doch seltsamerweise tauchen einige prägnante Symbole urplötzlich zwischen Rechenaufgaben und Grammatikübungen auf – ähnlich wie Kurzzeit-Werbespots im Fernsehen.

Dreiecke, Vierecke und Hexagramme sind in der Waldorfschule nicht nur geometrische Figuren, sondern sollen Symbolhaftes ausdrücken. Was den Schülern darüber erzählt wird, ist nicht nachprüfbar, da auch hierüber kein Lehrbuchmaterial vorhanden ist. Befremdend und unverständlich erscheint, dass das Sonnensymbol, auch „Swastika" genannt, beim Formenzeichnen in Schülerheften zu finden ist. Schließlich müsste auch in Waldorfkreisen bekannt sein, dass es sich hier um eine Variante des Hakenkreuzes handelt. Als reine Formenübung, um besser Schreiben zu lernen, kann dieses Symbol doch wohl nicht gedacht sein?

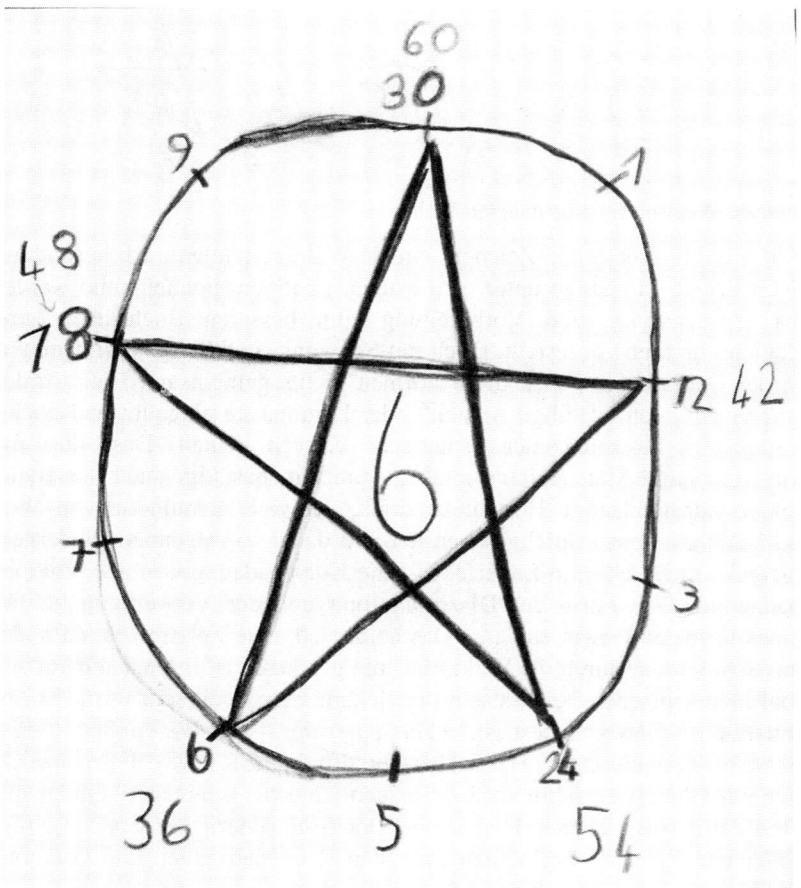

Rechnen mit dem Pentagramm (aus einem Schülerheft, 2. Schuljahr)

„Ein okkultes Symbol ist aber ein solches, das den Willen des Menschen ergreift und in den Astralkörper übergeht", verrät uns Steiner. „Ein solches Zeichen ist auch das Pentagramm. Der Schüler lernt mit diesem Zeichen besondere Empfindungen und Gefühle zu verbinden. Sie sind das Gegenbild von astralen Vorgängen. Diese Zeichensprache, die als okkulte Schrift gelernt wird, ist nichts anderes als die Wiedergabe der Gesetze höherer Welten. So ist das Pentagramm ein Zeichen, das Verschiedenes ausdrückt."

„Das Pentagramm, das Hexagramm, der Winkel und andere Figuren lassen sich zu einer okkulten Schrift zusammensetzen und diese ist wieder ein Wegweiser in die höheren Welten." Leider erklärt uns Steiner nicht die Übersetzung. Es wäre sicher aufschlussreich, was neben den ohnehin bereits schockierenden Texten sonst noch alles in den Schülerheften zu lesen wäre.

Das Pentagramm begleitet einen Waldorfschüler von Anfang an durch die gesamte Schulzeit. Das Pentagramm wird gemalt, gezeichnet und gebastelt (zur Weihnachtszeit als Stern und als Laterne), als Rechengrundlage verwendet und im Pflanzenkundeunterricht in den Blütenblättern der Rose verdeutlicht. Der Schüler wird auf das versteckte Pentagramm im Apfel hingewiesen und Waldorfschüler bekommen vom Lehrer kein Sternchen ins Heft gezeichnet, sondern ein Pentagrämmchen! Man könnte sicher noch mehr Beispiele aufzählen. „Das ist uns so eingetrichtert worden, dass ich das Pentagramm jederzeit mit links malen könnte – ohne hinzusehen, sogar wenn ich nachts geweckt werde", erzählt eine Waldorfschülerin.

Für Experten mag das unverständlich sein, aber wir hatten nicht die geringste Ahnung, welche okkulte Bedeutung das Pentagramm hat. Und ich bin überzeugt, die meisten Eltern wissen es auch nicht. Weder auf Elternabenden noch in so genannten Arbeitskreisen wurde darüber gesprochen. Erst später stieß ich auf ein Buch mit dem Titel *Zum Unterricht des Klassenlehrers an der Waldorfschule*. Dort wird im Kapitel „Die erste Geometrieepoche" empfohlen, den Kindern „das Gesetz des Goldenen Schnitts" anhand des Pentagramms nahezubringen. Die Begeisterung der Anthroposophen für das Pentagramm könnte sich durch die bei Ernst Uehli geäußerte Vermutung erklären, „dass Urbild und Herkunft des Pentagrammes aus der Atlantis" stamme (sein Buch *Atlantis und das Rätsel der Eiszeitkunst* fand sich bis ins Jahr 2000 auf einer Liste mit Literaturempfehlungen für Waldorflehrer).

28. Eurythmie – Dämonentänze des Pythagoras

Als eine „neue Art der Bewegungskunst" wird die Eurythmie in der Öffentlichkeit vorgestellt und in Waldorfschulen als Universal-Lehr- und Heilmittel eingesetzt. „Schlechte Augen, Rückenschmerzen, sogar Verstopfungen, aber auch Aggressionen, Triebhaftes im weitesten Sinne können mit ihrer Hilfe kuriert werden", berichtet die ehemalige Waldorfschülerin Charlotte Rudolph. Bei Lese- und Schreibschwäche und bei schwacher Begabung im Rechnen wird Eurythmie empfohlen und auch angewandt (im Förderunterricht). „Es wurden gute Erfolge bei den Kindern in der Waldorfschule erzielt", wird versichert. Begabte und intelligente Kinder müssen trotzdem teilnehmen oder gerade darum. Bei Steiner wird Intellekt mit Egoismus gleichgesetzt und der muss in Waldorfschulen bekanntlich ja bekämpft werden.

Die Eurythmie war, ist und bleibt das wichtigste Fach in Waldorfschulen von der Klasse 1 bis einschließlich 13. Wichtiger als Englisch zum Beispiel, da reichen sechs Jahre, meint Steiner. Sie ist das Kernstück der Waldorfpädagogik. „Eurythmie ist obligatorisch und muss mitgemacht werden. Wer nicht Eurythmie macht, wird aus der Schule ausgeschlossen", erklärt Steiner ganz entschieden. Trotzdem ist es das Fach, was von den Schülern am meisten gehasst und boykottiert wird. Aus gutem Grund, denn mancher spürt, dass hier etwas nicht stimmt. Daran entzünden sich auch regelmäßig Konflikte zwischen Schule, Schüler und Elternhaus.

Für eine Art rhythmische Gymnastik hielt ich diese Bewegungskunst damals und fand die Kindergarteneurythmie mit trippelnden Zwergen, stampfenden Riesen und huschenden Mäuschen noch ganz niedlich. Mit „echter" Eurythmie kam ich erst später in der Schule in Berührung. Ich hätte es mir früher einmal ansehen sollen! Denn mit Rhythmus hat das Ganze wirklich nichts zu tun. Darum heißt sie auch in Waldorfkreisen „durchgeistigte Gymnastik", und man bekommt tatsächlich den Eindruck, hier schweben Geister durch den Raum.

„Der Mensch hebt sich also vom schwebenden Boden hinauf in die Region, wo geistig-göttliche Wesen ihre Mitteilung gießen in die besondere Art und Weise, die eben ihnen eigen ist, wo die Bewegungen nicht so sind, man könnte sagen, dass ihnen die Schwerekomponente eingefügt wird, sondern wo sich die Bewegung loslöst und ganz peripherisch in dem Kosmisch-Freien schwingen will. Und das Nicht-Einfügen in die Schwere ist die Hinneigung zum Ewigen", beschreibt Steiner die Eurythmie. „Und es sind nicht nur Gedichte – von Goethe, Morgenstern, C.F. Meyer u.a. –, sondern der Eurythmist beschwört zuweilen auch alle erdenklichen Götter vom Astrologiehimmel", weiß Paul-Albert Wagemann noch aus seiner Waldorfzeit.

Es gibt Laut-, Ton- und Heileurythmie, sogar Licht-Eurythmie (esoterische Beleuchtungskunst). „Lauteurythmie ist sichtbare Sprache." Man kann das durch übersinnliches Schauen studieren. Doch wer kann das schon? – Nur Okkultisten! Waldorfschülern wird das deshalb beigebracht. Sie lernen nicht nur das normale Alphabet, sondern auch das eurythmische (kosmische) ABC. Um besser schreiben zu lernen, sagt man den Schülern, die kritisch nachfragen, was das Ganze soll.

Steiner vergleicht die Eurythmie auch mit der „Sprache der Erzengel". Erstaunt hört man, wen er alles dazu zählt: Odin ist es, der Schrift und Sprache den Germanen gab, auch Wotan, Hönir und Lödur (bekannt aus der nordischen Schöpfungsgeschichte, 4. Klasse) reihen sich in diesen Erzengelreigen mit ein. Nicht nur Reigen, sondern auch Planetentänze und Energietänze (Verbindung zu Kosmos und Urlicht) sind im Eurythmieprogramm der Waldorfschulen für den Schülerunterricht enthalten. Und sogar eurythmische „Kampfschritte" werden eingeübt! Übergreifender Unterricht, überlegt man und wird doch recht nachdenklich, wenn man dann in einem Schulheft einer 7. Klasse liest: „Nahe und wachsam ist auch der Feind. Wer kennt die Stunde, in welcher er kommen wird?" Als grammatikalische Übung – unterstrichen und eingeteilt in Artikel, Substantiv, Konjugation usw. Für welchen Kampf soll sich hier vorbereitet werden? Doch es kommt noch mysteriöser.

„In der Eurythmie haben wir die Möglichkeit, das zu erneuern, was in den uralten Mysterien Tempeltanz war", schreibt Rudolf Steiner. Und erneut greift er auf Griechisches zurück und nimmt als Vorbild wieder einmal den großen Meister Pythagoras. Denn „zu den Geheimriten der Pythagoräer gehörten außer der Musik auch rhythmische Gemeinschaftstänze. So sollte offenbar eine magische Verbindung entstehen mit den aus jenem geheimnisvollen Urgrund tönenden Gestaltungen, welche die Welt

im Innersten ordnen und formen. Aus der Pythagoräischen Schule entwickelte sich eine Methode der Bezähmung der Dämonen durch Musik
und Tanz. Die so genannte Eurythmik führt zur Eudaimonia, das heißt
zum Wohlverhalten der Dämonen. Hier haben wir eine der Wurzeln der
Weißen Magie. Rudolf Steiner versuchte die Eurythmie neu zu beleben",
schreibt Heinrich Reich, ein Anhänger mystischen Wissens, in einem 1952
erschienenen Buch mit dem vielsagenden Titel *Die Welt der geheimen
Mächte.*

In welcher Ecke des anthroposophischen Irrgartens ist man hier wohl
angelangt? Es sind noch einige dunkle Ecken darin, die zu beleuchten
wären. Neben Buchstaben und kosmischen Tänzen werden auch okkulte
Formen und Symbole, die vornehmlich in den Schülerheften der ersten
Klassen zu finden sind, eurythmisch geprobt. Es werden endlose Lemniskate, Spiralen (graphisches Symbol der Pythagoreischen Skala) und Pentagramme in allen möglichen Formationen geübt. Die Schüler laufen vorgegebene Linien und Formen, von denen sie nicht nachvollziehen können,
was sie bedeuten und warum sie gemacht werden müssen. Doch Steiner
wusste es ganz genau. Wenn man das Kind vor sich hat, „das noch nicht
fertig ist, das erst ein voller Mensch werden soll" – dann soll man nachhelfen, damit die Form gebildet werden kann, „welche die Gottheit veranlagt hat beim Kinde. Was muss man dann für Formen anwenden in der
Erziehung? Eurythmieformen. Das ist die Fortsetzung des göttlichen Be-
wegens, des göttlichen Formens des Menschen." Denn wenn „man etwas
formt, so bringt man es in seine Gewalt", verrät Steiner weiter.

Wie leicht sich Kinder (ver)formen lassen, das ist Steiner auch bekannt
und er vergleicht sie mit Mehlsäcken, auf die man „Eindrücke" machen
muss. Und zwar durch ständige rhythmische Bearbeitung. Dieser Rhythmus schlägt sich einprägend nieder in den sich laufend wiederholenden
Texten, Reimen und Geschichten. Durch ständiges Wiederholen von Im-
mergleichem soll eine Art Gedächtnisschulung erfolgen. „Rhythmus ersetzt Kraft. Das ist ein wichtiger okkulter Grundsatz", sagt Steiner. Ein
typischer Waldorfspruch (anthroposophisches Mantram), den jeder Waldorfschüler kennen müsste und der oft eingeübt wird, stammt aus dem
Tier- und Menschenkundeunterricht. Wichtige Lehrinhalte werden stets
eurythmisch wiederholt:

Vom Adler klaren Blick, so scharf und weit
Vom Löwen Mut, zum kühnen Sprung bereit
Vom Stier des unbeugsamen Willens Stärke
Das leih mir Gott zum Menschenwerk.

Wie gezeigt wurde, wird an Waldorfschulen die menschliche Entwicklung entsprechend bestimmten Entwicklungsstufen im Pflanzenreich erklärt. Aber auch Tiere haben für Steiner eine tiefere Bedeutung für seine Vorstellungen vom Menschen: Den Adler vergleicht er mit dem Kopf, den Löwen mit der Brust (in der Brust liegen angeblich die Geheimnisse des Sonnensystems) und den Stier ordnete er dem unteren Teil des Menschen zu. Es wäre da zu fragen, welche kosmischen Energien hier erbeten werden und welcher unbeugsame Wille in den Stierkräften des Unterleibes steckt. Die Verdauungskräfte können kaum damit gemeint sein und werden von Steiner außerdem mit der Kuh (weiblich) verglichen. Welches Menschenwerk soll hier vollbracht werden? Unbehagen überkommt mich, wenn ich mir vorstelle, dass ahnungslose Zehnjährige diese Texte rezitieren, eurythmisieren und in ihre Hefte schreiben, ohne den okkulten Hintergrund auch nur im Geringsten zu verstehen.

Der Stier ist ein Symbol der Fruchtbarkeit;
voran ging der Löwe, das Symbol des Mutes, und vorher der Adler.

Rudolf Steiner, *Grundelemente der Esoterik*

„Die staatlichen Schulaufsichtsbehörden, die der Waldorfschule in vielen Bereichen Freiheiten eingeräumt haben, scheinen gegenüber dem Fach Eurythmie skeptisch zu sein", berichtet Paul-Albert Wagemann, ehemaliger Waldorflehrer. Während die Gehälter aller übrigen Waldorflehrer aus den staatlichen Zuschüssen bestritten werden, sei für die Eurythmisten an jeder Schule ein Topf eingerichtet, der sich durch einen Verzicht der anderen Kollegen auf einen Teil ihres Gehaltes fülle.

Finanzielle Unterstützung durch Sponsoren erhoffte sich damals Steiner, wenn er die Eurythmie in Heileurythmie umgestaltete. In anthroposophischen Sanatorien wird mit dieser „durchgeistigten Gymnastik" therapiert. Heileurythmie ist auch fester Bestandteil in Waldorfschulen. Noch heute verordnet der Schularzt, wie seinerzeit Steiner 1924 festgelegt hat, für jeden Schüler „heileurythmische Übungen eine bestimmte Zeit hindurch, und diese sollten täglich sein. Dafür müssen die Kinder aus der Klasse herausgeholt werden. Wenn das Kind eine Heileurythmie bekommt, so ist es eben krank", bestimmt Steiner. „Da es eine Therapie macht, muss man das Kind aus jeder Stunde herausnehmen können, außer aus dem konfessionellen Religionsunterricht. Versäumt es im Unterricht etwas, so ist es eben sein Karma."

29. Es ist das Pentagramm – und nicht der Stern von Bethlehem!

„Wir wollen auch ohne Rücksicht unsere Meinung sagen über den Weg, der dahin führen muss, wo wir die Welt haben wollen. Mäßigung stumpft die Waffen."

Rudolf Steiner

Lemniskate, Hexagramme und andere esoterische Symbole, Buchstaben, die Wesenheiten sind, und eine durchgeistigte Gymnastik als Tempeltänze uralter Mysterien – alles das und noch mehr in dieser Richtung finden wir im Schulalltag der Waldorfschule. Welche Eltern, die ihre Kinder auf diese Schule schicken, weil sie eine Alternative zur Staatsschule suchen, wollen diese Geisterwelt mit antikem Unterrichtsprogramm? Wir wollten das auf keinen Fall! Doch der undurchdringliche esoterische Nebel, der über diesen Schulen liegt, ermöglicht dem Laien keinen Durchblick. Und man weiß nicht, über was man als nächstes stolpert.

Für Eltern, die eine explizit christliche Erziehung ihrer Kinder wünschen, ergibt sich ein zusätzliches Problem: Die Waldorfschule benutzt zwar häufig ein christliches Vokabular, unterlegt jedoch den Begriffen völlig andere Inhalte. Man könnte das auch „Etikettenschwindel" nennen. Denn Reinkarnation und Karma sind die Grundlagen der anthroposophischen Erziehung und demzufolge auch der Waldorfpädagogik. „Das widerspricht jedoch der gottgewollten einmaligen Personalität jedes Menschen und der Erlösung durch Jesus Christus", sagt die *Arbeitsgemeinschaft der katholischen Verbände für Erziehung und Schule* (AKVES) und lehnt im Sinne der katholischen Kirche eine Erziehung an Waldorfschulen ab. Die evangelische Kirche äußert sich ähnlich ablehnend dazu. Unverständlicherweise gibt es jedoch protestantische Pfarrer, die ihre Kinder Steiner-Schulen anvertrauen. Die Waldorfschulen legen zwar großen Wert darauf, dass die Elternschaft ihrer Schüler eine positive Einstellung zum Christentum hat. Die meisten Eltern haben diese auch wirklich, einige geben vor, es zu haben; die anderen werden gar nicht erst aufgenommen. Doch wer von diesen Eltern weiß denn schon, dass es sich hier nicht um das üblicherweise verstandene Christentum handelt, auf dem die Amtskirchen aufbauen, sondern um ein esoterisches Christentum, dem ein gnostisch-christliches Weltbild zugrunde liegt. Wir wussten nicht einmal, dass es so etwas überhaupt gibt!

Esoterisches Christentum
Diese esoterische Religionsbewegung, deren Blütezeit im 2.-3. Jahrhundert n. Chr. liegt, geht teilweise auf vorchristliche religiöse Systeme zurück. Ihre Lehren sind eine Vereinigung von neuplatonischer Philosophie, Christentum und orientalischen Religionen bzw. Mysterien.

Einig sind sich die verschiedenen Richtungen in der Ablehnung des orthodoxen Christentums. Die breite Schicht der Gläubigen zeigte für die Erkenntnisse der Gnostiker wenig Verständnis, die katholische Kirche lehnte sie als Irrlehre ab. Im Mittelalter galten die Templer als Hüter der gnostischen Überlieferung, die dann auf die Rosenkreuzer überging. Im 18. Jahrhundert sickerte gnostischer Mysterienglaube auch in die Freimaurerei ein und hält sich dort noch in einigen Lehrarten.

Lexikon der Esoterik, Stichwort „Geheimbünde"

Die meisten Eltern, bereits durch die drei Jahre Waldorfkindergartenzeit ihrer Kinder entsprechend sozialisiert, stellen aber kaum noch unnötige Fragen. So feiert man gemeinsam und ausgiebig das alljährliche, bei Waldorf so wichtige Michaelsfest (St. Michael ist anthroposophisch gesehen die Sonnenintelligenz) mit, ob katholisch, evangelisch oder freichristlich orientiert, ohne eigentlich so recht zu wissen, warum. (Der freie christliche Religionsunterricht auf Waldorfschulen ist aber nicht, wie viele Eltern das tun, zu verwechseln mit dem auf staatlichen Schulen angebotenen Ethik-Unterricht, sondern ist reiner anthroposophischer Religionsunterricht.) Wer fragt schon nach, warum ausgerechnet *zwei* Krippen zu Weihnachten den Bazar zieren? Für Steiner und seine anthroposophischen Anhänger ist das klar: Es gab nämlich zwei Jesusknaben! Der eine stellt eine Reinkarnation Zarathustras (in den Schülerheften als Sendbote des großen Sonnengottes Ahura Mazdao vorgestellt), der andere die Wiederverkörperung Buddhas dar. Im zwölften Lebensjahr vereinigen sich die beiden. „Es ist natürlich etwas absonderlich", gibt Steiner zu, „wenn ich behaupte, es hat nicht einen sondern zwei Jesusknaben gegeben; von denen ist einer im zwölften Lebensjahr gestorben. Das ist natürlich etwas Absonderliches. Aber es ist deshalb etwas Absonderliches, weil es eben nicht jeder gesagt hat." Steiner hat sich das nicht etwa ausgedacht! „Das hat sich mir als Forschungsergebnis ergeben", erklärt er, „gerade aus einer Wissenschaft heraus, die eben die anderen nicht haben." Aus dieser Wissenschaft heraus schreibt er dann auch ein fünftes Evangelium und ein neues Vaterunser – ein makrokosmisches:

A U M
Es walten die Übel
Zeugen sich lösender Ichheit
Von anderen erschuldete Selbstheitschuld
Erlebet im täglichen Brote
In dem nicht waltet der Himmel Wille
Indem der Mensch sich schied von Eurem Reich
Und vergaß Euren Namen
Ihr Väter in den Himmeln.
A U M

Das hat doch mit unserem üblichen Verständnis von Religion nichts mehr zu tun, denken Eltern entsetzt. Nein, hat es auch nicht, wenn man von der christlichen Erziehung der Amtskirchen ausgeht. „Die Bekenntnisreligion ist nicht wirklich religiös", meint Steiner. „Das Religiöse muss nur ernst genommen werden, sobald es sich um Anthroposophisches handelt", postuliert Steiner und erzählt ernsthaft, dass der vereinigte Jesus, jetzt Zarathustra und Buddha in einer Person, während der Taufe im Jordan die hohe Sonnenwesenheit in sich aufgenommen hat und so zum Christus Jesus wurde. Doch es wird nicht nur noch anthroposophischer, sondern auch absonderlicher. Denn schaut man einmal zur Sonne hin, so sieht man dort nicht nur brennendes Gas (sagt Steiner). Die Sonne sei nämlich – wenn auch nicht mit solchen Menschen, die man mit den Augen sehen kann – bewohnt. Das sind die Feuergeister – man nennt sie in der christlichen Esoterik Erzengel. „Und der am höchsten entwickelte Geist, der auf der Sonne war als Feuergeist, der sich heute noch auf der Erde betätigt, ... das ist der Christus, ebenso wie der höchstentwickelte Saturngeist der

Vatergott ist. Und dieses Wissen von der Sonne, das hat man in den alten Mysterien den Schülern mitgeteilt", sagt Steiner.

Vielleicht werden da die Leser erstaunt fragen: Wenn es zwei Jesusknaben gab (zufälligerweise hatten ihre Eltern auch die gleichen Namen), zu welcher Krippe gingen dann die Heiligen Drei Könige? Wahrscheinlich gab es deren sechs! Drei folgten dem Stern von Bethlehem, die anderen folgten einem anderen Stern. Bei den in Waldorfschulen so beliebten, seit Jahrzehnten aufgeführten „Oberuferer Weihnachtsspielen" sieht man diesen Stern dann ganz genau: Es ist ein Fünfstern, der hier leuchtet – auch Pentagramm genannt!

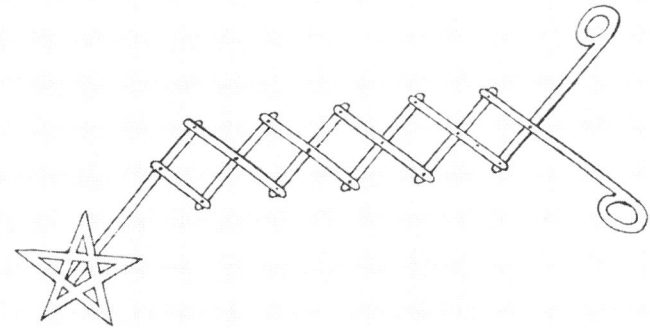

Illustration zum Oberuferer Weihnachtsspiel in der anthroposophischen Zeitschrift *info3*

Das Pentagramm scheint auch der Leitstern der Waldorfschule zu sein; dieses Symbol begegnet uns in der ganzen Schule und während der gesamten Schulzeit. Es erscheint in fast jedem Heft; beim Malen, Zeichnen, in der Eurythmie und auch im Rechenheft (und nicht nur als geometrische Rechenaufgabe wie an staatlichen Gymnasien). Hier hat der Fünfstern eine andere Bedeutung. Es ist die eigentliche Zahl des Menschenleibes. „So ist er als Ganzes, wenn die Arme ausgestreckt und die Beine gespreizt werden, eine Fünferfigur, ein Pentagramm", steht in Erich Bindels Rechenbuch für Waldorflehrer. Und erklärend setzt er noch hinzu: „Darum war auch bei den Pythagoreern das Pentagramm das verbindende Geheimzeichen."

Die Pythagoreer, so steht es im *Lexikon der Esoterik*, waren eine festgegliederte Gesellschaft „nach der Art eines geheimen Ordens, mit vielen Weihen und Gebräuchen. Nach strenger zwei bis fünfjähriger Prüfung des Schweigens wurden die Mitglieder aufgenommen." Sie lebten in Gütergemeinschaften und hatten strenge Lebensregeln. Ihr Hauptlehrsatz war: Alles ist Zahl, das heißt, „die Dinge sind nicht bloß nach Zahlen geordnet, sondern bestehen auch ihrem substantiellen Wesen nach aus Zahlen". Sie suchten mittels der fünf regelmäßigen Körper (Pyramide, Oktaeder, Dodekaeder, Ikosaeder und Würfel) die Elemente Feuer, Wasser, Luft und Erde zu bestimmen. „Die Seelen, himmlischen Ursprungs, waren in den Körpern als einen Strafort heruntergesunken, die Seelenwanderung war Läuterung für heilbare, die Versetzung in den Tartaros Bestrafung für unheilbare Sünder. Die göttliche Gerechtigkeit verlangt für jede Verschuldung angemessene Strafe: Daran knüpft sich ihr Dämonenglaube und ihre Ethik an". Historisch Glaubwürdiges über Pythagoras und seine Anhänger gibt es allerdings nur wenig.

Auf Anraten Steiners verfasste der Elsässer Edouard Schuré ein Buch mit dem Titel *Die großen Eingeweihten*, zu dem Steiner das Vorwort schrieb. Zum ausgewählten Kreis dieser Eingeweihten zählen, laut Schuré und Steiner: Rama, Krishna, Hermes, Moses, Orpheus, Plato, Jesus und – Pythagoras. Wer es gelesen hat und Steiners Weltanschauung und seine Zukunftsvisionen mit denen von Pythagoras vergleicht, stellt verblüffende Übereinstimmungen fest. Nicht nur Steiners „Soziale Dreigliederung" ähnelt stark dem Aufbau des pythagoreischen Geheimbundes. Bei den Pythagoreern gab es einen Mysterientempel (bei Steiner das Goetheanum) und „es gab es auch eine kleine Musterschule unter der Leitung eines großen Eingeweihten". Der Unterschriftsstempel unserer Waldorfschule, der unter den Zeugnissen der Schüler steht, ist – nur ganz nebenbei bemerkt – ein Pentagramm!

Unterschriftsstempel der Freien Waldorfschule Augsburg

Aber welche Bedeutung könnten im Unterricht vorkommende Pentagramme und die Nähe zu antiken Mysterienkulten haben? Der Anthroposoph Bernard Lievegoed weiß darauf eine Antwort: „Das bedeutet beispielsweise, dass wir die Waldorfpädagogik nicht als eine äußere Methode oder Curriculumgestaltung propagieren, sondern dass eine Mysterien-Pädagogik geschaffen werden soll." Und warum das alles? Bernard Lievegoed ist da sehr offen und erklärt es uns: „Rudolf Steiner hat einmal geäußert, dass er mit der Freien Waldorfschule und der Sozialen Dreigliederung angefangen hat, um die Inkarnation von Manu und dessen Helfern möglich zu machen."

Das klingt abenteuerlich. Aber wieviele der Eltern, die ihre Kinder auf eine Waldorfschule schicken, ahnen nur im Entferntesten, dass für deren Begründer weniger pädagogische Aspekte im Vordergrund standen als seine esoterischen Zukunftsvisionen? „Hier liegt das eigentlich Hinterhältige der Waldorf-Werbeparolen. Es wird so getan, als gäbe es nicht die Mystik der Steinerschen Anthroposophie als ideologische Grundlage der Waldorfpädagogik. Es wird so getan, als stünde hier Individualität und Selbstentfaltung im Mittelpunkt und nicht die totale Vereinnahmung des Einzelnen in eine totalitären hochgradig mystischen Ideologie", so Professor Klaus-Dieter Mende von der Hochschule der Künste in Berlin.

Die Waldorfpädagogik also nur Mittel zum anthroposophischen Zweck? Heute bin ich überzeugt, dass der sogenannte „übergreifende Unterricht", der in Waldorfschulen angepriesen wird, allein dazu dient, Steiners okkulte Geschichten, die aus den trüben Quellen der *Akasha-Chronik* stammen, in den Unterricht einfließen zu lassen. Wie sagte doch Rudolf Steiner: „Sie müssen die Anthroposophie umsetzen auf die Kinder." Dass seine Adepten dieser Weisung gehorsam folgen, dafür finden sich in verschiedenen Schulheften (Rechnen, Geschichte, Deutsch, Chemie usw.) nicht nur unserer Kinder deutliche Hinweise.

Wenn wir Bernard Lievegoed ernst nehmen und die Waldorfpädagogik als Mysterienpädagogik verstehen, werden aus den Geschichten, mit denen Waldorfschüler konfrontiert sind, Botschaften für den esoterischen Schulungsweg, den man begehen muss, um in die „Höheren Welten" zu gelangen. Dazu passt dann, dass der ehemalige Waldorflehrer Norbert Biermann von einem Ex-Kollegen berichtet, der allen Ernstes auf die Wiederkehr Steiners wartete. Es mögen Einzelfälle sein, dass sich Lehrkräfte so weit in den anthroposophischen Irrgarten hineinverlaufen haben, dass ihnen der Bezug zur Realität verlorengegangen ist. Aber ich kann es nicht als Zufall ansehen, dass solches Gedankengut an Waldorfschulen gedeiht; die Grundlage dieser Pädagogik befördert die Entstehung solcher Absurditäten geradezu.

Was aber heißt das für die Kinder, die in Waldorfkindergärten und -schulen gehen? Sie sind den Lehrinhalten und -methoden und der dahinter stehenden gefährlichen Ideologie hilflos ausgeliefert. Darüber sollten sich die Eltern im Klaren sein.

30. Wer war Rudolf Steiner?

Der Name Rudolf Steiner ist der Allgemeinheit wenig bekannt. Ausnahmen sind natürlich die Gegenden, wo Waldorfschulen unter dem Namen Rudolf-Steiner-Schulen stehen. Immer ein wenig geheimnisvoll zieht er sich in den Hintergrund zurück. Nie tritt er als strahlender Gründer auf, obwohl er doch eigentlich der Initiator vieler Gruppierungen war.

Nimmt man sich Steiners Autobiographie zur Hand und bemüht sich, den monoton und ermüdend geschriebenen Lebenslauf durchzuarbeiten, fällt nicht nur sein bürokratischer Schreibstil, sondern auch die gefühlsarme Schilderung seiner nächsten Verwandten auf, die in seinem Leben offenbar keinen großen Platz eingenommen haben. Die nüchterne, fast chronologische Aufzählung seiner Lebensdaten und Begegnungen erscheint reichlich konstruiert. Speziell in der Zeit bis zu seiner Hochschulreife findet sich übrigens vieles, was Waldorfschülern bis heute im Unterricht begegnet.

Interessanter und aufschlussreicher hingegen liest sich da Gerhard Wehrs Steiner-Biographie, auf die ausdrücklich auch Johannes Kiersch in seinem Buch *Fragen an die Waldorfschule* als „ausgezeichnete" Steiner-Biographie hinweist. Doch hier verblasst recht schnell der von Anthroposophen aufpolierte Steiner-Heiligenschein. Obwohl am 25. Februar 1861 geboren, gibt Steiner gerne seinen Tauftag als offiziellen Geburtstag an. Möglicherweise deutet der 27.2. auf eine interessantere Sternenkonstellation hin.

Sein Geburtsort ist Karaljevec, ein kleines Provinznest nahe der Mur an der österreichisch-ungarischen Grenze, wo sein Vater als Telegrafist bei der Eisenbahn arbeitet. Seine Eltern stammen beide aus Österreichs Waldviertel. Weder seine Geschwister, noch seltsamerweise seine Mutter hebt er in seiner Autobiographie besonders hervor. Da liegt der Gedanke schon nahe, dass die Mutter-Sohn-Beziehung nicht besonders gut gewesen sein kann. Das erklärt wohl auch seine späteren Äußerungen in Büchern und Vorträgen, in denen immer die Mütter die Schuld an den Fehlentwicklungen ihrer Kinder tragen.

Steiner scheint nicht nur zu seiner Familie ein beziehungsgestörtes Verhältnis zu haben („Ich war ein Fremdling im Elternhaus", „Ich war ein Fremder im Dorf", „Ich lebte ohne Anteil an dieser Umgebung", schreibt er in seinem Lebenslauf) und so zieht er sich zurück in die Einsamkeit der Natur – schon als Kind. Ein zukunftsweisendes Erlebnis soll er im zarten Alter von vier Jahren gehabt haben, als er die „Geisterscheinung" seiner verstorbenen Tante gesehen haben will. Im Jahre 1868 wechselt die Familie nach Neudörfel im Burgenland, wo der zehnjährige Rudolf bei seinem Lehrer ein Geometriebuch entdeckt und fasziniert ist. „Wochenlang war meine Seele ganz erfüllt von der Kongruenz von Dreiecken, Vierecken, Vielecken; ich zergrübelte mein Denken mit der Frage, wo sich eigentlich die Parallelen schneiden; der pythagoräische Lehrsatz bezauberte mich." Es scheint der Beginn seiner großen Nähe zu Pythagoras zu sein.

Anstatt nun durch Wälder, Wiesen und Felder zu streifen, wie man das von einem zehnjährigen Buben erwarten würde, zieht der kleine Steiner sich mit seinem Geometriebuch zurück. Dort findet er Trost und Antwort auf unbeantwortete Fragen. „Ich weiß, dass ich an der Geometrie das Glück zuerst kennengelernt habe." Armer Junge! Ob das wohl auch ein Grund ist, warum Fußballspielen und vieles mehr, was Kindern in diesem Alter Spaß macht, in Waldorfschulen nicht erlaubt ist?

„Auch den Jüngern Steiners müssten sich eigentlich die Haare sträuben über die 'zu früh' entdeckte Geometrie und die immense 'verknöchernde' Intellektualität Steiners. Säße er bei ihnen in der Klasse, wäre von einem sehr kranken Kind die Rede", fällt Charlotte Rudolph auf.

Obwohl aus einer religiös eher gleichgültigen Familie stammend, geht Rudolf gerne zur Kirche und wird Ministrant. Das Feierliche der Kulthandlung des Priesters und was dieser als Vermittler zwischen der sinnlichen und übersinnlichen Welt tat, war etwas, das in Steiners „Knabenseele gerne lebte", so seine eigene Darstellung. Über seinen Pfarrer erfährt der 11-jährige das erste Mal vom „kopernikanischen Weltsystem, dem Vorgang der Erdumdrehung und der Planetenbewegungen samt den jahreszeitlichen Folgeerscheinungen" und ist wieder tief beeindruckt.

Von den Erlebnissen seiner frühen Jugend bereits vorgeprägt (Geistvision von der Tante, Faszination der Geometrie des Pythagoras, Anziehungskraft von mystisch-kultischen Handlungen der Kirche, Begeisterung für die Astronomie des Kopernikus) besucht Steiner von 1873 bis 1879 die Wien-Neustädter Oberrealschule. Einen tiefen Einblick in okkultes und mystisches Wissen erhält er während der täglichen Zugfahrten zur Schule von einem mitfahrenden Kräutersammler, dessen Erzählungen und geheimnisvolle Berichte er begierig aufnimmt. Von diesem „Eingeweihten der Naturgeheimnisse" erlernt er auch einen „geistigen Dialekt".

Steiner erreicht 1879 die Hochschulreife mit vorzüglichen Noten, außer in Deutsch, da reicht es nur für ein befriedigend. Im selben Jahr noch beginnt er mit dem Studium der Naturwissenschaften in Wien, mit dem Ziel Realschullehrer zu werden. Dieses Studium schließt er jedoch nicht ab.

Er lebt zu diesem Zeitpunkt an der Armutsgrenze und schlägt sich mit Gelegenheitsarbeiten (Nachhilfeunterricht, Abendkurse, Zeitungsartikel) durch. 1886 findet er eine feste Anstellung bei einer Familie Specht. Er wird Hauslehrer und macht „seine ersten tiefergehenden pädagogischen Erfahrungen mit dem Jungen, der einen Wasserkopf hatte." Wer je einen Vortrag über Waldorfpädagogik gehört hat, kennt diese Geschichte von dem armen Jungen aus reichem Elternhaus, der einen Wasserkopf gehabt haben soll und nicht lernen konnte (oder wollte) und den Steiner aufgrund seiner „pädagogischen Fähigkeiten" bis zur Matura geführt hat. War es wirklich ein „Wasserkopf" oder hatte das Kind vielleicht nur einen besonders großen Kopf? In seinen „Lehrerkonferenzen" rät er, die Schüler in „Groß- und Kleinköpfige" einzuteilen und hat für diese Gruppen auch jeweils den passenden Unterrichtsstoff parat. Bei den Kleinköpfigen handelt es sich um „irdische", bei den Großköpfigen um „kosmische" Köpfe! „Ein kleiner Kopf hängt zusammen mit dem Brüten, dem Nachdenken, während Großköpfige mehr flüchtig sind."

Nach diesen pädagogischen Erfahrungen nimmt Steiner ein Angebot des Goethe-Schiller-Archivs in Weimar an; er erhält die Möglichkeit, die naturwissenschaftlichen Schriften von Goethe mit einer eigenen Einleitung herauszugeben. Steiner vertieft sich in Goethes Schriften, die später eine der Grundlagen seiner anthroposophischen Weltanschauung werden sollen. Neben diesen naturwissenschaftlichen Büchern übt Goethes *Faust* auf Rudolf Steiner eine ganz besondere Faszination aus, wie alles Okkulte und Mystische ihn immer wieder anzieht. Aufbauend auf Goethes Schriften und „ohne ein ordentliches Studium der Philosophie", so stellt Juliane Weibring in ihrem Buch *Frauen um Rudolf Steiner* fest, erhält er die Möglichkeit in diesem Fach eine Dissertation zu schreiben, die er 1891 beendet und sich fortan „Herr Doktor" nennen darf.

In Weimar scheint er sich trotz vielfältiger Begegnungen mit bedeutenden Menschen wie Heinrich von Treitschke, Hermann Grimm, Ernst

Haeckel, Gabriele Reuter und vielen anderen „geistig" sehr einsam zu fühlen. In Briefen klagt er über sein Doppelleben und über Weimar, „diese Leichenstätte deutscher Größen", in der er niemanden finden könne, der ihn versteht. Intellektuelle sind ihm hölzern und kalt. Mystiker sind ihm süßlich und sentimental. Adelige findet er unehrlich und unnatürlich. „Ich lechze nach Menschen", schreibt er, und gleichzeitig ist er erfüllt von „einem unsagbaren Ekel vor Menschen".

Fast sieben Jahre hält er diese geistige Einsamkeit aus, bevor er nach Berlin geht und dort an der Herausgabe eines Magazins mitarbeitet. Gerhard Wehr schreibt darüber: „In dieser Zeit wird er einige Jahre zu einer mitagierenden Figur der Berliner Bohème, das heißt ziemlich außerhalb oder sogar hart am Rande der bürgerlichen Existenz. Der 'Philosoph der Freiheit' ist unter die Allzufreien und Vogelfreien, in die Nachbarschaft von Anarchisten und Utopisten, Nachtschwärmern und Alkoholikern, in die Nähe von Randexistenzen recht unterschiedlicher Couleur geraten."

Nach längerer Wohnungssuche zieht er bei Anna Eunike, einer wohlhabenden Kapitänswitwe mit fünf Kindern, zuerst als Untermieter ein – später bleibt er als Ehemann. Anna Eunike umsorgt nicht nur Steiner fürsorglich, sondern bewirtet auch seine zahlreichen Freunde. „Später wurde diese Freundschaft zu Eunike in eine 'bürgerliche Ehe' umgewandelt" – Steiners einziger Kommentar zu dieser Eheschließung.

Steiner, der in dieser Zeit zahlreiche Vorträge über Okkultismus und Mystizismus hält, lernt auf einer dieser Veranstaltungen Marie von Sivers, eine junge Schauspielerin, kennen. Dass Steiner mit seinen mystisch-okkulten Vorträgen und Auftritten in der „besseren Gesellschaft" gut ankommt, erkennt Marie von Sivers schnell. Erst wird sie seine ständige Begleitung, dann Lebensgefährtin, ab 1914 Ehefrau. Sie macht ihm den Vorschlag, eine geisteswissenschaftliche Bewegung zu schaffen, die an den abendländischen Okkultismus anknüpft. „Die Frage war mir gestellt. Und ich konnte nach den geistigen Gesetzen beginnen, auf eine solche Frage die Anwort zu geben", so Steiner. Die „geistigen Gesetze" erlauben es. Meister Steiner erklärt sich bereit, und nun führt ihn Frau von Sivers in höhere gesellschaftliche Kreise ein. Jetzt endlich scheint er in der Gesellschaft angelangt zu sein, wo er glaubt, hinzugehören. „Die Teilnehmer der Theosophischen Veranstaltungen setzten sich vornehmlich aus Angehörigen des Bildungs- und Besitzbürgertums zusammen, angefangen bei der Grafenfamilie Brockdorf bis hin zu der wohlhabenden Marie von Sivers." Wie groß der Einfluss dieser Umgebung ist, zeigt sich daran, dass Steiner deren Bitte folgt und zusammen mit Marie von Sivers im Januar 1902 in die *Theosophische Gesellschaft* eintritt. Sein erster großer Auftritt in dieser Gemeinschaft folgte schon wenige Monate später bei der 13. Jahresversammlung der *Theosophischen Gesellschaft* in London. Sie wird zu einem Meilenstein in seiner Entwicklung.

Nach seiner Rückkehr erscheint er seltsam verändert. Es kommt endgültig zur Entfremdung und Trennung von seiner ersten Frau Anna (mit der er trotz enger Freundschaft mit Marie von Sivers immer noch verheiratet ist). Auch seine früheren Freunde und Bekannte distanzieren sich und sind enttäuscht. „Der, den man für einen Freigeist, für einen Anarchisten hielt, der entpuppt sich nun selbst als Mystiker und Theosoph", so nachzulesen bei Gerhard Wehr. (Ja, wenn es der Sache dienlich ist, müssen private Verbindungen eben zurückstehen – ein immer wieder erscheinender anthroposophischer Leitspruch. „Der geistige Auftrag ist wichtiger als die menschlichen Verbindungen", meint der Anthroposoph Bernard Lievegoed).

Auch äußerlich verändert sich Steiner bewusst. Er schreibt einem Freund: „Ich habe auch alles Äußere getan, was Du mir aufgetragen hast, das heißt, einen solchen Anzug erstanden, wie Du mir sagtest, einen steifen Hut, Handschuhe. Es schien mir, dass Du damit ganz recht hattest!" Und in Klammern ist der aufschlussreiche Satz hinzugefügt: „Es hat die Taschen völlig geleert."

Im Oktober 1902 wird dann die Deutsche Sektion der *Theosophischen Gesellschaft* gegründet, deren Generalsekretär Rudolf Steiner wird, Marie von Sivers arbeitet als Schriftführerin. In diese Phase fällt auch eine der umstrittensten Perioden der Steinerschen Biographie. Er kommt nämlich nicht nur in Kontakt mit Freimaurern, sondern übernimmt auch als Hochgrad-Bruder Aufgaben des okkulten *Ordo Templis Orientis* (O.T.O.), was die Anthroposophen gerne verschweigen. Ein Streit, auf den unten noch einmal näher eingegangen wird.

Nachdem die Theosophische Bewegung sich immer mehr den östlichen Weisheitslehren hinwendet und Steiner erkennt, dass es in dieser Gesellschaft keine große Zukunft für ihn gibt, verlassen er und Marie von Sivers die Theosophen. Einige Mitglieder folgen ihnen und begründen die *Anthroposophische Gesellschaft*, in der Steiner (man höre und staune) nicht einmal Mitglied wird. Marie von Sivers sieht offenkundig ihre einmalige Chance, ins große Welttheater einzugreifen, ist sie doch selbst „vom Fach". Als Schauspielerin weiß sie am besten, was auf der Bühne geboten werden muss, um die Zuschauer anzulocken und zu fesseln. Was hinter den Kulissen gespielt wird, bleibt im Verborgenen. Und so agiert sie als geschickte und versierte Regisseurin einer gut organisierten okkulten Mammutshow. Gleichzeitig erweist sie sich als geschäftstüchtige Managerin ihres Hauptdarstellers und mittlerweile Berufsokkultisten Rudolf Steiner (so die Bezeichnung einer Zeitgenossin).

Die immer grotesker werdende Tendenz zur Selbstinszenierung gipfelt in einem monumentalen Plan Steiners, dem Bau eines von ihm selbst konzipierten gigantischen Musentempels. Hier soll die Krönung seiner literarischen Arbeiten – seine vier Mysteriendramen – dargeboten werden. Als München die Genehmigung zum Bau eines solchen Palastes verweigert, erhält Steiner von einem seiner Freunde ein ausgedehntes Hügelgrundstück in der Schweiz geschenkt. Erhöht in der Landschaft, zu Füßen des Städtchens Dornach, darf er trotz des vehementen Einspruchs der ansässigen Bewohner seinen anthroposophischen Kult- und Mysterientempel bauen. Ganz aus Holz, ganz aus Spenden; Kostenpunkt damals sieben Millionen Schweizer Franken, wie Gerhard Wehr schreibt.

An einem düsteren Septemberabend – nach Sonnenuntergang – erfolgt die Grundsteinlegung. „Als Grundstein dienen zwei aneinandergelötete, kupferne Dodekaeder, Sinnbild der menschlichen Seele." Und im flackernden Licht von Fackeln spricht Steiner den selbst verfassten Spruch dazu:

Menschenseele!
Du lebest in den Gliedern,
Die dich durch die Raumeswelt
In das Geistesmeereswesen tragen:
Übe Geist-Erinnern
In Seelentiefen,
Wo in waltendem
Weltenschöpfer-Sein
Das eigne Ich
im Gottes-Ich
Erweset;
Und du wirst wahrhaft leben
Im Menschen-Welten-Wesen.
Denn es waltet der Vater-Geist der Höhen
In den Weltentiefen Sein-erzeugend:
Ihr Kräfte-Geister,
(Seraphim, Cherubim, Throne,)

Lasset aus den Höhen erklingen,
Was in den Tiefen das Echo findet.
Dieses spricht:
Aus dem Göttlichen weset die Menschheit.
(Ex deo nascimur.)
Das hören die Geister in Ost, West, Nord, Süd:
Menschen mögen es hören.
(Es folgen noch einige von diesen Meister-Versen.)

Der Kultbau wird „Goetheanum" benannt, nach dem von Steiner so ver-
ehrten Wolfgang von Goethe (dessen Worten er göttliche Bedeutung bei-
misst). Denn Steiner, der den Ursprung jeden Namens kennt, weiß es genau: Goethe kommt von Gott!

Gegen Ende des Ersten Weltkrieges fühlt sich Steiner dazu berufen,
eine Art anthroposophischen Friedensplan auszuarbeiten. Er schlägt als
optimale Lösung vor, den Staat in drei voneinander unabhängige Teil-
bereiche aufzugliedern; in einen wirtschaftlichen, politischen und geistigen (wozu die Schulen und Universitäten gehören sollen) Bereich. Und so
wird wieder ein Verein gegründet, der *Bund für Dreigliederung des so-*
zialen Organismus (1919), zu dem u.a. auch der Anthroposoph Emil Molt,
Direktor der Waldorf-Astoria-Zigarettenfabrik, gehört.

Der Vorschlag zur sozialen Dreigliederung stieß bei der deutschen Bevölkerung auf taube Ohren. Um seine göttliche Eingebung doch noch
durchzusetzen und dem deutschen Volk die geistige und damit kulturelle
Freiheit zu geben, schlugen Steiner und seine Freunde daraufhin einen
anderen Weg ein. Man beschloss 1919 die Gründung einer ersten Schule
der anthroposophischen Bewegung – die „Freie Waldorfschule".

„Die Waldorfpädagogik ist aus dem Menschenbild der Anthroposophie
und aus der Sozialen Dreigliederung hervorgegangen", erklärt Steiner. Am
31. Januar 1923 erlässt Steiner Richtlinien, wie künftig im Sinne der Dreigliederung in der Öffentlichkeit gewirkt werden soll: „Es ist heute zu spät,
irgendwie auf dem Felde desjenigen, was man bisher in Europa Politik genannt hat, etwas zu erreichen. Die einzige Anregung, die ich darum gegeben habe, war die Verwandlung des alten Dreigliederungbundes in den
'Bund für freies Geistesleben'."

In der Sylvesternacht 1922/23 wird das Goetheanum ein Raub der
Flammen. Die Brandursache kann nie geklärt werden. Technischer Defekt,
Kurzschluss, Fahrlässigkeit? Die Anthroposophen sprechen von
Brandstiftung. Die überlebensgroße Holzfigur des Menschheitsrepräsen-

tanten, vom Meister selbst gefertigt, entgeht der Feuersbrunst. Sie steht zufällig im abgelegenen Werkstattraum.

Genau ein Jahr später wird die *Anthroposophische Gesellschaft* neu begründet – diesmal von Steiner selbst. „Und die Anfänge der 'Freien Hochschule für Geisteswissenschaft', einer modernen Form dessen, was im Altertum als Mysterienschule galt, nahm Gestalt an." Die Fertigstellung seines neuen Goetheanums diesmal aus Beton (damals noch als moderner Baustoff für die Ewigkeit) kann er nicht mehr erleben.

Steiner erkrankt ernsthaft und stirbt am 30. März 1925. Seine Anhänger sagen, er wurde vergiftet. Er hatte Magenkrebs, vertraut Marie von Sivers-Steiner einer engen Freundin an. Noch weiter führen Juliane Weibrings Vermutungen, wenn sie schreibt: „Vielmehr ist anzunehmen, dass Steiner sich durch seinen fortgeschrittenen Krebs oder durch den Gebrauch von Kokain oder Morphium vergiftet gefühlt haben mag bzw. sich damit selbst vergiftet hat."

Bezeichnend für die Uneinigkeit und Zerstrittenheit unter den schiefen anthroposophischen Dächern ist der heftige Streit zwischen Marie Steiner und der langjährigen Mitarbeiterin ihres Mannes, Ita Wegmann, der unmittelbar nach der Einäscherung im Auto ausbricht und später vor allen anderen weitergeht. Sie können sich nicht über den Standort der Urne einigen. Ein jahrzehntelanger Streit über den literarischen Nachlass des Meisters folgt. Auch in der *Anthroposophischen Gesellschaft* selbst gibt es seit längerem große Differenzen.

Eine gewisse „Überfremdung" der anthroposophischen Arbeit macht sich störend bemerkbar. Wissenschaftler werden Mitglieder und tragen „ihre ungeläuterten Denkgewohnheiten der 'Außenwelt' in die Arbeit der Gesellschaft", berichtet der Anthroposoph Johannes Hemleben. Bereits 1923 bilden sich auch innerhalb des Kollegiums der Waldorfschule Cliquen mit Gesinnungstüchtigen und weniger Gesinnungstüchtigen. Das gleiche Symptom ist auch heute noch zu beobachten in Waldorfschulen und -kindergärten.

Ita Wegmann ist die Begründerin der anthroposophischen Medizin und wird von Steiners Anhängern als seine „Dualseele" angesehen. Nach der esoterischen Lehre waren die Menschen vor Urzeiten noch eingeschlechtlich! Seit ihrer Trennung in Mann und Frau versucht nun jeder, den passenden Teil wiederzufinden und das in jedem Erdenleben. Man kann sich natürlich auch irren. Das endet dann in einer so genannten „bürgerlichen Ehe". Treffen sich zwei Dualseelen, gehen sie eine „gnostische Ehe" ein, die mehr gilt als der durch bürgerliche Gesetzgebung geschlossene Bund.

Vielleicht erklärt das auch das auffällige „Bäumchen-Wechsel-Spiel" bei Partnerschaften im Waldorfbereich, was mancher Beobachter erstaunt registiert.

Nach dem Tode Steiners endet gleichsam die schöpferische Ausformung seiner Lehre. Historisch geraten die Anthroposophen in die Wirren des Dritten Reiches, wo sie zunächst durchaus zu Hitlers Auffassung von einer „Weltanschauung" zu passen scheinen, zumal Äußerungen Steiners selbst sich in erstaunlicher Ähnlichkeit auch in Reden des Führers wiederfinden. Zwar löst der Reichsführer-SS, Heinrich Himmler, per Erlass am 1. November 1935 die *Anthroposophische Gesellschaft* auf, aber das hat offenbar weniger inhaltliche als Konkurrenzgründe. In der heutigen *Anthroposophischen Gesellschaft* hat die Aufarbeitung der Nazizeit gerade erst begonnen. Das Kapitel ist für die Anthroposophen mehr als schwierig, gelten sie doch als ideologische Steigbügelhalter der Nazis.

Wer jedoch danach fragt, inwiefern sich die Waldorf-Steiner-Grundlehre seit dem Tod des Meisters verändert hat, stößt auf eine Art historischen Sprung. Zwar haben sich nach Steiner durchaus einige esoterische Führungsfiguren herausgebildet wie zum Beispiel Bernard Lievegoed, aber niemand hat je einen Stand erreicht, der ihn als echten Steiner-Nachfolger (im ideologischen Sinn) ausweisen würde. Selbst Stefan Leber, der aus anthroposophischer Sicht viele Arbeiten über die heutige Gestalt der Schulen vorgelegt hat, stützt sich in seinen Büchern (zum Beispiel *Über die Sozialgestalt der Waldorfschule*) stets auf Steiner, wenn er die heutige Praxis erläutert. Es ist also keineswegs so, dass von Steiner lediglich ein Haufen verstaubter Bücher geblieben ist, die niemand mehr anschaut. Was der Gründer einst erkannt hat, gilt nach wie vor als Inkarnation okkulten Wissens und zugleich als Evangelium und Richtschnur der heutigen Arbeit. Deswegen ist es auch falsch – wie manchmal von anthroposophischer Seite versucht –, das heutige Waldorf-Schulsystem von Rudolf Steiner zu lösen. Er hat die Grundlagen geliefert, die bis auf den heutigen Tag zur Ausrichtung der Schule, ihrer Lehrpläne, ihrer Lehrerausbildung und Lehrpraxis herangezogen werden. Steiner ist das „Evangelium" und kein anderer Evangelist ist neben ihm, keiner darf oder kann ein Jota am heiligen Text verändern. Steiner gründete Waldorf, entwarf Waldorf, eitete Waldorf, und ist immer noch der entscheidende Inspirator und Gesetzgeber der Schule. Insofern ist durchaus alles noch wie anno 1919.

31. Steiners kleine Amateur-Pädagogik

Woher haben Steiner und seine heutigen Nachfolger das okkulte Wissen über die vorgeburtlichen Vorgänge, frühere Leben und vor allem woher beziehen sie eigentlich ihre pädagogischen Kenntnisse und Rückschlüsse. Denn Steiners Anspruch geht ja so weit, dass er angibt, in eigener, übersinnlicher Wesensschau gesehen oder aus Geheimbüchern oder durch geistige Mächte erfahren zu haben, dass er nicht nur alle vergangenen Zeiten der Menschheit und des Kosmos gegenständlich gesehen habe, sondern auch alle zukünftigen. Das ist, nicht zuletzt für einen Nicht-Anthroposophen, aber auch für die eingeschworenen Anhänger ein zentraler Punkt. Steiner hat zwar behauptet, dass jeder nach einer entsprechenden Schulung zu diesem übersinnlichen geistigen Wissen kommen könne. Gegner halten den Anthroposophen und Waldorfianern aber entgegen, dass nach Steiner keiner seiner Anhänger (und seither sind schließlich einige Jahre verstrichen) den Anleitungen der Steinerschen okkulten Erkenntnisse habe etwas hinzufügen können. Auch wenn der *Bund freier Waldorfschulen* nicht müde wird zu betonen, dass man sich bei den modernen Erkenntnissen der Erziehungs- und Humanwissenschaften bedient habe.

Es fällt nicht leicht, das zu glauben, weil Steinersche Anweisungen auch heute noch oft im Originalton weitergegeben werden und in den konkreten Schulalltag einfließen. Solche Fragwürdigkeiten sieht man freilich erst dann, wenn man sich in das Zentrum der anthroposophischen Pädagogik, sozusagen mitten hinein begibt. Dazu zählt beispielsweise die bereits erwähnte Temperamentenlehre, die für die Waldorfschule von grundlegender Bedeutung ist. Die Anthroposophen sind davon überzeugt, dass mit den vier Temperamenten auch der Schlüssel zum Verständnis des Schülers gegeben ist. Deshalb erhalten alle Waldorfschülerinnen und -schüler meist schon wenige Tage nach ihrer Einschulung ihre Plätze in der Klasse dieser Temperamentenlehre entsprechend zugewiesen. Und zwar so, wie Steiner dies vor mehr als 80 Jahren vorgegeben hat: „Wenn

der Lehrer vor seiner Schülerschaft steht, dann sitzen links die Phlegmatiker, dann folgen die Melancholiker, ihnen schließen sich die Sanguiniker
an, und zum Schluss kommen rechts außen die Choleriker." Davon erwartet man, so der Waldorf-Pädagoge Rudolf Grosse, dass „hier eine
Harmonisierung der kindlichen Kräfte" stattfindet, „da hier erstens große
Weltenkräfte kosmischen Urspungs zur Auswirkung kommen und zweitens die Choleriker durch die Phlegmatiker gebremst [werden] oder die
Sanguiniker und die Melancholiker sich entsprechend ausgleichen".

Der Erziehungswissenschaftler Wehnes dazu: „Hieran zu glauben, ist
das gute Recht jedes Anthroposophen und überzeugt zu sein, mit der
Lehre Steiners die absolute Wahrheit und die nicht zu bezweifelnde
Richtlinie für seine Pädagogik und seinen Unterricht zu besitzen. Aber der
Nicht-anthroposoph wird sich die Frage stellen: Kann es nicht-anthroposophischen Eltern gleichgültig sein, dass ihre Kinder so zentral und total
nach Maßstäben einer Lehre unterrichtet und erzogen werden, die sie
kaum kennen und die auch völlig anders ist als jedes andere Schulkonzept,
das man kennt oder bisher gekannt hat? Es kommt hinzu, dass nach den
Erkenntnissen der heutigen Wissenschaft das Werden des Menschen keineswegs so maßgeblich nur vom Temperament bestimmt ist, sondern dass
eine Vielfalt von Faktoren wirksam wird, neben dem Temperament das
Naturell, die Disposition, der Charakter und vor allem das Wechselver-
hältnis von Individuum und Gemeinschaft, aber seltsamerweise lassen die
Anthroposophen diese soziokulturellen Bedingungen völlig außer acht.
Sie vertrauen einzig auf die kosmischen Gesetze, die ihr Meister Rudolf
Steiner, so sind sie überzeugt, erstmalig entdeckt hat. Mit anderen Worten:
Wo die Wissenschaft ein vielfältiges Geflecht individueller, sozialer und
gesellschaftlicher Beziehungen sieht, glaubt der Anthroposoph an feste,
unverrückbare, von Natur und Kosmos vorgegebene Kausalfixierungen,
die völlig deterministisch verstanden werden und die als ein unantastbares
Dogma der Waldorfpädagogik täglich in den Waldorfschulen praktiziert
werden."

Dass die Temperamentenlehre die Schüler nicht nur in eine Schublade
stopft, aus der sie angesichts des vorhandenen Karma nicht wieder herauskommen – höchstens mit festem Schritt im nächsten Leben –, hat freilich
auch für den Lehrer durchaus angenehme Folgen, vermutet Heiner Ulrich,
der 1986 die Waldorf-Pädagogik kritisch durchleuchtet hat: „Entzieht sich
der Waldorflehrer in diesem Glauben an eine überholte Temperamentenlehre nicht selbst der Aufgabe, sein Handeln am Schüler eigenverantwort-
lich und selbstkritisch zu betrachten, statt sein Unterrichten und Erziehen

ganz von Natur gegebenen Kräften abhängig zu sehen, an deren Wirksamkeit er selbst nur als Vollzugsorgan höherer Mächt glaubt tätig zu sein?"

Steiners Lehre über die Entwicklung des Menschen, die bereits hier und da einmal angeklungen ist und im Erfahrungsbericht an konkreten Beispielen dargestellt wurde, muss dem nicht-anthroposophischen Außenstehenden erscheinen wie ein Konglomerat aus altem Mystizismus, der mit einigen Portionen mittelalterlichem Gnostizismus, pseudotheologischen Kurzschlüssen und sektiererischen Ritualen gewürzt wurde. Nach einer Integration neuerer Human- oder Erziehungswissenschaften wird man vergeblich suchen, es sei denn, die eine oder andere Lehrkraft hat hier ein Privatstudium angesetzt und eine eigene Linie gefunden – wobei es meist nicht lange bleibt. Denn das System toleriert keine Abweichler. Dass die Steinersche Pädagogik dagegen in anderen Schulen gerne Aufnahme gefunden habe, ist ein Trugschluss. Schüler, auf die man sich als Lehrer konzentriert, der Einsatz von Unterrichtsmaterialien aus der Natur und vieles andere sind Ergebnis neuerer Erziehungswissenschaften. Dabei wurden zwar die Instrumentarien, nicht aber die verquere Pädagogik übernommen. Es mag ja durchaus sein, dass in der Waldorf- und in der staatlichen Grundschule Trolle, Zwerge und Männchen gebastelt werden. Aber sie werden hier didaktisch ganz anders gedeutet, als dies bei Waldorf geschieht. Jeder Versuch, die Kinder einer staatlichen Schule wochenlang irgendwelche blutrünstigen Märchenfiguren inklusive deren sagenhaftes Ende malen zu lassen, garniert mit dazu passenden magischen Formeln, würde unweigerlich zu einem Proteststurm der Eltern führen. Ausgerechnet in Waldorf-Kreisen, die doch so sehr auf alternative Erziehung, auf Gewaltfreiheit und Eingehen auf die zarte Seele des Kindes eingestellt scheinen, wird dies widerspruchslos hingenommen. Noch viel unbegreiflicher aber ist, dass diese Eltern, die ja oft mit viel Mühe und viel Nachdenken aus Sorge um eine gesunde Entwicklung für ihr einzigartiges Kind den Sprössling einer Entwicklungslehre überantworten, in der kein Platz für die Ausbildung eines starken Individuums ist. Waldorf klebt an der Vier-Leiber-Lehre Rudolf Steiners, auch wenn die Stellungnahmen gegen Kritiker nur so von beschwörenden Beschwichtigungen wimmeln. Sie sind stets so allgemein gehalten, dass zwischen den Zeilen viel Platz für ein Festhalten an Steiners Entwurf bleibt.

Kurz zusammengefasst besagt die Vier-Leiber-Lehre folgendes: Die kindliche Entwicklung verläuft nach festgesetzten Gesetzmäßigkeiten in einem Sieben-Jahres-Rhythmus so ab, dass sich vier Leiber entfalten und entsprechende menschliche Kräfte erst frei werden lassen, wenn die näch-

ste Stufe erreicht ist. Die vier Leiber, die auch als Wesensglieder des Menschen bezeichnet werden, heißen physischer Leib, Ätherleib, Astralleib
und Ich-Leib. Dementsprechend muss nach Steiner alle Erziehung auf
dieser Sieben-Jahres-Stufen-Lehre fußen. Als Steiner sich 1906 (!) zum
ersten Male mit der Kindesentwicklung befasste, gab er an, in übersinnlicher Wesensschau jene geistigen Leiber gegenständlich gesehen zu haben.
So zeige der Astralleib bei Menschen die Gestalt eines länglichen Eies.
Dieses ragt „nach allen Seiten über den physischen und ätherischen Leib
als eine Lichtbildgestalt hervor. Der Astralleib ist eine Gestalt aus in sich
beweglichen, farblich leuchtenden Bildern."

Was diese Auffassung für die Erziehung eines Kindes bedeutet, zeigt
Erziehungswissenschaftler Wehnes am Beispiel der zweiten Phase für die
Zeit vom 7. bis 14. Lebensjahr auf: „Nach anthroposophischer Auffassung
fordert diese Phase das pädagogische Wesensgesetz von 'Nachfolge und
Autorität'. Warum? In diesem Alter werden jetzt im jungen Menschen
Gefühle und Empfindungen, Gewohnheiten und Neigungen frei. Folglich
müsse der Waldorflehrer den Lernstoff nun in anschaulichen, emotional
nachempfindbaren Bildern, Beispielen und Gleichnissen bringen, denn das
Kind dieses Alters sei noch nicht reif für abstrakte Begriffe und Prozesse.
Wohl sei es empfänglich für das Geistig-Anschaubare, so wie das Kind
zwischen 0 und 7 Jahren reif war für das Sinnlich-Anschauliche. Darum
soll jetzt zwischen dem 7. und 14. Lebensjahr im Unterricht die 'geistig-
anschaubare Kraft großer geschichtlicher Gestalten' vorrangig sein, die
der Schüler nun mit Bewunderung und Verehrung entgegennehme."

Welche Konsequenzen zieht Steiner nun für seine Pädagogik daraus?
Er sagt, nur wer die jeweilige Autorität entgegennehme – er sagt wörtlich:
„in scheuer Ehrfurcht hat verehren dürfen" –, nur der reife weiter zur
dritten Phase zwischen 15 und 21 Jahren, wo dann erstmalig und plötzlich
eigenes Denken, selbstständiges Reflektieren und kritisches Urteilen
möglich werden. Bis dahin habe der Lehrer dafür zu sorgen, dass der
Schüler verschont bleibe von allen Theorien, Abstraktionen und Reflexio-
nen, damit er vorerst nur im gläubigen Annehmen und ehrfürchtigen Verehren alles dessen, was der Lehrer ihm nahebringt, verweile.

Das ist ein typisches Phänomen der Waldorf-Pädagogik, indem sich
durchaus Richtiges mit Fragwürdigem mischt. Auch die modernen Erziehungswissenschaften stimmen damit überein, dass sich die menschliche
Entwicklung in gewissen Schüben, Phasen und Rhythmen vollzieht und
dass die kindliche Entwicklung mit dem Unterricht bezüglich Didaktik,
Form und Inhalt in Übereinstimmung stehen muss. Das ist freilich eine

pädagogische Binsenweisheit, die schon fast banal ist. Und dass auch das anschaulich-bildhafte Lernen eine wichtige Komponente schulischer Erziehung sein muss, reißt heute keinen Lehramts-Anwärter mehr vom Hörsaal-Stuhl, auch wenn gerade ältere Lehrer an staatlichen Schulen da noch einen gehörigen Nachholbedarf haben. Wehnes: „Es muss aber kritisch gefragt werden, ob es richtig sein kann, junge Menschen unserer Tage bis etwa zum 15. Lebensjahr möglichst nur in Ehrfurcht bewundern zu lassen. Hier denkt der Erziehungswissenschaftler ganz anders; er sagt: Es solle von Anfang an ein zunächst ganz elementares und immer entwicklungsgemäßes Hinführen und schrittweises Einführen zu Eigenständigkeit und Kritikfähigkeit geben."

Die Phasenlehre Steiners, die heute noch original in den Waldorfschulen angewandt wird, ist wissenschaftlich gesehen völlig überholt. Kein ernstzunehmender Fachmann wird heute noch ernsthaft behaupten können, es gebe feste, ewig gleiche Gesetze, die den Menschen kausal determinieren. Vielmehr zeigt sich die Entwicklung individuell sehr verschieden und ist wesentlich vom historischen Wandel der Kultur und Gesellschaft abhängig. Das sieht auch der Erziehungswissenschaftler so, wenn er darauf hinweist, dass unser diesbezügliches Wissen seit der Zeit Rudolf Steiners stark angewachsen ist: „Man denke nur an die sexuelle Entwicklung der Jugend und die ungeheuren Verschiebungen, die es in den letzten 200 Jahren gegeben hat; zur Zeit Rousseaus war der 18-, 19-jährige erst in der Pubertät." Und, so darf und muss man wohl ergänzen: Kann man wirklich den 7-jährigen Jungen in einem westlichen Industrieland pädagogisch genauso behandeln wie einen gleichaltrigen Jungen in Ouagadougou, der Hauptstadt des viertärmsten Landes der Welt, Burkina Faso in Afrika?

Allgemein, so Wehnes abschließend, kann man zunächst festhalten: „Wo die wissenschaftliche Pädagogik das Prinzip der schrittweisen Hinführung zur künftigen Wirklichkeit und damit eine Pädagogik der unterstützenden Bewährung vertritt, verfolgt die Anthroposophie eine Pädagogik der Bewährung. Die anthroposophische Pädagogik z.B. lehnt bekanntlich Fußball, Fernsehen, Rekorder und überhaupt alle modernen Medien strikt ab. Solche Bestandteile des heutigen Lebens jedoch so global aus der Erziehung ausklammern zu wollen, heißt nicht, eine Pädagogik der Bewährung praktizieren zu wollen; es kommt eher einer Flucht vor der heutigen Lebenswirklichkeit gleich. Nach Auffassung der wissenschaftlichen Pädagogik gilt es hier, nicht vor den tatsächlich vorhandenen Gefahren und Fragwürdigkeiten des Fernsehens die Augen zuzudrücken, sondern so

etwas wie kritische Fernsehmündigkeit möglichst schon im Kinde grund-
zulegen und einzuüben."
 Wie stark Steiner, was kein Vorwurf an ihn, sondern an die ist, die
seine Gedanken unkritisch auch heute noch übernehmen, in seiner Zeit
verhaftet ist, zeigt auch der folgende Satz: „Ebensowenig, wie man vor
dem siebenten Jahr Zähne kriegen kann, kann man vor dem 18. Jahr wirklich etwas wissen von den Lebenszusammenhängen, die über die eigene
Nasenlänge hinausliegen, von Dingen vor allem, für die ein aktives Urteil
notwendig ist."
 Christiane Salzmann hat in einem Aufsatz für die *Pädagogische Rundschau* deutlich die unterschiedlichen Zielrichtungen der Steinerschen und
der neueren Pädagogik herausgearbeitet. Demnach geht Steiner im wesentlichen davon aus, dass „die Entfaltung der verschiedenen Wesensglieder des Menschen eigenen, kosmisch begründeten Wesens- und Entwicklungsgesetzen" folgt. Aus diesem Ansatz ergibt sich gleichsam
zwangsläufig eine Erziehung, zu deren Hauptmerkmalen das Nachgehen
gehört, denn die nachgehende Erziehung folgt den Entwicklungsgesetzen,
die auch ohne ihr Zutun zum Tragen kommen, passt sich diesen an und
verstärkt damit eine Tendenz, die ohnehin von Natur aus angelegt ist. Die
vorgreifende, vorwegnehmend oder provozierende Erziehung hingegen ist
davon überzeugt, dass die Entwicklung des Menschen einer ständigen
Herausforderung bedarf und dass diese Entwicklung eben in hohem Maße
durch die Herausforderung gelenkt wird. Diese Auffassung befindet sich
in der Nähe etwa der modernen, seit Herder immer wieder zitierten Anthropologie, die behauptet, dass der Mensch ein weltoffenes, nicht fixier-
tes Wesen sei, dessen Einzel- und Gesamtentwicklung und auch dessen
Bestimmtheit von dem jeweiligen kulturellen Angebot und den damit verbundenen Herausforderungen abhängig sei. „Ich selbst", so Salzmann
weiter, „bin daher geneigt zu fragen, ob nicht Rudolf Steiner und damit die
Waldorf-Pädagogik den Aspekt der Abhängigkeit jeder menschlichen
Entwicklung von der situativen oder kulturellen Herausforderung zu
wenig berücksichtigt hat. Meine Gegenthese lautet, die menschliche Entwicklung, ja die Bestimmung menschlichen Daseins, erfüllt sich erst in der
polaren Spannung zwischen vorgegebenen Rahmenbedingungen menschlicher Entwicklung und den jeweils geschichtlich gewordenen inhaltlichen
Herausforderungen, etwa der Kultur."
 Das ist wissenschaftlich-vornehm formuliert, trifft aber genau den
Kern, weil hier nämlich ein tiefgehender Widerspruch der Steinerschen
Pädagogik markiert wird: Wenn der junge Mensch wirklich derart vom

Karma seiner Vorleben bestimmt ist, wenn er wirklich alle Anlagen in sich trägt, warum ihn dann noch erziehen? Und wieso kann ihm dann eine staatliche Schulbildung schaden, wo er sich doch ohnehin so entwickelt, wie es sich entsprechend der Steinerschen Wesensschau gehört? Das ist keineswegs Polemik, sondern ein zentraler Punkt. Wenn das Karma nämlich alles bestimmt und vorliegt, Erziehung kaum noch etwas bringt, dann gibt es nur ein freilich wenig rühmliches Motiv für die Arbeit mit den Kindern: Sie zu öffnen für das anthroposophische System der Zukunft.

Das eigentliche Problem aber liegt in Steiner selbst, der sich mit einem beispiellosen Absolutheitsanspruch ausstattet, ohne diesen wirklich begründen zu können. Es gab durchaus auch andere Reform-Pädagogen, die mit viel Sensibilität für Kinder und Intuition neue Ansätze entwickelt haben, ohne daraus gleich eine Erkenntnis höherer Welten zu machen wie zum Beispiel Maria Montessori. Aber Steiner weiß alles und kennt alles, er definiert sogar, was richtig und falsch, gut und böse ist. Woher nimmt Steiner die Sicherheit dieser Beurteilung? Oder um es zugespitzt zu formulieren: Wieso kann er sich eine solche für alle Zeiten Gültigkeit beanspruchende Erkenntnis anmaßen? Wobei noch die Frage zu ergänzen wäre, wieso die Geschichte der Menschheit so massiv eine Geschichte von Siegern und Besiegten, von Gewinnern und Verlierern, von Unterdrückung und Leid ist, wenn doch alles von einem sich stets höher entwickelnden Karma durchweht ist?

32. Woher Steiner seine Erkenntnisse hat

Rudolf Steiner würde die Frage, woher er alle seine Kenntnisse hat, mit einem Verweis auf „übersinnliche" Erfahrungen beantworten. Erfahrungen, die ihm aufgrund „höherer Sinneswerkzeuge" – etwas despektierlich könnte man auch „Hellseherorgane" sagen – zugekommen sind. Solche Erfahrungen hält Steiner für keineswegs ungewöhnlich. Wer nur strebend sich in Askese und Meditation übe, so der Meister, werde sie ebenfalls erreichen. Interessant scheint da freilich, dass auch fast 80 Jahre nach Steiner noch keiner seiner Waldorf-Jünger so talentiert war oder so gut ausgebildet wurde, dass er dem Meister ebenbürtig wurde.

Für Steiner sind solche Erfahrungen trotz ihrer Übersinnlichkeit so real, allgemeingültig und grundlegend, dass er sich für berechtigt hält, sie zum Fundament einer neuen Wissenschaft zu machen. Dabei missbraucht er den Begriff Wissenschaft allerdings insoweit, als er zwar den Absolutheitsanspruch des Beweises für sich reklamiert, aber die sonst übliche Nachvollziehbarkeit der Ergebnisse auch durch andere ablehnt. Nachvollziehbar seien seine Erkenntnisse eben nur für den, der seine Erkenntnisstufe erreicht. Er selbst spricht deswegen von einer „Geisteswissenschaft", die nach seiner Überzeugung „über Nichtsinnliches in der derselben Art [zu] sprechen [vermag], wie die Naturwissenschaft über Sinnliches spricht". Solche übersinnlichen Erfahrungen und geisteswissenschaftlichen Erkenntnisse sind dann die eigentliche und nahezu unerschöpfliche Quelle für alle Auskünfte Steiners, aber auch für die Auskünfte Steiners über alles; denn es scheint ja nahezu nichts zu geben, für das er sich nicht kompetent hält und über das er nicht Auskünfte und zwar nach seiner und seiner Anhänger Auffassung Auskünfte verbindlicher Art erteilt hat: von der Medizin über die Landwirtschaft und Architektur, über Soziologie und Psychologie bis hin zu Kosmologie, Theologie und Seelsorge.

Diese „Geisteswissenschaft" ist dementsprechend auch die Quelle für Steiners Aussagen über den Menschen: über sein Wesen, seinen Aufbau und sein Werden; über die physiologischen Prozesse der Ernährung und des Wachstums, die Gestaltung des Hauses und des Spielzeugs; über Sinneserziehung und Charakterbildung; über richtige Schreib- und Leselehrgänge; über den richtigen Zeitpunkt für das Erzählen von Märchen, Legenden, Heldensagen; über den Einsatz der Kunst als Instrument der Welterschließung; über Willenserziehung und den rechten Zeitpunkt der Denkerziehung.

Wie umfassend dieser Anspruch von Steiner selbst verstanden wird, wird deutlich, wenn er erklärt: „Die Geisteswissenschaft wird bis auf die einzelnen Nahrungs- und Genussmittel alles anzugeben wissen, wenn sie zum Aufbau einer Erziehungskunst aufgerufen ist", und wenn er dann fast warnend hinzufügt: „Man wird da [im Bereich der konkreten Erziehungsmaßnahmen, d. Verf.] oft falsches tun, wenn man sich nicht von der Geisteswissenschaft leiten lässt."

Die Frage, woher dieser Mensch, der mit einer Kritik an dem damaligen Erziehungssystem der Jahrhundertwende begann, seinen Allmachtsanspruch begründet, ist damit vielleicht für Steiner, aber eigentlich nicht für uns beantwortet. Sicherlich soll man allen Versuchen, die Unmöglichkeit des Zugangs zu einem Menschen mit dessen Erkrankung zu erklären (und den Betreffenden damit natürlich zu desavouieren) mit gesunder Distanz begegnen. Aber Steiners Biographie lässt durchaus Rückschlüsse zu, auf die auch seriöse Wissenschaftler, die keineswegs zur fundamentalen Anti-Anthroposophie-Front gehören, aufmerksam gemacht haben. Wolfgang Treher, Psychiater und Psychoanalytiker, viele Jahre lang Leiter diverser Stationen großer Kliniken, hat dazu eine Studie vorgelegt, der man sich bei der Suche nach Steiners Weltbild nicht einfach entziehen kann. Mehr noch: Er entdeckt geradezu erstaunliche Parallelen zwischen den Persönlichkeiten Rudolf Steiners und Adolf Hitlers, denen er beiden Schizophrenie attestiert: „Primär ist die schizophrene Selbstzerstörung ein innerpsychischer Prozess. Im Leben Hitlers und Steiners gab es nicht nur einen, sondern wahrscheinlich viele Augenblicke der Offenbarung einer anderen Welt. Sie erwachen und befinden sich nicht mehr in der Welt der Geistesgesunden (ihnen selbst bleibt diese Einsicht verschlossen), sondern in einem Privatkosmos und bemerken plötzlich einen quer durch denselben gehenden Riss. Ihr Leben hat sich aus dem allgemeinen Weltzusammenhang gelöst, und sie ersetzen nun die Welt im Wege eines innerseelischen Kurzschlusses aus eigener Substanz, die sich nach Art von Zellteilungen ins Unendliche auflöst und ihrem Weltbild eine bestechend organismische, biomorphale Prägung verleiht. Ein entfremdender Projektionsvorgang spiegelt ihnen die realen, leibhaftigen Menschen in alle diese unzähligen Fragmente ihrer eigenen Seele hinein, und nun glauben sie, den kosmoszerspaltenden Riss auch quer durch die Menschheit zu sehen. Sie glauben, Parteien und 'Rassen' vor sich zu haben, die zwei feindlichen Ameisenhaufen oder einem mit der Drohnenschlacht beschäftigten Bienenvolk gleichen."

Treher belegt seine Auffassung Steiners mit Zitaten, die von Steiner selbst stammen und die in der Tat auffällig sind. Sie sind der Selbstbiographie *Mein Lebensgang* entnommen und spiegeln jene schon oben beschriebene Änderung wider, die Steiner durchmachte, nachdem er aus London zurückgekehrt war, wo er erstmals Kontakte zu sexualmagischen Orden hatte: „Ich lebte in der geistigen Welt; niemand aus meinem Bekanntenkreis folgte mir dahin. (...) Ich lebte ganz intensiv in dem, was andere sahen und dachten; aber ich konnte in diese erlebte Welt meine innere geistige Wirklichkeit nicht hineinfließen lassen. Ich musste mit meinem eigenen Wesen immer in mir zurückbleiben. Es war wirklich meine Welt wie durch eine dünne Wand von aller Außenwelt abgetrennt."

Nun verdankt die Menschheit einer ganzen Reihe von psychisch kranken Menschen große kulturelle Schöpfungen. Insofern bringt es auch nichts, Steiner als Psychopathen abzustempeln, wenn von ihm nicht auch eine konkrete Gefahr ausgehen würde – ein Punkt, auf den wir noch einmal zurückkommen müssen. Hier geht es nur um die Frage, ob, sollte Steiner tatsächlich unter Schizophrenie gelitten haben, dies seine Weltenentwürfe geprägt hat. Und genau diesen Eindruck hat der nicht-anthroposophische Leser, der die Steiner-Schriften und alle nachfolgenden Publikationen nach etwas durchsucht, was ihn sozusagen zwingend von der Richtigkeit seiner Gedanken, von der Allgemeingültigkeit seiner „Geisteswissenschaft" zu überzeugen vermag. Wenn es überhaupt einen Punkt gibt, an dem Steiner sich Gott gleich über alles erhebt, dann ist es dieser: Er entzieht sich jeder Beweisführung, er verlangt schlicht Glauben. Und darüber hinaus bedingungslosen Gehorsam. Steiner lässt wie andere fundamentalistischen Strömungen mit religiösem Anspruch keine Freiheiten zu. Und die Anthroposophen tun dies bis heute. Ein System, das sich nur aus sich selbst erklärt und nur dann verstehbar ist, wenn man im System drin ist, nennt man wohl totalitär, aber nicht freiheitlich (und schon gar nicht demokratisch).

Nun könnte man darüber leicht hinwegsehen, wenn Steiner nicht einen Anspruch begründet hätte, den seine Jünger bis heute mit missionarischem Eifer und nicht unerheblichem Erfolg fortsetzen. Man könnte vielleicht auch darüber noch hinweggehen, wenn die Anthroposophen nicht eine derart detaillierte Regelung des Alltagslebens ihrer Anhänger vollstrecken wollten, wie man es sonst nur von sektiererischen Gemeinschaften kennt. Völlig verblüffend aber ist, dass derart viele, die sonst auf die Eigenständigkeit ihres Intellekts so viel Wert legen, diesen Botschaften nachzueifern versuchen. Der erfahrene Münchener Psychotherapeut Colin Goldner zeigt das in seinem Buch *Psycho* am Beispiel der anthroposophischen Heiltherapien auf: „Eine Störung in der ausgewogenen Balance der einzelnen Leiber beziehungsweise Seelen – besonders vor dem Eintritt in ein neues 'Jahrsiebt' komme es regelmäßig zu einschneidenden Krisen – bedeute Krankheit. Werde beispielsweise die Entfaltung des Ätherleibes gehemmt, da dieser zu sehr 'unter der Dominanz der Schwerkraft des physischen Leibes' steht, träten Schwermut und Depression auf. Ein Ätherleib hingegen, der so dominiere, dass Astral- und Ich-Leib ihn nicht mehr bändigen könnten, zerstöre 'wuchernd' den ganzen Organismus, es komme zum Ausbruch von Krebs. Die spezifischen Diagnosemethoden der Anthroposophie werden heute (angeblich) nicht mehr oder nur noch als zusätzliche Testverfahren eingesetzt. Beim so genannten 'Blutkristallisationstest' etwa mischt man Blut mit einer wässerigen Kupferchloridlösung und lässt dieses Gemisch auskristallieren; aus der Anordnung der Kristalle wird dann auf den Kräftezustand einzelner Organe geschlossen. Anthroposophischer Heilkunde geht es vordergründig nicht um die Behandlung von Krankheitserscheinungen, sondern um die Wiederherstellung des Gleichgewichtes der Leiber und Seelen. Hierzu bietet sie eine Vielzahl eigener Medikamente und 'spiritueller' Heilverfahren an. Die Medikamente bestehen aus pflanzlichen und tierischen Bestandteilen, die vielfach in einer Art homöopathischer Zubereitung eingesetzt werden. Auch Metallen, insbesondere in 'vegetabilisierter Form', kommt hoher Stellenwert zu: Das jeweilige Metall (meist Metallsalz) wird hierzu in die Erde eingearbeitet; in dergestalt präpariertem Boden wachsende Heilpflanzen seien nach drei Jahren ganz 'vom Metallprozess durchdrungen' und könnten zur Heilung von Ich-Leib-Problemen eingesetzt werden. Die Zuordnung einzelner Präparate zu bestimmten Erkrankungen – Blätter der Waldbeere etwa gegen Funktionsstörungen der Leber – ist rational ebensowenig nachzuvollziehen, wie deren rituelle Zubereitungsart: Bienen und rote Ameisen beispielsweise müssen lebend zermalmt oder püriert werden, um ihre 'Lebenskraft' in das Medikament zu übertragen. Anthroposophische Heilmittel unterliegen, ähnlich wie die Mittel der Homöopathie, einer gesetzlichen Ausnahmeregelung: Ihre Wirkung muss nicht anhand wissenschaftlicher Kriterien nachgewiesen werden, die Maßstab jeder Zulassung eines anderen Medikamentes sind. Eine kontrollierte Arzneimittelprüfung findet nicht statt. Auch Nebenwirkungen, beispielsweise der verwendeten Blei- und Quecksilberpräparate, werden nicht kontrolliert überprüft. Zu den bekanntesten Medikamenten der anthroposophischen Heilkunst zählen Mistelpräparate, die vor allem gegen Krebs eingesetzt werden. Der Glaube an die Wirkkraft der Mistel liegt in erster Linie im Analogiedenken der Anthroposophen begründet: Wie beim Krebs handele es sich auch bei der Mistel um einen Schmarotzer; wie der Krebs, der sich dem normalen Zellwachstum widersetze, widersetze sich auch die Mistel den Gesetzen der Natur: sie blühe im Winter, berühre die Erde nicht und wachse nicht dem Sonnenlicht entgegen. Wie die *Stiftung Warentest* kritisiert, tauche in der speziellen anthroposophischen Diagnosestellung sehr oft der Begriff 'Präkanzerose' (Vorstadium eines Krebses) auf; vorsorglich werden dann Mistelinjektionen empfohlen. Die Mitteilung 'Präkanzerose' kann Menschen in lebensgefährliche Ängste stürzen. Das ist umso verantwortungsloser, als diese 'Diagnostik' oft aus unbewiesenen Behauptungen besteht. Was jahrelang wiederholte Mistelinjektionen bewirken, ist nicht bekannt."

33. Der O.T.O. und Steiner oder umgekehrt

Angesichst derart haltloser und vor allem wissenschaftlich nicht nachvoll-
ziehbarer Praktiken, die noch dazu mit dem hohen Anspruch „Medizin"
daherkommen, darf man sich nicht wundern, wenn erneut nach dem
Grund für den hohen Anspruch Steiners und der Anthroposophen gefragt
werden muss, es sei denn, man unterstellt dem Imperium schlicht wirtschaftliche Gründe für derartigen Humbug. Und es gibt nicht wenige, die
einen der Gründe dafür in der nach wie vor nicht ganz geklärten Ver-
wicklung Steiners in magische Orden vom Schlage des O.T.O. sehen,
wenn nicht gar in dessen durch und durch satanistische Hintergründe. War
Steiner wirklich ein Satanist, ein Mann, der dem O.T.O. und seinen Praktiken den Weg zumindest nach Deutschland ebnete?

Steiner als okkulter Magier? Unbestritten sind historische Verbindungen zwischen Rudolf Steiner und dem wohl berüchtigsten okkulten Orden,
dem *Ordo Templi Orientis* (O.T.O.), dem Orden der orientalischen
Templer. Der als Freimaurer, Rosenkreuzer und Theosoph geltende Wiener Carl Kellner begründete den Orden 1895, der Freimaurer Theodor
Reuß hob ihn 1906 erneut aus der Taufe. Der O.T.O. war eine der ersten
Gruppen, in denen Sexualmagie realisiert wurde. Der Name soll eine Verbindung mit dem großen Templer-Orden des Mittelalters herstellen, der in
die Schusslinie der Kirche geriet, unter anderem weil dort ausgiebige
sexuelle Exzesse praktiziert wurden. Die Brüder Grandt schreiben in
ihrem heftig kritisierten, aber in seiner historischen Darstellung sehr kor-
rekten *Schwarzbuch Anthroposophie*: „In einer Ausgabe des Ordensmaga-
zins *Oriflamme* aus dem Jahr 1912 heißt es: 'Unser Orden besitzt den
Schlüssel, der alle maurerischen und hermetischen Geheimnisse er-
schließt, besonders die Lehre der Sexual-Magie' (diese Lehre erklärt
restlos alle Rätsel der Natur, alle freimaurerische Symbolik und alle
Religions-Systeme). In einer Selbstdarstellung aus dem Jahr 1917 wird
gesagt: 'Die O.T.O.-Religion ist die Rückkehr zur frohen Kultur der

Freude, des Lebens, der Liebe, im Gegensatz zur düsteren Kultur des Gottes der Rache, der Strafe, der Vernichtung'." Nicht nur Steiner, auch der spätere Gründer der Scientology-Organisation, Ron L. Hubbard, kommt mit dem O.T.O. in Verbindung. Nach Erkenntnissen von modernen Satanismus-Experten leitete Rudolf Steiner zwischen 1906 und 1914 den deutschen Ordenszweig MMA (Mysteria Mystica Aeterna) als Großmeister und „Supremus Rex", der höchste Rang innerhalb des O.T.O. Steiner hat wohl das Ordenspatent 1906 für 1500 Mark vom O.T.O.-Neugründer Reuß gekauft. Obwohl diese Tatsache von den Anthroposophen gerne geleugnet wird, bestätigt auch der Autor des Buches *Rudolf Steiner und die Waldorfschulen*, Fritz Beckmannshagen, dass nicht nur Steiner selbst, sondern auch seine zweite Frau Marie von Sivers „am 24.11.1905 in den genannten Orden 'eingeweiht' wurden und zusammen bis zum Kriegsausbruch 1914 die kultische Arbeit am Altar der Loge zelebriert haben"! Als der gebürtige Österreicher Steiner sich um die Schweizer Staatsangehörigkeit bewarb, wurde sie ihm wegen der Logenzugehörigkeit versagt. Daraus schließen nicht wenige Experten wie auch die Brüder Grandt: „Wenn wir uns diesen Gedankengängen anschließen, dann ergeben die verschiedenen 'Puzzleteile' durch die Verflechtung Steiners mit dem O.T.O. einen Sinn. Demnach müsste die Beziehung Steiner O.T.O. folgendermaßen ausgesehen haben: Um ein eigenes Okkultsystem zu begründen, benötigte Rudolf Steiner von Theodor Reuß ein Diplom, das die freimaurerischen Formen der Hochgrade beinhaltet, also eine Art 'Berechtigung'. Um nicht zu sehr mit ihm und dem anrüchigen O.T.O. in Verbindung gebracht zu werden, benennt er teilweise nur verschleiert dessen Namen und auch den des Ordens. Dennoch kommt er nicht umhin, im O.T.O. seine 'Einweihung' zu halten, ja er wird sogar zu einer tragenden Figur der Loge. Als 'Ausrede' für diesen Schritt muss ein 'okkultes Gesetz' herhalten, das er mit einer gewissen 'okkulten Loyalität' auch erfüllt. Scheinbar distanziert er sich davon, im 'Sinne' des O.T.O. zu wirken, erklärt dann aber wieder, doch in diese Richtung zu wirken, zu arbeiten, von der der Orden vorgibt, dass es die 'seinige' ist. Wenn man bedenkt, wofür der O.T.O. steht, dann lässt dies nur den Schluss zu, dass das 'Neu-Entstehende' sexual-magisch ausgerichtet ist sowie den Memphis-Misraim-Ritus beinhaltet!"

Der Misraim-Ritus war ein strenger soldatischer Ritus, bei dem die Neulinge über diverse Einweihungsstufen und kultähnliche Zeremonien aufstiegen oder ernannt wurden. Wem der Vergleich nicht allzu weit hergeholt erscheint, der darf diese ordensähnliche Vereinigung durchaus mit den schlagenden Burschenschaften unserer Tage vergleichen.

Was war das nun für ein Orden, dessen Leitung Steiner offenbar viele Jahre innehatte? 1904, also kurz bevor Steiner sein Patent erwarb, schrieben Neugründer Carl Kellner und Theodor Reuß dazu: „Eines der Geheimnisse, die unser Orden in seinem höchsten Grade besitzt, besteht darin, dass er dem gehörig vorbereiteten Bruder die praktischen Mittel liefert, den wahren Tempel Salomos im Menschen aufzurichten, das 'verlorene Wort' wiederzufinden, das heißt, dass unser Orden dem eingeweihten und auserwählten Bruder die praktischen Mittel liefert, die ihn in den Stand versetzen, sich schon in diesem irdischen Leben Beweise seiner Unsterblichkeit zu verschaffen. Diese praktischen Mittel sind aber keine 'Geisterbeschwörungen' oder andere 'spiritistische Praktiken', sondern es sind Mittel, die sich nur mit der inneren Stimme und mit den inneren Sinnen des Kandidaten selbst beschäftigen, und die alle spiritistischen Praktiken direkt und strengstens ausschließen und verdammen. Dieses Geheimnis ist eines der wahren Natur. Geheimnisse und eben ausschließlich das Geheimnis der okkulten Hochgrade unseres Ordens. Es ist auf unseren Orden durch mündliche Überlieferung von den Vätern der wahren Freimaurerei den 'weisen Männern des Ostens' überkommen und wird auch von uns nur wieder mündlich weitergegeben." Wie sehr erinnern diese Worte doch an die spätere und bis heute noch propagierte Denkweise Steiners?

Dass der O.T.O. aber keineswegs nur eine freimaurerische, sondern eben durchaus eine sexualmagische Vereinigung war, belegt dessen Gründer Theodor Reuß in seiner Schrift *Parsifal und das enthüllte Grals-Geheimnis* mehr als deutlich. Da heißt es im Kapitel „III. Nutzanwendung" unter der Überschrift „Grundriss des neuen O.T.O.-Tempels": „Wir wollen das, was heute [also zur Zeit von Reuß, d. Verf.] als unsittlich, sündig gebrandmarkt wird, in seiner ursprünglichen Reinheit und Sittlichkeit wieder herstellen, wir wollen es zu etwas 'Heiligem' wieder erheben. Auf dieser wiederhergestellten alten Auffassung, dass die Sexual-Organe etwas 'Heiliges', 'Verehrungswertes' sind, wollen wir das Neue aufbauen." Und etwas weiter: „Ist der Jüngling reif, dann wird er im Tempel, unter Leitung und Weisung der 'Matrona' (Ober-Priesterin) in ritueller Weise und in der Form einer 'sakralen Handlung' den ersten Coitus vollziehen. Ebenso wird die Jungfrau im Tempel von der Matrona in die Mysterien des Geschlechtsaktes eingeführt. Solange Jungfrau und Jüngling außerhalb des gesetzlich vorgeschriebenen Ehestandes leben, sind sie gebunden, alle

Befriedigung ihres Triebes im Tempel zu suchen. (...) Junge Männer und
Frauen, welche aus irgendeinem Grunde sich nicht zur Fortpflanzung der
Rasse eignen, dürfen von Staats wegen keine Ehe eingehen." Und dann
verweist Reuß noch auf den Pariser Professor M.J. Matter: „Es war ver-
mittelst der Weise, dass die zur Ekstase führende göttliche sexuale Erregung erzeugt wurde. Besonders wurde die Ekstase durch den Einfluss von
Jungfrauen erzeugt. Die Priester des Orphischen Kultes in Thrazien verwendeten ausschließlich geweihte Jungfrauen für die heiligsten Riten und
Zeremonien." Heute würde man so etwas schlicht sexuellen Kindesmissbrauch nennen.

Und wer noch etwas mehr zur geistigen Einstellung des O.T.O. im
ausgehenden 20. Jahrhundert wissen möchte, der lese sich die diversen
„Liber AL vel Legis", eine Art Gesetzesbücher voller Sprüche, durch, die
zwar vom „Priester der Prinzen", ANKH-F-N-KHONSU, im Internet
bereitliegen, aber mit dem Hinweis „unautorisiertes Kopieren, Veröffentlichen, Nachdrucken untersagt" versehen wurden. Und wem das nicht
reicht, der erhält auch noch eine offene Drohung: „Das Studium dieses
Buches ist verboten. Es ist weise, dieses Exemplar nach dem ersten Lesen
zu vernichten. Wer immer dies nicht beachtet, tut dies auf eigenes Risiko
und die Folgen sind außerordentlich schrecklich." Zitat aus diesem Buch:
„Nichts haben wir gemein mit den Ausgestoßenen und den Jämmerlichen.
Sollen sie in ihrem Elend sterben. (...) Das Gesetz der Starken: Dies ist
unser Gesetz."

Als grundlegend für den O.T.O. wird heute das „Gesetz von Thelema"
angesehen, das dem wohl berühmtesten Satanisten der Neuzeit, Aleister
Crowley, der 1912 (also zu der Zeit, als Steiner O.T.O.-Großmeister in
Berlin war) dem O.T.O. beitrat, gewertet. Es entstand 1904 in Ägypten,
wo es Crowley angeblich von einem Abgesandten des ägyptischen Gottes
Hoor-pa-Kraat diktiert worden sein soll. Die Schrift wird heute als das I-
Ging des Wassermannzeitalters propagiert; man schreibt ihr magisch-kab-
balistischen, philosophisch-prophetischen Charakter zu. Der Hauptsatz
dieser Offenbarung „Tue, was Du willst!" wird von Experten als Auslöser
für die Morde der Charles Manson-Sekte in Kalifornien, die als *Loar
Lodge of O.T.O.* sich wie eine makabre Filiale aufführte, angesehen. In
diesem Text heißt es: „Um diese Narren von Menschen und ihr Weh
kümmert euch gar nicht. Sie fühlen wenig; was ist, wird durch schwache
Freuden ausgeglichen, ihr aber seid meine Auserwählten." Und: „Nichts
haben wir gemeinsam mit den Untauglichen und Verworfenen: Lasset sie
sterben in ihrem Elend. Denn sie fühlen nicht. Mitleid ist das Laster der

Könige. Tretet nieder die schwächlichen Lumpen, das ist das Gesetz der Starken." Und an anderer Stelle: „Töte und foltere, schone nicht; auf sie!" Ohne schon etwas vorwegnehmen zu wollen, gibt es Kritiker, die solche Sätze auch aus anderem Munde gehört haben wollen, womit wir wieder bei der Ähnlichkeit der Denkmodelle Steiners und Hitlers wären: „Ohne Willen zur Grausamkeit geht es nicht. Übrigens fehlt er unseren Gegner nur, weil sie zu schwächlich sind, nicht etwa, weil sie human sind." Und: „Das Schwache muss hinweggehämmert werden. In meinen Ordensburgen wird eine Jugend heranwachsen, vor der die Welt erschrecken wird. Eine gewalttätige, heroische, unerschrockene, grausame Jugend will ich. So merze ich die tausende von Jahren der Domestikation aus." Beide Sätze stammen von Adolf Hitler.

Es ist verständlich, dass die Anthroposophen und deshalb auch die Waldorfianer kaum etwas so hartnäckig bekämpfen, wie den Versuch, Rudolf Steiner Verbindungen zu einer derart verfassten Gemeinschaft nachzusagen. Das ist übrigens unter anderem deswegen erstaunlich, weil man sich an anderer Stelle durchaus etwas von Steiner abzusetzen sucht. Aber an der Erregung über diese Verbindung zeigt sich die wahre Nähe. Nachdem die Brüder Grandt ihr *Schwarzbuch Anthroposophie* veröffentlicht hatte, schickten die Anthroposophen gleichsam alles, was in ihren Reihen Rang und Namen hat, ins Feld, um dieser Darstellung zu widersprechen. Der Wiener Josef Dvorak, der selbst Wert darauf legt, nicht zu den Anthroposophen gezählt zu werden, bei einem Pressegespräch Anfang 1997: „Ihren Verdacht, dass geheime Riten dieser Art in der Anthroposophie unentwegt weiter praktiziert werden, versuchen die Brüder Grandt durch den Hinweis auf die gerichtsnotorischen Exzesse einer angeblichen Wiedergeburt Crowleys in einer O.T.O.-Abspaltung (*Netzwerk Thelema*) und zweifelhafte Interviews mit Personen zu erhärten, deren Aussagen über heutige anthroposophische Irritationen in ihrer wüsten Phantastik der Verdacht schwerer psychischer Gestörtheit nahelegen."

Die Wochenschrift *Das Goetheanum* ließ im Februar 1997 gar Stefan Leber auf 22 eng und doppelspaltig bedruckten Seiten eine ganze Studie darstellen. Leber zitiert ausführlich satanistische Beispiele, die man den Anthroposophen oder ihnen nahestehenden Gemeinschaften wie der Christengemeinschaft zuschreibt. Leber: „Die Beschreibung der Riten, Anrufungen, Kerzen, Paramente sind sich immer sehr ähnlich. Für Polizisten und einige Psychiater, die die Kinder untersucht haben, bestätigen die übereinstimmenden Zeugnisse deren Wahrheitsgehalt. Für andere beweist dies genau das Gegenteil: Die tatsächlichen satanistischen Riten sind in

Wirklichkeit voneinander sehr verschieden. Es sei leichter zu glauben, dass Kinder die gleichen Vorstellungen haben, womöglich durch die auf Ritualverbrechen spezialisierten Polizisten." Nach solcher Anfangspolemik, die übrigens angesichts der Vermutungen über satanistische Ritual-Verbrechenskenntnisse bei der Polizei von eminenter Unwissenheit zeugt, kommt Leber dann zur Sache. Er analysiert vier Formen von Satanismus (rationalistischer Satanismus, okkultistischer Satanismus, Acid-Satanismus, Luziferismus). Hauptwurzel sieht er in Aleister Crowley, dessen Aussagen – so Leber – „je nach Gemütslage Abstoßendes, Widerwärtiges, Merkwürdiges oder Faszinierendes" anhafte. Er attestiert O.T.O.-Gründer Reuß „zweifellos einen Hang zu sexualmagischen Praktiker, der einen Entwicklungsschub in seiner englischen Zeit nach 1906 erfährt".

Und welche Rolle spielte Steiner? Was trieb ihn an, Verbindung zum O.T.O. zu suchen? „Steiner lebte als Mann vom 'Denkhandwerk' gegen die Jahrhundertwende in Berlin, einerseits mit Fragen der Erkenntnisgewinnung, andererseits stark mit dem naturwissenschaftlich begründeten Entwicklungsgedanken beschäftigt." Anlässlich des Todes Friedrich Nietzsches wurde er eingeladen, in der theosophischen Bibliothek einen Vortrag über diesen „Kämpfer gegen seine Zeit" zu halten. „Seine einprägsame und kenntnisreiche Darstellung zog eine weitere Einladung nach sich, um vor demselben Menschenkreis dann über die Mystik und im Jahr darauf über das 'Christentum als mystische Tatsache' zu sprechen." So wurde die Verbindung zum deutschen Ableger der *Theosophical Society* enger. „Indem er sich auf diese vorhandene und damit auch stimmungsmäßig durch die Jahre geprägte Gesellschaft einließ, musste er sich auch auf die dort vorhandenen Einrichtungen und Erwartunger, die mit der Neukonstitution verbunden waren, einlassen."

Leber legt auch dar, wie Steiner Kontakt zu Reuß aufnahm: „Was ihn hierzu bewog, war neben dem Erwartungshorizont der Mitglieder letztlich auch sein ureigenstes Erkenntnisinteresse, denn sonst wäre der innere Widerstand zu groß gewesen. Worin bestand dieses? Bereits in der Einleitung zu den naturwissenschaftlichen Schriften Goethes schrieb er 1887: 'Wer dem Denken seine über die Sinnesauffassung hinausgehende Wahrnehmungsfähigkeit zuerkennt, der muss ihm notgedrungen auch Objekte zuerkennen, die über die bloße sinnenfällige Wirklichkeit hinausliegen. Die Objekte des Denkens sind aber die Ideen. Indem sich das Denken der Idee bemächtigt, verschmilzt es mit dem Urgrunde des Weltendaseins; das, was außen wirkt, tritt in den Geist des Menschen ein: er wird mit der objektiven Wirklichkeit auf ihrer höchstens Potenz eins. Das Gewahrwerden der Idee in der Wirklichkeit ist die wahre Kommunion des Menschen. Das Denken hat den Ideen gegenüber dieselbe Bedeutung wie das Auge dem Licht, das Ohr dem Ton gegenüber. Es ist Organ der Auffassung.' Im Leben ist stets eine Trennung von der Wirklichkeit oder dem wahren Sein für den Menschen gegeben. Das kann als Schmerz erlebt werden. Zu allen Zeiten bestand eine Sehnsucht, diese Trennung – die Theologen sprechen von der Tatsache des Sündenfalls und der Vertreibung aus dem Paradies – zu überwinden: in der Kommunion. Diejenige auf dem Ideenfeld, das heißt das Einswerden in der Erkenntnis mit dem Erkannten, ist eine solche Form der Kommunion, der Einung; die Kommunion im religiösen Kultus bildet eine weitere Form und jene in der Kunst eine dritte. Lassen sich möglicherweise alle drei unterschiedlichen und gleichermaßen berechtigten Wege vielleicht zu einem einheitlichen Vorgang zusammenführen?" Weiter erfahren wir von Leber, dass genau diese Zusammenführung lebenslang Steiners Anliegen gewesen sei. Seine „Mysteriendramen" legten dafür ebenso Zeugnis ab wie der Goetheanumbau und der Schulungs- und Übungsweg. „Anthroposophie ist ein Erkenntnisweg, der das Geistige im Menschen zum Geistigen im Weltall führen möchte", heiße es im ersten Leitsatz. Aber wenn Steiner doch verschiedene Strömungen zusammenführen möchte und er sich deshalb an den O.T.O. – sagen wir es einmal zurückhaltend – anlehnt, heißt das nicht auch, dass er Elemente, Denkweisen dieses Ordens mit seinen Vorstellungen verschmolz?

Steiner habe sich bei seinem Eintritt 1906, so Leber in seiner Studie weiter, sehr intensiv mit dem O.T.O. auseinandergesetzt. „Nun hatte ich zwei Wege", zitiert Leber Rudolf Steiner. „Entweder den so genannten Orden ganz zu ignorieren, oder mich mit ihm auseinanderzusetzen. Das erstere wäre nur in einem einzigen Falle möglich gewesen: wenn der Orden eine Verständigung zurückgewiesen hätte. Im anderen Fall wäre es im Sinne gewisser historischer Konzessionen, die Okkultismus machen muss, illoyal gewesen. (...) Herrn Reuß habe ich nun gesagt, was sich in die folgenden Sätze formulieren lässt: Ich will nichts, aber auch gar nichts von Ihrem Orden. Ich werde aber in einer Richtung wirken, von der der Orden vorgibt, dass es die seinige ist. Es kommt nur darauf an, dass der Orden für sich, nicht für mich, anerkennt, dass ich dies im Sinne der Grade tue, die der Orden als die seinigen in Anspruch nimmt. Ich mache zur Bedingung, dass der Orden mir nichts mitteilt von seinen Ritualien. Niemand soll je sagen können: ich habe von diesem Orden etwas empfangen. Ich will meinen Schritt bloß vom Standpunkt okkulter Loyalität betrachtet wissen. Und es darf niemand ein Recht empfangen, ihn je anders zu deuten." Reuß habe daraufhin gesagt, er könne dies nicht. Steiner sei daraufhin zunächst gegangen, Reuß habe von da an keine weiteren Forderungen erhoben und Steiner habe „sachlich den Orden völlig ignoriert". Um nicht gegen die Ordensregel zu verstoßen, habe Reuß ihm „Diplome und Ritualien gegeben". Fazit Lebers: „Die Aussage, Steiner sei Mitglied des O.T.O. gewesen, ist falsch und unhaltbar." Es sei eine „Perversion des Denkens", wenn jemand behaupte, „Steiner gehöre dem O.T.O. an und stecke mit den durch Reuß und vor allem Crowley entwickelten Praktiken unter einer Decke". Doch Leber arbeitet hier mit einem rhetorischen Trick. Denn mit Crowley hatte Steiner tatsächlich keinen persönlichen Kontakt, mit Reuß hatte er unbestritten zu tun. Insofern kann an Steiners Verhältnis zu Crowley allenfalls eine Ähnlichkeit der Aussagen untersucht werden, in seiner Beziehung zu Reuß lässt sich die Frage einer direkten Beeinflussung nicht so leicht vom Tisch wischen.

Soweit die Darstellung der Anthroposophen. Es ist verständlich, dass ihnen Verbindungen in die Reuß/Crowley-Ecke nicht sonderlich gefallen. Und es ist auch nachvollziehbar, dass man Rudolf Steiner liebend gerne von jedem Verdacht reinigen möchte, sexualmagische oder gar satanistische Inhalte von beiden übernommen zu haben. Aber die mit viel Verve vorgetragene Verneinung einer Mitgliedschaft Steiners im O.T.O. kann eine Reihe von anderen Tatsachen nicht vom Tisch wischen: Kann man sich allen Ernstes vorstellen, dass Steiner acht Jahre lang als Großmeister, also dem höchsten Grad, einen freimaurerischen Orden vertritt, ohne dessen Mitglied zu sein? Sollten alle die Zeitzeugen lügen? Und wie kommt dann die *Oriflamme*, das Mitteilungsorgan des O.T.O., dazu, an Ostern 1906 zu veröffentlichen: „Dem Br. Dr. Rudolf Steiner; 33.°, 95.°, in Berlin und den mit demselben verbundenen Brüdern und Schwestern ist die Erlaubnis erteilt worden, in Berlin ein Kapitel und einen Großrat der Adoptionsmaurerei unter dem Namen 'Mystica aeterna' zu gründen. Br. Dr. Steiner wurde zum stellvertretenden Großmeister mit Jurisdiktion über die von ihm aufgenommenen oder aufzunehmenden Mitglieder ernannt"? Warum zitiert Leber, wie bei historischen Analysen dieser Art üblich, keine Zeitzeugen, die seine Auffassung belegen? Weil es nur Zeitzeugen gibt, die Steiners Mitgliedschaft belegen?

Aber selbst wenn man sich auf den Konsens einlässt und Steiners spätere Selbstdarstellung übernimmt, er sei kein Mitglied gewesen – unvorstellbar als Großmeister mit voller Jurisdiktionsgewalt –, dann ist damit noch keineswegs die Frage beantwortet, ob er nicht eben doch geistig von diesem Umfeld geprägt wurde. Dies zu vermuten, liegt nicht zuletzt deshalb nahe, weil Steiner, wie von Anthroposoph Leber bestätigt, die Nähe zu den britischen O.T.O.-Vertretern aus okkultem Interesse gesucht hat. Und selbst wenn er dies nur deswegen getan hat, weil er sich sozusagen erkenntnistheoretisch mit ihnen auseinandersetzen wollte, bleiben Spuren. Diese Spuren, immer noch vorausgesetzt, man entschließt sich, nicht eine Mitgliedschaft Steiners behaupten zu wollen, sind nämlich in den Schriften, im Denken und in den Lehren durchaus auszumachen. Allein Steiners Denken über die menschlichen Rassen hat eine große Ähnlichkeit zu dem, was neben ihm Reuß und Crowley von sich gegeben haben (und dem, was später die Nazis auf furchtbare Weise umsetzten), dass man wirklich nicht behaupten kann, die acht Jahre im O.T.O. oder in der Nähe dieses Ordens seien spurlos an dem Gründer der Waldorf-Pädagogik vorbeigegangen.

Entscheidend ist nämlich etwas ganz anderes. Die Nähe Steiners zum O.T.O. fällt in für ihn durchaus entscheidende Jahre, in denen er seine Allmachtsphantasien zu konkretisieren beginnt. Er folgt dabei ziemlich genau dem esoterischen Erkenntnisprinzip, das nicht Aufklärung voranstellt und Entscheidungsvarianten offenlegt, sondern dem Fragenden Einblick gewährt, wenn es soweit ist. Esoterisch (aus dem Griechischen) heißt innerlich, für einen inneren Kreis bestimmt. Die Herangehensweise beruht auf dem Gedanken eines internen – man kann auch sagen okkulten – Weges elitärer Einweihung und geistiger Führerschaft. Es ist der genaue Gegenentwurf zu allen äußerlichen Lebensformen und Erkenntnisweisen, die mit Begriffen wie Offenheit, Demokratie, Chancengleichheit, Mündigkeit, Aufklärung bezeichnet werden und jeden Menschen durch argumentative Offenheit und partnerschaftliche oder wissenschaftliche Kommunikation überzeugen möchte. Der Esoteriker stuft den Andersdenkenden bestenfalls als Suchenden ein, dessen Reifegrad er bemisst, und dem er möglichst nur so viel an hintergründigem (= okkultem) Wissen zuteil werden lässt, wie jener bejahend verkraften kann. Anthroposophen werden sich mit diesen Gedanken völlig unverstanden fühlen, weil sie ja von einer vermeintlich höheren Warte auf eine derart außengeleitete Position hinunterschauen. Und die dem Nicht-Anthroposophen nur mitleidig lächelnd zeigen werden, dass man eben noch nicht soweit ist. Aribert Rothe schreibt dazu in seinen *Kritischen Anmerkungen zu einer populären Esoterik*: „Eine Menge Bücher, die scharfsinnig ablehnend oder zustimmend die Frage beantworten wollten, ob etwa Anthroposophie christlich sei, haben diesen esoterischen Zirkelschluss nicht überwinden können. Wer die spekulativen Resultate Steinerscher Geistesforschung in Sphären übersinnlicher Welten

sowie deren methodischer Anwendung und Pädagogisierung für die ge-
botene Erweiterung christlicher Vorstellungen oder einer vertieften Anthropologie hält, kann tatsächlich auf das vergleichsweise ziemlich einge-
schränkte Christentum evangelischer oder katholischer Konfessionen nur
mitleidig herabblicken. Dagegen weckt das esoterische Denken viele
Sympathien, wenn es geschickt bei kirchlichen Defiziten und menschlichen Möglichkeiten anknüpft, die im üblichen rationalistischen und
technizistischen Bildungs-, Kultur- und Kirchenbetrieb verdrängt werden:
Emotion, Neugier, Vorurteilslosigkeit, Begeisterungsfähigkeit, musische
Regsamkeit, geistige und spirituelle Sehnsucht, Existenfragen nach Leben,
Tod und Ewigkeit, Sensus für Rätselhaftes und Geheimnisvolles, Ehrfurcht vor alten Kulturen und Weisheiten, Personalität. Vorsichtig orien-
tierende Impulse werden stufenweise vertieft und wechseln sich mit ein-
übenden Praktiken ab."

Daran scheint in der Tat wenig Mystisches, gar Magisches oder Satani-
stisches erkennbar zu sein. Tatsächlich aber bedient man sich bei der Hinführung durchaus subtiler Methoden. Und genau die weisen sehr wohl auf
Steiners Geistesverwandtschaft, wenn nicht gar direkte Infiltration durch
jene Kreise hin, mit denen er später nichts mehr zu tun haben wollte. Der
alltägliche Aberglaube zwischen Mythen, Zwergen, Trollen und Pentagrammen verläuft auch nicht offen. Aber da in den Schulen stets offen
gelassen ist, was hier märchenhaft-mystisch und was real zu verstehen ist,
beginnen begriffliche Konturen zu verschwimmen, ineinander überzu-
gehen, werden geschichtliche Tatsachen und so genannte mythische oder
geistige Tatsachen zu einem untrennbaren Etwas. Gerade für ein Kind.
Seelische Symbole und metaphysische Wesenheiten, ins Abergläubische
abgesunkene vorchristliche Vorstellungen und theosophische Spekulationen übers Übersinnliche werden geschickt zu einem dubiosen Neuen
zusammengebacken. Und keiner merkt's.

Die grundlegende Gemeinsamkeit aller okkultistischen Richtungen
Theosophen, Anthroposophen, Spiritisten, Schamanisten, Alchemisten
und übrigens auch Satanisten liegt im Menschen- und Weltbild. Die me-
thodischen Ansätze und Praktiken mögen verschieden sein. Aber das Denken ist das gleiche. Und das kann weder durch eine Diskussion um die
formale Mitgliedschaft Steiners beim O.T.O. noch durch den Einfluss der
Rosenkreuzer beseitigt werden. Und auch deren Einfluss auf Steiner ist
erheblich.

34. Steiner und die Rosenkreuzer

Es ist nicht nur Steiner selbst, sondern es sind auch seine späteren Apologeten, die die Tradition des geheimen Rosenkreuzer-Bundes geradezu beschwören und sie in die Anthroposophie zu integrieren versuchen. Gerade deswegen ist es wichtig, sich auch diesen Einfluss vor Augen zu führen.

Die Rosenkreuzer entstehen in einer Zeit tiefer geistigen Umbrüche des 16. und 17. Jahrhunderts. Als 1582 der Gregorianische Kalender eingeführt wird, entsteht, was bei allen großen Reformen passiert: tiefe Unsicherheit. Eine Art Weltuntergangsstimmung macht sich breit. Immer neue Jahrestage werden für das nahe Weltende genannt. Zwar verstreicht einer nach dem anderen, ohne dass etwas passiert. Aber es passiert eben doch etwas. Ein junger Student namens Johann Valentin Andreä, Theologe, Hofprediger und schließlich Abt, verfasst eine kleine Schrift, die ausgerechnet dem bis dahin ziemlich unbedeutenden alchimistischen Geheimbund neuen Auftrieb gibt. Andreä behauptet nämlich, dass ein gewisser Christian Rosencreutz einen neuen Orden gegründet habe, der sich eine Kirchenreform zum Ziel gesetzt hat. Rosencreutz' Grab habe man 1604 wiedergefunden. Und nun grassiert geradezu die von Andreä neu aufgelegte Rosenkreuzer-Lehre, derzufolge man Gott neu aus der Schöpfung, die Schöpfung aus Gott verstehen und nach den Geheimnissen Gottes in der Schöpfung suchen wolle. Einige Jahrhunderte später wird einer der Nachfolger Steiners, der Rosenkreuzer Bernard Lievegoed, der dessen Theorien entscheidend bis in unsere Tage tradiert hat, die Rosenkreuzer-Lehre mit den Worten zusammenfassen: „Rosenkreuzer sind Menschen, die an der Veredelung des Menschen arbeiten." Steiner selbst greift in einem eigenen Buch unter dem Titel die *Theosophie der Rosenkreuzer* deren Lehre auf. Die Rosenkreuzer, schreibt er, kannten „das Gesetz der natürlichen Entwicklung allen Lebens und der geistigen Entwicklung des Menschen". Sie „wussten Bescheid über die Einheit der Materie, aus der das Universum geschaffen ist; über die Existenz der dritten Bewusstseinsstufe beim Menschen, anders als die bekannten von Schlafen und Wachen".

Die Rosenkreuzer vertreten bereits die Auffassung der Trichotomie, der dreifachen Wesensgliederung des Menschen, begabt mit physischem Leib, Astralleib und Geistleib. Das Ich war nur noch eine Durchgangsstufe auf dem menschlichen Entwicklungsweg, die durchschritten werden muss, auf dem Weg vom Tier- zum Gottmenschen, vom sterblichen Menschen, der den Tod mit den Tieren teilt, bis zum unsterblichen, gottähnlichen Dasein.

In der Gründungszeit ist der Zulauf zu diesen Geheimgesellschaften so stark, dass sie viele reformwillige Protestanten und später auch Katholiken in ihre Geheimlogen aufnehmen. Andreä gründet in Österreich zahllose Gesellschaften, die schließlich mit einem Handstreich vom Kaiser verboten werden, der jedoch eine Ausnahme macht: die Freimaurer. Das Ergebnis ist eine Verschmelzung von Rosenkreuzertum und Freimaurern, die sich am Ende gar nicht mehr trennen lassen. Die schließlich 1622 gegründete Rosenkreuzer-Gesellschaft existiert bis heute, hat ihren Hauptsitz im amerikanischen San Jose, der deutsche Ableger sitzt in Baden-Baden. Die Rosenkreuzer gewannen in den späteren Jahrhunderten massiven politischen und wirtschaftlichen Einfluss, wurden von höchster Stelle gefördert. Logen entstanden überall, die Verfassung der deutschen Loge (Breslauer Verfassung von 1714) legte fest, dass nur unverheiratete Männer aufgenommen wurden. Wollte ein Mitglied heiraten, so musste es sich verpflichten, die Frau nur „philosophisch" zu lieben. Elemente jüdischer und sonstiger Mystik, vor allem aber des Alchimismus flossen ein. Die Suche nach dem „Stein der Weisen" beherrschte das Denken. „Man lasse mich nackt in ein Zimmer gehen und schließe mich darin ein, oder bewache mich, ohne mir das Geringste zu essen oder zu trinken zu geben, und ich will nach Ablauf von 40 Tagen mit dem Stein der Weisen aus diesem Zimmer hervorgehen", schrieb der Alchimist Duchanteau, der den Rosenkreuzern versprach, er selbst sei der Urstoff, aus dem man diesen Stein der Weisen bereiten könne.

Der rosenkreuzerische Erkenntnisweg verläuft in sieben Stufen, die wohl nicht zufällig viele Parallelen zum Denken Steiners zeigen:

- Studium: Der Kandidat vertieft sich in das Studium der Gedanken über Kosmologie und Anthropologie.
- Imaginative Erkenntnis: In Bildern erkennt er die „Physiognomie des Erdgeistes", um ein geistig-seelisches Verhältnis zur Natur zu gewinnen.

- Übernehmen okkulter Schriften: Der Schüler erkennt den inneren Zusammenhang, die Ordnung „der geschauten imaginativen Bilder, der geheimen Untergründe der Natur".
- Bereitung des Steines der Weisen: Der Schüler muss hierzu einen „Regulierungsprozess der Atmung" machen, ein Umwandlungsprozess, der sich dahinter verbirgt, eine Aufforderung „zu arbeiten an den Zukunftszuständen der Menschheit. Alle, die so arbeiten, sie arbeiten vor allem für spätere Menschenleiber der Zukunft, für Leiber, die die Seele später brauchen werden", schreibt Steiner in seiner *Theosophie des Rosenkreuzertums.*
- Parallelen von Makro- und Mikrokosmos: Durch bestimmte Versenkungsmethoden erhält der Schüler durch hellseherische Fähigkeiten Einblick in die „Bildung der menschlichen Organe und dadurch Erkenntnis der Kräfte des Makrokosmos".
- Versenkung in den Makrokosmos: Jetzt gewinnt der Kandidat die eigentliche Welten- und Gotteserkenntnis. Steiner in der *Theosophie des Rosenkreuzers*: „Man muss Gott in seinen Einzelheiten kennen, dann kann man ihn in sich selbst finden, und dann lernt man Gott in seiner Ganzheit erkennen."
- Gottseligkeit: Wenn der Mensch diese Stufe erreicht hat, dann handelt er aus dem Willen des ganzen Kosmos heraus. Das ist die Gottseligkeit.

Diese sieben Stufen finden sich in vielen Varianten in alten und neuen Meditationstechniken wieder. Das eigentlich Entscheidende liegt vielmehr in der Art, wie Logen, Freimaurer und später eben auch die Verfechter der Anthroposophie diese im Grunde formalen Erkenntnisschritte mit Inhalt füllen. Für den Rosenkreuzer und Steiner-Freund Lievegoed ist dies der Weg zur „Veredelung des Menschen": „Dies ist die Aufgabe der Rosenkreuzer: die Veredelung der Substanz." Und dann zieht er genau jene Linie, die direkt zum heutigen anthroposophischen Welt-Konzern führt – hier am Beispiel der Pharmazie: „Im Sinne solcher 'Veredelung' werden auch die Pharmazeuten in der anthroposophischen Medizin" tätig. Lievegoed: „Wenn man sieht, wie diese Arzneimittel gemacht werden, dann kann man nur sagen: Das ist Alchimie. Das sind also diejenigen, die die Heilmittel herstellen. Wenn man zum Beispiel die Herstellungsverfahren bei Wala, einem der anthroposophischen Heilmittelbetriebe, betrachtet, so kann man auch dort alchimistische Prozesse antreffen."

Steiner selbst greift auf solches Gedankengut aus Anlass einer Grundsteinlegung am 5. April 1909 zurück, als es um die Gründung einer neuen Loge geht. „Dann werden unsere Gesinnungen fortwirken, fördernd und

schützend den Bau dieses Tempels, den Bestand der Loge Malsch. Herab-
flehen auf diesen Stein und auf die Loge Malsch wollen wir zugleich den
Segen der Meister der Weisheit und des Zusammenklanges der Empfindungen und den Segen der hohen und höchsten Wesen, aller geistigen
Hierarchien, die mit der Erdenrevolution verbunden sind."

Man muss Steiner Verbindungen, keineswegs nur geistiger Art, aber
vor allem geistiger Art, nicht unterstellen. Das hat er selbst getan. Er preist
geradezu Einstellung und Erkenntnisweg an. Und wer seine konkreten
Lehrinhalte und Anweisungen für Erziehung und Leben durchliest, der
erkennt immer und überall die Ausdeutung solcher ideologischer Grundlagen. Steiners Menschenbild ist durch und durch davon beseelt, dass der
Mensch eigentlich nur ein völlig unvollkommenes Wesen ist, das durch
Erziehung und lang andauernde Reinkarnation verwandelt werden muss
und kann. Wobei nie ganz klar wird, warum man eigentlich einen Menschen irgendwohin führen muss, wenn es ja doch alles eine Frage von
Reinkarnation ist. Mit anderen Worten: Die Verantwortung von Eigenlei-
stung und Fremdbestimmung ist in jeder Hinsicht ungeklärt. Einerseits
vertritt er permanent die Auffassung, dass schon der ungeborene Mensch
alle seine Bestimmungen in sich trägt, die die Natur dann in diversen
Leibphasen ausformt. Andererseits betont er die Bedeutung der Einhaltung
konkreter Lebens- und Verhaltensregeln – von der Kleidung über die Ernährung bis hin zur Behandlung und Vorbeugung von Krankheiten. Das
ist aber nicht einmal das eigentliche Problem. Das Steinersche Welt- und
Menschenbild beinhaltet zutiefst und unauslöschlich die Vorstellung einer
durch Anlage (Karma) und Erziehung notwendigen Auslese. Er will eine
Erkenntnis-Elite, aber diese Vorstellung geht weiter als beim Eliten-Be-
griff unserer Tage, die die Förderung entsprechender Begabung nicht von
einer Chancengleichheit für alle entkoppelt. Und nicht wenige, die heute
ihre Kinder einer solchen anthroposophischen Erziehung überlassen, sind
einem Eliten-Denken verhaftet, das sich nicht nur einfach über andere
erhebt, sondern diese letztlich auch übergehen und ausklammern will. Die
große Offenheit der Waldorfschulen gerade für Kinder aus gehobenen
Gesellschaftsschichten ist letztlich nichts anderes als der Versuch, durch
Beeinflussung und Zugriff auf die „besseren" Menschen, die Gesellschaft
zu verändern. Das wäre dann nichts Verwerfliches, wenn damit nicht zugleich ein tiefverwurzelter Rassismus einhergehen würde und wenn man
die mit diesen Menschen verbundene ökonomische Macht nicht auch für
sich nutzbar machen wollte. Dass zwischen dem politisch radikalen, und
zwar rechtsradikalen, Denken mancher heutiger Logen und Freimaurer-

bünde und dem schon gar nicht mehr latenten Rassismus der Anthroposophen und Waldorfianer ein enger Zusammenhang besteht, merken die meisten schon gar nicht mehr. Weil sie ihre Vorstellung von einer ausländerfreien Erziehung ihrer Kinder hinter einem sozial akzeptierten Bedürfnis nach elitärer Ausbildung und bestmöglicher Förderung ihrer Kinder verstecken. Möglicherweise sogar nicht einmal bewusst. Aber die Einstellung, das eigene Kind solle in einer von sozialen Problemen sterilisierten Umgebung ohne schädliche Einflüsse aufwachsen (wobei als schädlich eben der hohe Ausländeranteil staatlicher Schulen oder das Bremsen der Ausbildung durch minder begabte Schülerinnen und Schüler oder einfach das Sich-Abheben von der Schule für Normale genannt werden), übersieht letztlich, dass man Kinder ohne Belastungstoleranz heranziehen will, aber eben auch ohne soziale Kompetenz, ihre Umgebung zu gestalten. Da Anthroposophen für medizinische Vergleiche so aufgeschlossen sind: Ein Körper, der nie Stress-Anforderungen ausgesetzt ist, weil man ihn in einer sterilen Umgebung wachsen lässt, wird schon beim ersten kleinen Erkältungsvirus heftig reagieren. Was noch viel schlimmer für eine demokratisch strukturierte Gesellschaftsordnung ist: Die derart isoliert aufwachsenden Menschen entwickeln keinerlei Lösungsansätze für gesellschaftliche Herausforderungen. Sie lernen schon durch die Wahl der Schule das Ausgrenzen und Wegsperren von Problemen, nicht deren Bearbeitung. Natürlich kommen Kinder an staatlichen Schulen mit gravierenden Problemen wie Gewalt, Drogen, einer sozialen Hackordnung in Berührung. Aber sie lernen in der Konfrontation eben auch Verhaltensmechanismen, mit solchen Bedrohungen klarzukommen. Wer sich in einen Brutkasten einsperren lässt, der wird hilflos sein.

35. Okkultismus pur oder Erkenntnislehre?

Kaum eine Vokabel wird von den Steiner-Gegnern so oft gebraucht wie die des Okkultismus. Und kaum ein anderer Vorwurf wird so vehement bestritten. Der Vorwurf der Kritiker reicht von „Geheimbund" über „Sekte" bis hin zu „Sexualmagie". Besonders schwer wiegt an den unterschiedlichen Vorwürfen, dass sie in der Regel von Persönlichkeiten kommen, die Waldorf von innen kennengelernt haben und deshalb wissen, worüber sie reden. Der oft von Waldorf-Vertretern vorgebrachte Einwand, bei den Kritikern handele es sich um blinde Fanatiker, die ihre Enttäuschung über Waldorf nun durch einen Kampf gegen das, was sie bisher für richtig hielten, sublimieren wollten, ist bestenfalls dürftig. Denn man kann nicht denen, die außen stehen und Waldorf kritisieren, vorhalten, sie wüssten nicht, wovon sie redeten, und denen, die von innen kommen, vorwerfen, sie seien nur verblendet und hätten nichts begriffen. Viele von den Kritikern haben sich nur schlicht Gedanken über das gemacht, was ihnen widerfahren ist. Und gerade deshalb kann man ihre Zeugnisse nicht einfach beiseite wischen, indem man sie, wie Walter Hiller vom *Bund der Freien Waldorfschulen e.V.* in einer Stellungnahme vom 16. September 1996, als „relativ kleinen hartnäckigen Kreis unzufriedener Eltern bezeichnet". Und auch der Versuch, jeden Einwand als „obskuren Journalismus" abzutun, geht fehl. Wie oft haben die Journalisten schon von allen möglichen Seiten Vorwürfe wie diese auf enthüllende Beiträge gehört: „Analysiert man das *Schwarzbuch Anthroposophie* unter dem Gesichtspunkt journalistischer Methoden, kann man folgende Techniken der Manipulation feststellen, die aus dem Handbuch des Kampagnen-Journalismus stammen könnten, wenn es eines gäbe: Verfälschung, Verzerrung, Zuspitzung, Weglassen, nur vordergründig Ähnliches miteinander gleichsetzen, die Feier des Ungefähren in der Formulierung" und so weiter. Die Sätze kennen wir aus der Geschichte dieser Republik von wechselnden Absendern. Sie wurden auch jedes Mal dann erhoben, wenn eine der großen

Affären ans Licht geholt wurde: Lockheed-Affäre, Neue-Heimat-Affäre, Parteispendenskandal... Es liegt deshalb sicherlich nicht fern, mit der obigen Passage gleich als Entgegnung von Waldorfianern auf dieses Buch zu rechnen.

Tatsächlich aber haben die Kritiker nichts anderes getan, als mitzudenken und nachzufragen, zu vergleichen und festzustellen. Und dies zusammenzutragen. Es lässt sich deshalb nicht einfach vom Tisch wischen, dass sich die von Waldorf vorgetragene Erfolgsquote von 85 Prozent beim Ablegen des staatlichen Abiturs als reine Augenwischerei herausstellt. Die Hälfte aller Schüler, so das Kultusministerium Nordrhein-Westfalen, werde erst gar nicht zur Prüfung zugelassen. In einem zweiseitigen Blatt von Abiturienten einer Waldorfschule unter dem Titel „Abiturvorbereitung – eine Chronik des Versagens" heißt es dazu: „Wir, d.h. die Schüler dieses Jahrgangs, haben in den letzten Jahren einiges durchgestanden. Denn neben den freistaatlichen Repressalien gegen Abiturienten an nicht anerkannten Privatschulen (...) haben wir ein unglaubliches Maß an anthroposophischer, also schuleigener Dummheit, Arroganz und Versagen erleben müssen. (...) Es sollte schon zu denken geben, wenn in einer Klasse wie der unsrigen, in der unter optimalen Umständen 80-90% der Schüler die Allgemeine Hochschulreife ohne Probleme bestanden hätten, letztlich weniger als 20% zum Zuge gekommen sind. (...) Um es nochmal zu betonen, und um zukünftige, potentielle Abiturienten zu warnen, es war zu etwa 70% eigene Anstrengung, die uns das Abitur bestehen ließ. Die Lehrer hatten hier nur eine marginale Rolle. Denn was wir speziell in Englisch, Kunst, Geschichte, Französisch selbst taten, überwog bei weitem was schulisch geboten wurde. Also: Ohne Tortur, kein Abitur! Und man darf sich auf keinen Fall auf den in der Schule gebotenen Stoff verlassen, sondern muss aufpassen, dass man das Nötige tut (z.B. *keine* Landeskunde in Englisch, sondern mehr *Sprache*!!!) und dass man sich genau über den Abfragungsbereich erkundigt (Wichtig in den Kolloquiumsersatzfächern!) und dann heißt es lernen, lernen, lernen, auf eigene Faust." Ob die genannten Zahlen exakt stimmen oder nicht, sei dahingestellt. Der Text wurde deshalb original wiedergegeben, weil die enthaltenen Komma-Fehler sowie die zum Teil holprige grammatikalische Ausdrucksweise neben dem Inhalt ein bezeichnendes Licht auf die Schüler einer Abiturschulklasse wirft. Etwas zynisch möchte man fragen: Ob wohl deutsche Grammatik und Orthografie auch Teil des Geheimwissens sind, das man erst mit höherer Erkenntnisstufe erreicht? (Eine Annahme, die sich beim Blick auf die von höchster Anthroposophenstelle erstellten Papiere und Stellungnahmen übrigens noch verfestigt...)

Die Autorin und Soziologin Jutta Ditfurth zitiert in Ihrem Buch *Feuer in den Herzen* den Waldorf-Kritiker Thomas Divis mit den zusammenfassenden Worten: „Die Waldorfschule ist in erster Linie eine moralisierende Schule, in der die Seele gepflegt werden soll. Um den rechten Zugang zur Seele zu finden, wird versucht, die Kinder von der Außenwelt abzuschotten. Moral wird durch Märchen, Legenden, Fabeln, biblische Erzählungen und Mythen transportiert, die bis zur fünften Klasse das Fundament des Lehrplans stellen. Auch Natur, Technik, Geschichte werden über das Wirken der Geister erklärt. In der Oberstufe müssen die Kinder den staatlich vorgesehenen Lehrplan nachholen, vielen fällt es aber schwer, zwischen Realität und Anthroposophie zu unterscheiden. Kindliche Neugier am eigenen Körper und Sexualität gelten als unanständig bzw. einer gesunden Entwicklung hinderlich. Und von der Pubertät sollen die Jugendlichen durch Geistiges abgelenkt werden. Mitarbeit der Eltern wird vehement gefordert, Mitentscheidungsrecht haben sie keines. Das Kind muss auch im Elternhaus anthroposophisch erzogen werden (spezielle Kleidung, Essen, Tapeten, Spielzeug etc.)."

Erkenntnisse im Sinne von vermitteltem Wissen spielen an Waldorfschulen offenbar nicht die Rolle wie an der staatlichen Regelschule. Nicht allein vom Leben und der diesseitigen Welt sollen die Schülerinnen und Schüler etwas erfahren, sie sollen – so lassen sich die diesbezüglichen Äußerungen Steiners interpretieren – fit gemacht werden insbesondere für die nächste Reinkarnation. Wer auf der Grundlage einer solchen „Erkenntnislehre" unterrichtet wird, tappt nach seiner Schulzeit notwendigerweise noch immer im Dunkeln.

36. Widerworte

Nichts an diesem Buch wird den Anthroposophen und Waldorfianern gefallen. Sie werden den Autoren Manipulation, Kampagnen-Journalismus, Unterstellungen, unbewiesene Spekulationen und Verdrehung historischer Tatsachen unterstellen. Man wird in Presseerklärungen und Studien feststellen, dass die Rolle Rudolf Steiners historisch verzerrt oder gar falsch dargestellt wurde. Und wir sind auch auf den Vorwurf gefasst, die Zitate aus dem Zusammenhang gerissen und deshalb sinnentstellend wiedergegeben zu haben. Wie schon bei den Brüdern Grandt wird man das Buch auf unzulässige Verallgemeinerungen durchkämmen und notfalls wird Waldorf-Schulverein für Waldorf-Schulverein vor Gericht ziehen, um zu belegen, dass es so, wie es hier dargestellt wurde, in diesem konkreten Schulverein nicht ist. Und natürlich wird man alles daran setzen, auch die persönliche Glaubwürdigkeit der Autoren durch Diffamierung und Beschuldigungen zu unterminieren. Den zitierten Kritikern wird man versuchen, das Leben schwer zu machen, Veranstaltungen wird man boykottieren oder stören oder die Verbreitung des Buches, wie in anderen Fällen geschehen, behindern Denkbar wäre freilich auch, dass man die Arbeit schlicht durch Nichtbeachtung straft, was jedoch ein neues, ungewohntes Verhaltensmuster wäre. Nicht nur für Waldorf.

Solche Reaktionen sind zwar von Sekten und faschistisch strukturierten Vereinigungen bekannt. Kritiker sind schwer zu ertragen. Zumal wenn es ihnen gar nicht darum geht, Menschen zu diskriminieren oder abzustempeln, sondern ein System. Wir vertrauen darauf, dass ein Urteil auch Urteil über den Urteilenden ist und dass solche Reaktionen den Absender selbst entlarven. Aber diese Republik hat zu lange um ihre demokratische Selbstständigkeit gekämpft, als dass man schweigend zusehen dürfte, wenn wieder Unterwanderungen stattfinden, wenn wieder Rassismus gepredigt und Menschen entmündigt werden sollen. Frust und Enttäuschung über das staatliche Schulsystem, über politische Strukturen oder soziale

Missstände sind kein Grund, wieder zu autoritären Systemen wechseln zu wollen. Sie sind ein Auftrag, diese zu ändern. Dazu brauchen wir mündige, verantwortungsvolle Menschen, die mitten in dieser Realität leben und nicht isoliert von ihr.

Das Buch ist eine scharfe Abrechnung, ein Aufruf zum Streit, aber keine Kampfansage. Wir haben es nicht gegen Menschen geschrieben, sondern für sie. Wer Missstände aufdeckt, kann nicht für die Missstände verantwortlich gemacht werden. Der Überbringer der schlechten Nachricht ist nicht schuld an ihr. Ihn deshalb dafür zu strafen, ist mittelalterlich. Es liegt nun an anderen als an uns zu beweisen, dass mittelalterliches Denken und mittelalterliche Methoden nicht mehr aktuell sind.

41. Bibliografie

Antifagruppe Gütersloh: Faschistische Märchen, Internet-Dokumentation vom 15. Juni 1994

Badewien, Jan: Anthroposophie, Eine kritische Darstellung, Konstanz 1990

Baravalle Hermann von: Die Geometrie des Pentagramms und der Goldene Schnitt, Stuttgart 1985

Baravalle Hermann von: Rechenunterricht und der Waldorfschul-Plan, Stuttgart 1995

Barz, Heiner: Der Waldorfkindergarten, Geistesgeschichtliche Ursprünge und Entwicklungspsychologische Begründung seiner Praxis, Weinheim/Basel 1993

Bauer, Wolfgang/Dümotz, Irmtraud/Golowin, Sergius: Lexikon der Symbole, München 1996

Baumann, Adolf: ABC der Anthroposophie, Bern 1986

Beckmannshagen, Fritz: Rudolf Steiner und die Waldorfschulen, Wuppertal 1987

Bierl, Peter: Wurzelrassen, Erzengel und Volksgeister, Hamburg 1999

Bindel, Erich: Das Rechnen, Menschenkundliche Begründung und pädagogische Bedeutung, Stuttgart 1982

Bindel, Erich: Die Arithmetik, Menschenkundliche Begründung und pädagogische Bedeutung, Stuttgart 1967

Bischoff, Erich: Mystik und Magie der Zahlen, Wiesbaden 1994

Blavatsky, H. P.: Praktischer Okkultismus, Satteldorf 1993

Brügge, Peter: Die Anthroposophen, Reinbek bei Hamburg 1984

Bühler, Walther: Das Pentagramm und der Goldene Schnitt als Schöpfungsprinzip, Stuttgart 1996

Bußmann, Hildegard und Jochen: Unser Kind geht auf die Waldorfschule, Reinbek bei Hamburg 1990

Carmin E.R.: Das schwarze Reich, Geheimgesellschaften und Politik im 20. Jahrhundert, München, 1997

Der Sonne Licht, Lesebuch der Freien Waldorfschule, herausgegeben von Caroline von Heydebrand, Stuttgart 1981

Dühnfort, Erika/Kranich, Ernst-Michael: Der Anfangsunterricht im Schreiben und Lesen, Stuttgart 1996

Endres, Franz Carl/Schimmel, Annemarie: Das Mysterium der Zahl, München 1984

Erdmann, Martin: Im Lichte der Freiheit, Neckargemünd 1991

Erziehung zur Freiheit: Bilder und Berichte aus der Internationalen Waldorfschulbewegung, Stuttgart 1986

Esterl, Dietrich: Welche Abschlüsse gibt es an Waldorfschulen, Stuttgart 1997

Festschrift zur Einweihung der Freien Waldorfschule Augsburg, 13.-15. November 1981

Festschrift zur Einweihung der Turnhalle der Freien Waldorfschule Augsburg, 10. Oktober 1990

Festschrift zur Einweihung des Kindergartens und des 2. Bauabschnittes der Freien Waldorfschule Augsburg am 8. November 1986

Fielding, Charles: Die praktische Kabbala, Freiburg 1996

Flensburger Hefte Nr. 31, Biographiearbeit, 12/1990

Flensburger Hefte Nr. 56, Über Reinkarnation und Karma, Erfahrungen früherer Erdenleben, 1/1997

Flensburger Hefte, Nr. 63, Feldzug gegen Rudolf Steiner, Über O.T.O., Rassismusvorwürfe und Angriffe auf die Waldorfschulen, 4/1998

Florek, Reinhard: Das Runen-Handbuch, Aitrang 1992

Fortune, Dion: Die mystische Kabbala, Freiburg 1995

Gabert, Erich: Die Strafe in der Selbsterziehung und in der Erziehung des Kindes, Stuttgart 1985

Geiger, Rudolf: Märchenkunde, Menschenschicksal, im Spiegel der Grimmschen Märchen, Stuttgart 1982

Glas, Norbert: Das Antlitz offenbart den Menschen, Band I, Stuttgart 1992

Goebel, Wolfgang/Glöckler, Michaela: Kinder-Sprechstunde, Ein medizinisch-pädagogischer Ratgeber, Stuttgart 1998

Goldner, Colin: Psycho, Therapien zwischen Seriosität und Scharlatanerie, Augsburg 1997

Göpfert, H.: Menschenbildung durch Geographieunterricht, Sonderdruck aus *Die Schule* Nr. 7/8, Basel 1974

Gordon, Thomas: Familienkonferenz in der Praxis, Hamburg 1978

Grandt, Guido und Michael: Schwarzbuch Anthroposophie, Wien 1997

Grandt, Guido und Michael: Schwarzbuch Satanismus, Augsburg 1995

Grandt, Guido und Michael: Waldorf Connection, Aschaffenburg 1998

Gratenau, Christiane: Von Rudolf Steiner zu Jesus Christus, Meine Erfahrungen mit der Anthroposophie, Gießen 1998

Grohmann, Gerbert: Erste Tier- und Pflanzenkunde in der Pädagogik Rudolf Steiners, Stuttgart 1992

Grunelius, E. M.: Erziehung im frühen Kindesalter, Schaffhausen, 1984

Hammerschmitt, Marcus: Instant Nirwana, Berlin 1999

Handbuch Freie Schulen, Reinbek bei Hamburg 1999

Hapatsch, Hischam A.: Die Kultushandlungen der Christengemeinschaft und die
    Kultushandlungen in der freien Waldorfschule, München, 1996
Hartmann, Georg: Erziehung aus Menschenerkenntnis, Dornach 1976
Hartmann, Georg: Goetheanum Glasfenster, Dornach, 1971
Hartmann, Otto J.: Der Mensch als Selbstgestalter seines Schicksals, Frankfurt
    a.M. 1984
Hartmann, Otto J.: Menschenkunde, Frankfurt a.M. 1979
Heintze, Gerlinde: Rudolf Steiners Entwicklungslehre und okkulte Initiationsriten,
    Privat, Wuppertal, 1996
Helakangas, Pirrko: Arbeit an der Schicksalsgemeinschaft in der Unter- und
    Oberstufe, aus: Reinkarnation und Karma in der Erziehung, Dornach 1998
Hemleben, Johannes: Rudolf Steiner, Reinbek bei Hamburg 1963
Hensel, M.: Der Waldorfkindergarten informiert, Markdorf 1982
Heydebrand, Caroline von: Vom Lehrplan der freien Waldorfschule, Stuttgart
    1996
Heydebrand, Caroline von: Vom Seelenwesen des Kindes, Stuttgart 1990
Heynicke, Kurt: Der Weg zum Ich, Prien 1922
Hundseder, Franziska: Wotans Jünger, München 1998
Javane, Faith/Bunker, Dusty: Zahlenmystik, Das Handbuch, der Numerologie,
    München 1995
Kabermann, Friedrich: Die Jesus Falle, Hamburg 1979
Kahir, M.: Mystik und Magie der Sprache, Wiesbaden 1996
Kayser, Martina/Wagemann, Paul-Albert: Wie frei ist die Waldorfschule?,
    München 1991
Kern, Gerhard/Traynor, Lee: Die esoterische Verführung, Aschaffenburg/Berlin
    1995
Kiersch, Johannes: Fragen an die Waldorfschule, Flensburg 1991
Kiersch, Johannes: Fremdsprachen in der Waldorfschule, Stuttgart 1992
Kirchner/Bockholt: Die Menschheitsaufgabe Rudolf Steiners und Ita Wegman,
    Dornach 1981
Kischnick, Rudolf: Was die Kinder spielen, Bewegungsspiele für die Schuljugend,
    Stuttgart 1985
Klockenbring, Gérard: Auf der Suche nach dem Deutschen Volksgeist, Stuttgart
    1989
Koepke, Hermann: Das zwölfte Lebensjahr, Dornach 1990
König, Godehard: Dienst an der Seele des Kindes, Die Anthroposophie Rudolf
    Steiners, in: KS-Report 28/1988
König, Karl: Brüder und Schwestern, Geburtenfolge als Schicksal, Göttingen 1983
Kranich, Ernst-Michael: Die Verbindung des werdenden Menschen mit den
    Kräften des Moralischen, aus: Moralische Erziehung, Stuttgart 1994
Kranich, Ernst-Michael: Menschenerkenntnis unter dem Gesichtspunkt der
    Reinkarnation, aus: Reinkarnation und Karma in der Erziehung, Dornach 1998
Kranich, Ernst-Michael/Jünemann, Margrit: Formenzeichnen, Stuttgart 1992

Kristallkugel, Ein Lesebuch für Kinder, Bingenheim 1982

Kugler, Walter: Rudolf Steiner und die Anthroposophie, Köln 1991

Leber, Stefan: Bedingungen für Freiheit und Moral, aus: Moralische Erziehung, Stuttgart 1994

Leber, Stefan: Die Sozialgestalt der Waldorfschule, Stuttgart 1978

Leisegang, Hans: Die Grundlagen der Anthroposophie, Eine Kritik der Schriften Rudolf Steiners, Hamburg 1922

Leuenberger, H.-D.: Das ist Esoterik, Freiburg 1994

Lievegoed, Bernard: Alte Mysterien und soziale Evolution, Stuttgart 1993

Lievegoed, Bernard: Besinnung auf den Grundstein, Stuttgart 1993

Lievegoed, Bernard: Dem einundzwanzigsten Jahrhundert entgegen, Frankfurt 1985

Lievegoed, Bernard: Der Mensch an der Schwelle, Stuttgart 1985

Lievegoed, Bernard: Durch das Nadelöhr, Stuttgart 1992

Lievegoed, Bernard: Über die Rettung der Seele – Das Zusammenwirken dreier großer Menschheitsführer, Stuttgart 1995

Lievegoed, Bernard: Wachsende Organisationen, aus: „Unsere Schule"- Die freie Waldorfschule Hannover-Bothfeld 1986

Limpert, Fritz: Der Bienenweg des Menschen und der Menschheit, Stuttgart 1992

Lindenberg, Christoph: Waldorfschulen: Angstfrei lernen, selbstbewusst handeln, Reinbek bei Hamburg 1975 und 1997

Lindholm, Dan: Götterschicksal Menschenwerden aus der Edda nacherzählt, Stuttgart 1981

Lingerman, Hal A.: Die neun Pfade des Pythagoras, Freiburg 1996

Lock, Karl-Heinz: Geheimbünde, München 1994

Lurker, Manfred: Wörterbuch der Symbolik, Stuttgart 1991

Marby, F. B.: Marby-Runen-Gymnastik, Stuttgart 1932

Mausinger, J. G.: Neues aus der Karmaforschung, Marburg an der Lahn 1998

Mende, Klaus-Dieter: Vorwort zu Wolff/Hoffmann, Waldorfpädagogik, Hochschule der Künste, Berlin 1990

Mesters, Ferdinand: Körperverletzung durch psychische Einwirkung, München 1985

Meyer, Rudolf: Die Weisheit der deutschen Volksmärchen, Stuttgart 1981

Miers, Horst E.: Lexikon des Geheimwissens, München 1993

Mitteilungen der Freien Waldorfschule Augsburg, Frühjahr 1988

Müller, Joachim: Anthroposophie und Christentum, Freiburg (Schweiz) 1995

Nardini, Bruno: Das Handbuch der Mysterien und Geheimlehren, München 1994

Neill, A. S.: Theorie und Praxis der antiautoritären Erziehung, Das Beispiel Summerhill, Reinbek bei Hamburg 1977

Niederhäuser, Hans Rudolf: Völkerkunde, ein Mittel zur Menschenbildung, Sonderdruck aus: *Die Menschenschule* Nr. 3/4, 1975

Niederhäuser, Hans Rudolf: Einige Gesichtspunkte zum Geographieunterricht, in: Beiträge zum Geographie- Unterricht, Sonderdruck aus *Die Menschenschule* Nr. 7/8, Basel 1974

Niederhäuser, Hans Rudolf: Formenzeichnen, Ein pädagogisch-künstlerischer Impuls Rudolf Steiners, Basel 1992

Niederhäuser, Hans Rudolf: Freie Schulen aus freiem Geistesleben, Stuttgart 1974

Niederhäuser, Hans Rudolf: Völkerkunde, ein Mittel zur Menschenbildung, Sonderdruck aus *Die Menschenschule* Nr.3/4, Basel 1975

Nientied, Klaus: Zwischen Erziehung und Waldorfpädagogik, in: *Herder Korrespondenz* 2/89

Oswald, Paul: Die Waldorfschule und ihr anthroposophischer Hintergrund, in: *Katholische Bildung* 9/86

Pakraduny, T.: Die Welt der geheimen Mächte, Innsbruck 1952

Plan und Praxis des Waldorf-Kindergartens, hrsg. von Helmut von Kügelgen, Stuttgart 1973

Poeppig, Fred: Rückblick, Studien zur Geschiche der Anthroposophischen Bewegung und Gesellschaft, Basel 1964

Prange, Klaus: Erziehung zur Anthroposophie, Bad Heilbronn/Obb. 1987

Prokofieff, S. O.: Der Jahreskreislauf als Einweihungsweg zum Erleben der Christus-Wesenheit, Stuttgart 1986

Rink, Steffen/Lösch, Holger: Stichwort Okkultismus, München 1996

Rittelmeyer, Friedrich: Rudolf Steiner als Führer zu neuem Christentum, Stuttgart 1933

Roberts, Marc: Das neue Lexikon der Esoterik, München 1995

Roggenkamp, Walther/Gerbert, Hildegard: Bewegung und Form in der Graphik Rudolf Steiner, Stuttgart 1979

Roob, Alexander: Alchemie und Mystik, Köln 1996

Rösch, Ulrich/Nierth, Traute: Kinder-Bekleidung, Stuttgart 1991

Rothe, Aribert: Die Waldorfpädagogik, in: *Die Christenlehre* 10/91

Rudolph, Charlotte: Waldorf-Erziehung, Wege zur Versteinerung, Darmstadt 1987

Salzmann, Christiane: Zur Pädagogik Rudolf Steiners, in: *Pädagogische Rundschau* 3/87

Schau in die Welt, Lesebuch der Freien Waldorfschule, Stuttgart 1993

Scheuermann, Wilhelm: Woher kommt das Hakenkreuz, Berlin 1933

Schuré, Edouard: Die großen Eingeweihten, München 1996

Smith, Margaret: Gewalt und sexueller Missbrauch in Sekten, Zürich 1994

Spiessberger, Karl: Runenmagie, Berlin 1955

Staupe, Jürgen: Schulrecht von A–Z, Beck-Rechtsberater, München 1996

Stein, W.J.: Weltgeschichte im Lichte des heiligen Gral, Stuttgart 1986

Steiner, Marie: Erinnerungen von Marie Steiner, Dornach 1949

Steiner, Rudolf: Allgemeine Menschenkunde und Grundlage der Pädagogik, TB 617, Dornach 1993

Steiner, Rudolf: Anthroposophische Menschenkunde und Pädagogik, GA 304a, Dornach 1979

Steiner, Rudolf: Anthroposophische Pädagogik und ihre Voraussetzungen, GA 309, Dornach 1981

Steiner, Rudolf: Anweisungen für eine esoterische Schulung, Sonderausgabe, Dornach 1987

Steiner, Rudolf: Arbeitsfelder der Anthroposophie, Ausgewählte Werke, Frankfurt 1985

Steiner, Rudolf: Aus der Akasha-Chronik, TB 616, Dornach 1995

Steiner, Rudolf: Aus der Akasha-Forschung – Das fünfte Evangelium, TB 678, Dornach 1996

Steiner, Rudolf: Blut ist ein ganz besonderer Saft, 10. Auflage, Dornach 1960

Steiner, Rudolf: Blut ist ein ganz besonderer Saft, 2. Auflage, Berlin 1910

Steiner, Rudolf: Christus im Verhältnis zu Luzifer und Ahriman, Einzelausgabe, Dornach, 1980

Steiner, Rudolf: Das esoterische Christentum und geistige Führung der Menschheit, GA 130, Dornach 1995

Steiner, Rudolf: Das Geheimnis der menschlichen Temperamente, Basel 1985

Steiner, Rudolf: Das lebendige Wesen der Anthroposophie und seine Pflege, An die Mitglieder, Stuttgart o.J.

Steiner, Rudolf: Das menschliche Leben vom Gesichtspunkt der Geisteswissenschaft (Anthroposophie), TB 612, Dornach 1996

Steiner, Rudolf: Der Kernpunkt der sozialen Frage, TB 606, Dornach 1980

Steiner, Rudolf: Der Orient im Lichte des Okzident, TB 624, Dornach 1986

Steiner, Rudolf: Der pädagogische Wert der Menschenerkenntnis, Dresden 1940

Steiner, Rudolf: Die Ätherisation des Blutes, Dornach 1987

Steiner, Rudolf: Die Aufgabe der Geisteswissenschaft und deren Bau in Dornach, 2. Tausend, Berlin o.J.

Steiner, Rudolf: Die Entstehung und Entwicklung der Eurythmie, GA 277a, Dornach 1982

Steiner, Rudolf: Die Erkenntnis des Menschenwesens nach Leib, Seele und Geist, TB 721, Dornach 1994

Steiner, Rudolf: Die Erkenntnis des Übersinnlichen in unserer Zeit, TB 684, Dornach 1986

Steiner, Rudolf: Die Erneuerung der pädagogisch-didaktischen Kunst, TB 708, Dornach 1993

Steiner, Rudolf: Die Erziehung des Kindes/Methodik des Lehrens, TB 658, Dornach 1996

Steiner, Rudolf: Die Geheimwissenschaft im Umriss, GA 13, Dornach 1989

Steiner, Rudolf: Die geistig-seelichen Grundkräfte der Erziehungskunst, TB 604, Dornach 1990

Steiner, Rudolf: Die geistigen Wesenheiten in den Himmelskörpern und Naturreichen, GA 136, Dornach 1996

Steiner, Rudolf: Die Geschichte der Menschheit, TB 727, Dornach 1992
Steiner, Rudolf: Die gesunde Entwicklung des Menschenwesens, TB 648, Dornach
    1990
Steiner, Rudolf: Die großen Eingeweihten, Basel 1949
Steiner, Rudolf: Die Kunst des Erziehens, TB 674, Dornach 1990
Steiner, Rudolf: Die Mission einzelner Volksseelen, TB 613, Dornach 1994
Steiner, Rudolf: Die pädagogische Grundlage und Zielsetzung der Waldorfschule,
    Dornach 1978
Steiner, Rudolf: Die pädagogische Praxis, TB 702, Dornach 1991
Steiner, Rudolf: Die Philosophie der Freiheit, Ausgewählte Werke, Frankfurt 1985
Steiner, Rudolf: Die Schöpfung der Welt und des Menschen, TB 728, Dornach
    1993
Steiner, Rudolf: Die Tempellegende und die Goldene Legende, GA 93, Dornach
    1991
Steiner, Rudolf: Die Theosophie des Rosenkreuzers, TB 643, Dornach 1989
Steiner, Rudolf: Die Weltgeschichte in anthroposophischer Beleuchtung, GA 233,
    Dornach 1996
Steiner, Rudolf: Die Wirklichkeit der höheren Welten, Dornach 1972
Steiner, Rudolf: Ein Weg zur Selbsterkenntnis des Menschen, TB 602, Dornach
    1981
Steiner, Rudolf: Eine okkulte Physiologie, TB 732, Dornach 1996
Steiner, Rudolf: Erbsünde und Gnade, Dornach 1952
Steiner, Rudolf: Erziehung und Unterricht aus Menschenerkenntnis, GA 302a,
    Dornach 1993
Steiner, Rudolf: Erziehung zum Leben, GA 297a, Dornach 1998
Steiner, Rudolf: Erziehungs- und Unterrichtsmethoden auf anthroposophischer
    Grundlage, GA 304, Dornach 1979
Steiner, Rudolf: Erziehungskunst, Methodisch-Didaktisches, TB 618, Dornach
    1986
Steiner, Rudolf: Erziehungskunst, Seminarbesprechungen und Lehrplanvorträge,
    TB 639, Dornach 1994
Steiner, Rudolf: Esoterische Betrachtungen karmischer Zusammenhänge, Band III,
    TB 713, Dornach 1995
Steiner, Rudolf: Eurythmie als sichtbare Sprache, TB 718, Dornach 1994
Steiner, Rudolf: Frühere Geheimhaltung und jetzige Veröffentlichung übersinnli-
    cher Erkenntnisse, Dornach 1990
Steiner, Rudolf: Gebete für Mütter und Kinder, Dornach 1962
Steiner, Rudolf: Gegenwärtiges Geistesleben und Erziehung, TB 741, Dornach
    1998
Steiner, Rudolf: Grundelemente der Esoterik, GA 93a, Dornach 1987
Steiner, Rudolf: Idee und Praxis der Waldorfschule, GA 297, Dornach 1998
Steiner, Rudolf: In Ausführung der Dreigliederung des Sozialen Organismus, 1.
    Ausgabe, Stuttgart 1920

Steiner, Rudolf: In Ausführung der Dreigliederung des Sozialen Organismus,
    Stuttgart 1920
Steiner, Rudolf: Kindeskraft und Ewigkeitskraft, Dornach 1980
Steiner, Rudolf: Konferenzen mit den Lehrern der Freien Waldorfschule Stuttgart,
    Erster Band, GA 300a, Dornach 1975
Steiner, Rudolf: Konferenzen mit den Lehrern der Freien Waldorfschule Stuttgart,
    Zweiter Band, GA 300b, Dornach 1975
Steiner, Rudolf: Konferenzen mit den Lehrern der Freien Waldorfschule Stuttgart,
    Dritter Band, GA 300c, Dornach 1975
Steiner, Rudolf: Lucifer-Gnosis, GA 34, Dornach 1987
Steiner, Rudolf: Märchendichtungen im Lichte der Geistesforschung, Dornach
    1988
Steiner, Rudolf: Meditativ erarbeitete Menschenkunde, TB 730, Dornach 1994
Steiner, Rudolf: Mein Lebensgang, TB 636, Dornach 1990
Steiner, Rudolf: Mensch und Welt – Über die Bienen, TB 725, Dornach 1995
Steiner, Rudolf: Menschenerkenntnis und Unterrichtsgestaltung, TB 657, Dornach
    1996
Steiner, Rudolf: Mythen und Sagen/Okkulte Zeichen und Symbole, GA 101,
    Dornach 1992
Steiner, Rudolf: Neuorientierung des Erziehungswesens im Sinne eines freien
    Geisteslebens, Dornach 1980
Steiner, Rudolf: Okkulte Geschichte, TB 707, Dornach 1993
Steiner, Rudolf: Okkultes Lesen und okkultes Hören, GA 156, Dornach 187
Steiner, Rudolf: Reinkarnation und Karma, 2. Auflage, Berlin 1912
Steiner, Rudolf: Rhythmen im Kosmos und im Menschenwesen, TB 724, Dornach
    1992
Steiner, Rudolf: Ritualtexte für die Feiern des freien christlichen Religionsunter-
    richts, GA 269, Dornach 1997
Steiner, Rudolf: Rudolf Steiner in der Waldorfschule, TB 671, Dornach 1989
Steiner, Rudolf: Signaturen des Geistigen, Wandtafelzeichnungen, Dornach 1994
Steiner, Rudolf: Theosophie, TB 615, Dornach 1994
Steiner, Rudolf: Über Gesundheit und Krankheit, TB 722, Dornach 1994
Steiner, Rudolf: Ursprungsimpulse der Geisteswissenschaft, Dornach 1974
Steiner, Rudolf: Vom Leben des Menschen und der Erde, TB 723, Dornach 1923
Steiner, Rudolf: Wahrspruchworte, Richtspruchworte, Dornach 1935
Steiner, Rudolf: Wege der Übung, Themen aus dem Gesamtwerk 1, ausgewählt
    und herausgegeben von Stefan Leber, Stuttgart 1989
Steiner, Rudolf: Wie Karma wirkt, 2. Auflage, Berlin 1913
Steiner, Rudolf: Zur Geschichte und aus den Inhalten der erkenntniskultischen
    Abteilung der Esoterischen Schule 1904-1914, GA 265, Dornach 1987
Steiner, Rudolf: Zur Geschichte und aus den Inhalten der ersten Abteilung der
    Esoterischen Schule 1904-1914, GA 264, Dornach 1996
Strohm, Harald: Die Gnosis und der Nationalsozialismus, Frankfurt 1997

Taube, Kathrin: Ertötung aller Selbstheit, München 1994

Terhart, Franjo: Einweihungslehren, München 1996

Terhart, Franjo: Das Geheimnis der Eingeweihten, Kreuzlingen 1996

Treiber, Christine: Mein Eigenwesen fühl' ich kraftend zu Klarheit sich wenden. Bericht aus einem Waldorfseminar, in: *Päd. Forum* Nr. 6, 12/1997

Uehli, Ernst: Atlantis und das Rätsel der Eiszeitkunst, Stuttgart 1980

Uehli, Ernst: Nordisch-Germanische Mythologie als Mysteriengeschichte, Stuttgart 1984

Ullrich, Heiner: Waldorfpädagogik und okkulte Weltanschauung, München 1991

Underhill, Evelyn: Mystik, Entwicklung des religiösen Bewusstseins im Menschen, Bietigheim/Württ. 1928

Waldorfschule heute: Erziehungskunst 8/9, Monatsschrift zur Pädagogik Rudolf Steiners, 1989

Walker, Barbara G.: Das geheime Wissen der Frauen, München 1996

Wehnes, Franz-Josef: „Im Auftrag geistiger Mächte", in: Erzbistum Freiburg *Informationen* 2/87

Wehr, Gerhard: Rudolf Steiner, München 1987

Weibring, Juliane: Die Waldorfschule und ihr religiöser Meister, Oberhausen 1998

Weibring, Juliane: Frauen um Rudolf Steiner, Oberhausen 1997

Weinfurter, Karl: Der brennende Busch, Lorch 1930

Werner, Helmut: Lexikon der Esoterik, Wiesbaden 1991

Wesen und Aufgaben der Freien Waldorfschule, Bund der Freien Waldorfschulen, Stuttgart 1981

Wolff, Andreas/Hoffmann, Michael: Das doppelte Gesicht der Waldorfpädagogik, in: *Gesamtschul-Informationen*, Pädagog.-Zentrum Berlin, 3/4 1990

Wolff, Andreas/Hoffmann, Michael: Waldorfpädagogik, Okkultes und Inszeniertes, Hochschule der Künste, Berlin 1990

Zettel, Christa: Das Geheimnis der Zahl, Geheimlehre und Numerologie, München 1996

Zum Unterricht des Klassenlehrer an der Waldorfschule, Ein Kompendium, hrsg. von Helmut Neuffer, Stuttgart 2000

Anhang

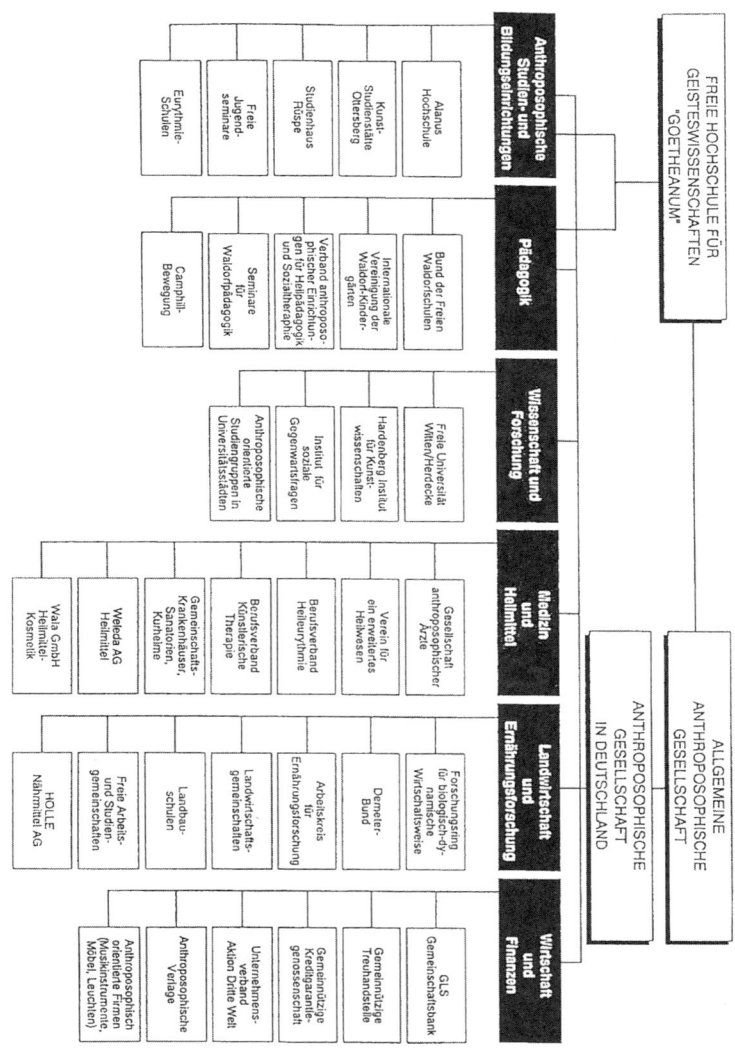

Die Gesellschaft der Anthroposophen (nach Brügge, Die Anthroposophen, 1984)

Bundesland	Anzahl der Waldorfschulen	Schülerzahl	Staatliche Zuschüsse in DM (1997)	Zuschuss in DM pro Schüler (1997)
Baden-Württemberg	41	18.857	ca. 117 Mio	6.204.-
Bayern	15	5.903	keine Angaben	keine Angaben
Berlin	6	2.316	ca. 16,6 Mio	7.167.-
Brandenburg	4	826	ca. 5,2 Mio	6.295.-
Bremen	1	830	ca. 2,3 Mio	2.771.-
Hamburg	9[1]	3.270	ca. 31,4 Mio[2]	9.602.-
Hessen	9	4.206	keine Angaben	5.212 - 9.068[5]
Mecklenburg-Vorpommern	keine Angaben	keine Angaben	keine Angaben	keine Angaben
Niedersachsen	14	5.596	ca. 31 Mio	5.539.-
Nordrhein-Westfalen	42	14.869	ca. 145,8 Mio[3]	9.805.-
Rheinland-Pfalz	5	1.786	ca. 10,28 Mio[4]	5.755.-
Saarland	3	963	ca. 4,6 Mio	4.776.-
Sachsen	3	942	ca. 5,3 Mio[3]	5.626.-
Sachsen-Anhalt	2	449	keine Angaben	3.939,45[6] / 5.701,56[7]
Schleswig-Holstein	10	4.300	ca. 33 Mio[3]	7.674.-
Thüringen	3	521	ca. 4,5 Mio[3]	8.637.-

(1) 6 Rudolf-Steiner-Schulen im allgemeinbildenden Bereich und 3 Sonderschulen • (2) davon 22 Mio DM für die sechs allgemeinbildenden Schulen und 9,4 Mio DM für die Sonderschulen • (3) Zahlen für 1996 • (4) Zahlen für 1995 • (5) variiert je nach Schultyp und Klassenstufe (Zahlen für 1996) • (6) für die Schuljahrgänge 1 4 • (7) für die Schuljahrgänge 5-11

Staatliche Zuschüsse an Waldorfschulen (nach *Welt am Sonntag*, 16.3.1997)
Zwölf Bundesländer zahlen jährlich 397,58 Mio DM Zuschüsse; vier Länder
(Bayern, Hessen, Mecklenburg-Vorpommern und Sachsen-Anhalt) beziffern ihre
Gesamtsumme nicht. Hochgerechnet mit einem durchschnittlichen Beitrag von ca.
DM 6.000 pro Schüler ergeben sich zusätzlich rund 65 Mio DM, so dass der ge-
samte staatliche Zuschuss für die Betriebskosten bei rund 460 Mio DM liegt.

Politisches Sachbuch

Guido und Michael Grandt
Waldorf Connection. Rudolf Steiner und die Anthroposophen
3. Auflage, 365 Seiten, kartoniert, ISBN 3-932710-40-1, DM 36.-
Die Autoren vergleichen Anspruch und Wirklichkeit der Waldorf Connection. Sie dokumentieren die okkulten und rassistischen Anteile an der Weltanschauung Steiners, setzen sich ausführlich mit dem pädagogischen Konzept und dem Unterricht der Waldorfschulen auseinander und erörtern den Einfluss der Anschauungen des „Meisters".

Colin Goldner
Die Psycho-Szene
642 Seiten, gebunden, ISBN 3-932710-25-8, DM 59.-

Bernd Harder
X-Akten – gelöst. Die Enträtselung der „unheimlichen Fälle"
191 Seiten, kartoniert, ISBN 3-932710-17-7, DM 28.-

Colin Goldner
Dalai Lama – Fall eines Gottkönigs
455 Seiten, 40 Abbildungen, kartoniert, ISBN 3-932710-21-5, DM 39.-

Bernd Harder
Nostradamus. Ein Mythos wird entschlüsselt
153 Seiten, kartoniert, ISBN 3-932710-23-1, DM 24.-

Michael Shermer/Lee Traynor (Hrsg.)
Heilungsversprechen. Zwischen Versuch und Irrtum. Skeptisches
Jahrbuch III. 251 Seiten, kartoniert, ISBN 3-932710-18-5, DM 29,80

Christian Schüller /Petrus van der Let (Hrsg.)
Rasse Mensch. Jeder Mensch ein Mischling
179 Seiten, kartoniert, ISBN 3-932710-14-2, DM 28.-

Ali Dashti
23 Jahre. Die Karriere des Propheten Muhammad
Übersetzt, überarbeitet und herausgegeben von Bahram Choubine und Judith West.
381 Seiten, kartoniert, ISBN 3-9804386-5-1, DM 36.-

Alibri Verlag

Postfach 100 361, 63703 Aschaffenburg, Fon/Fax 06021 - 581 734